현대여성복지론

김향선 주 정 공저

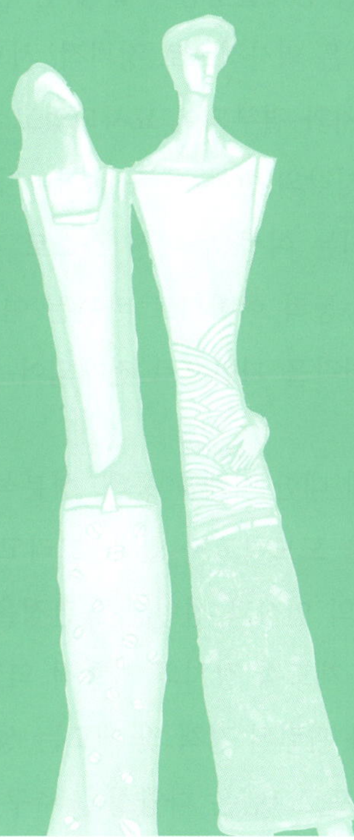

YANGSEOWON
양서원

머리말

오늘날 유례없는 사회환경 변화 속에서 현대인은 다양한 삶의 가치와 의미를 추구하고 있는 가운데, 저출산·고령화와 함께 여성의 삶과 관련된 여러 가지 문제들이 사회적 이슈가 되고 있다.

현대사회에서 여성의 인권과 사회적 지위 향상의 많은 진척이 있었으나, 여성의 사회적 지위의 불평등, 남녀불평등의 문제 등 많은 과제가 여전히 남아 있다. 또한 여성을 바라보는 시각은 역사적으로 정치적, 사회적 환경에 따라 변화해 왔다. 그리고 여성은 남성적 가치와 결부되어 묘사되었고 평가되어 왔다. 여성에 대한 담론은 여성에 대한 사회적 시각의 변화, 종속적 이미지에서 독립적으로 변화되는 과정, 남성적 시각에서 표현되는 여성성, 여성 스스로 객관적 자기화와 주관적 자기화 등, 수동적 이미지에서 능동적 이미지로 바뀌는 여성상과 각 시대의 사회에서 여성을 바라보는 객관적인 시각을 기반으로 전개되어 왔다.

이 책은 현대사회에 대한 이해를 통해, 성분석의 개념을 실제적인 상황에 적용하여 여성복지의 발전을 도모하고자 한다. 그리고 현대사회의 여성문제에 대한 현상적 접근을 통해 여성의 인식과 성인지적 관점을 향상시키고, 여성들의 더 나은 삶의 질적 향상을 위한 제도적 장치의 사회적 역할을 제시하고자 한다. 이러한 의도는 21세기에는 여성과 관련된 정책 및 제도는 성인지적 관점에서 출발해야 하며, 사회복지실천방법이나 프로그램은 다양성을 추구하면서 새로운 이론과 방법이 적용되어야 한다는 것을 전제로 하고 있다.

제1부 여성문제와 사회복지의 이해에서는 여성과 복지에 관한 기본적인 개념, 정책, 실천방법 등 성인지적 관점에 의한 여성복지의 전반적 이해를 돕고, 제2부 분야별 여성복지와 실천영역에서는 사회복지실천서비스를 통해서 여성문제에 대한 최근의 동향, 그리고 실천적인 개입방법을 다루고 있다. 끝으로 이 책이 출판되도록 배려해 주신 양서원 관계자 분에게도 깊은 감사를 드린다.

2020년 9월

호원동에서

21세기 남녀평등헌장

우리는 2001년을 참된 남녀평등 사회를 실현하는 원년으로 선포한다. 20세기가 남녀평등의 씨앗을 뿌린 시대였다면, 21세기는 그 열매를 맺는 시대가 될 것이다. 가정과 직장, 사회와 국가의 모든 부문에서 여성과 남성이 조화로운 동반자관계를 이루는 일이 우리의 시대적 사명이다. 우리는 차별이 사라진 평등한 사회, 폭력이 없는 평화로운 사회, 인권이 존중되는 민주사회를 지향한다. 이를 위해 여성들 스스로가 자기 삶의 당당한 주체가 되어 사회발전의 주역으로 나서야 한다. 이에 남녀평등사회로 가는 지표를 세우고자 한다.

I. 남녀는 가정 안에서 역할과 책임을 공유한다. 특히 자녀양육은 남녀 모두의 권리이자 의무이다. 남녀가 평등한 가족 공동체를 이루고 다양한 가족형태를 존중한다.

I. 임신과 출산은 여성의 사회적인 기여로 인정되고, 마땅히 보호받는다. 임신과 출산으로 인해 어떠한 차별이나 불이익을 받아서는 안 된다.

I. 남녀는 능력에 따라 동등하게 경제활동에 참여하고 이에 걸맞은 대우를 받는다. 여성은 고용과 임금에서 남성과 동등한 권리와 기회를 공유한다. 장애인을 포함한 소외여성에 대해서는 별도의 적극적인 지원이 이루어져야 한다.

I. 남녀는 시민적·정치적 권리를 동등하게 행사한다. 정치와 공공 부문에 여성이 참여하는 기회를 늘리며, 여성의 정치적 대표성을 높일 수 있는 법적·제도적 장치를 마련한다.

I. 남녀는 동등하게 교육받을 기회를 갖는다. 남녀의 역할에 대한 고정관념을 없애도록 교과내용을 개선하고, 지식정보사회를 맞아 여성의 잠재력을 개발할 수 있는 교육환경을 조성한다.

I. 남녀는 평등하고 민주적인 문화를 가꾸어 나간다. 이를 위해 가정과 직장, 대중매체 등 모든 영역에서 민주적이고 남녀 평등한 의식과 관행을 확립하도록 노력한다. 여성을 향한 모든 형태의 폭력을 없애기 위해 노력한다.

I. 남녀는 환경보전과 한반도의 항구적인 평화체제 정착을 위해 함께 노력한다. 남녀평등 사회 실현을 앞당기기 위해 국제적인 연대를 강화한다.

2001년 7월 3일

차례

Part 1

여성문제와 사회복지의 이해

Chapter 01

성역할과 남녀평등

1 성역할과 성차별

1) 현대사회와 성역할

21세기에 들어서면서 현대사회의 변화에 따라 여성에 대한 사회적 인식 또한 많이 달라지고 있다. 예컨대 여성의 활동과 사회적 지위, 역할상의 문제들이 부각되고 있다. 일반적으로 성 개념은 성별이라는 생물학적인 차이를 지칭하는 성(Sex), 성별에 따라 사회문화적으로 형성되는 차이를 내포하는 사회적인 성격의 성(Gender) 그리고 다양한 성적 표현과 행동을 포함하는 포괄적인 의미의 성적 관계를 말하는 성(Sexuality, 성애) 등으로 크게 유형화한다(조흥식 외, 2010: 16).

생물학적 성은 해부학적·신체적 조건을 말하는 것으로 한 인간이 태어날 때부터 타고난다. 두드러진 것은 여성은 남성과 달리 임신, 출산을 할 수 있는 신체적 구조를 가지고 태어난다는 점이다.

사회적 성은 생물학적 성을 토대로 하여 사회적 · 문화적 · 심리적으로 학습된 행동과 이에 준하는 기대와 관련된다. 남성의 신체를 가지고 있는 사람이라면 남성에게 맞는 행동과 정체성을 사회적으로 습득하고 이에 따라 행동해야 하며, 여성의 신체를 갖고 있는 사람이라면 여성에게 맞는 행동을 해야 한다. 또한, 남성인가 여성인가에 따라 어떻게 행동하고 생각하며 살아가야 할지에 대한 사회의 기대와 평가가 다르기 때문에 남성과 여성은 습득하는 자신의 성에 대한 정체성도 다르다. 성역할이란 인간의 행위나 태도와 관련하여 남녀가 각자 적절한 것으로 규정된 문화적인 기대치를 말한다. 성역할은 인간이 태어난 순간부터 사회화 과정을 거쳐 평생 동안 지속되며, 자아정체감과 가치관, 세계관 등을 성에 따라 각각 다르게 정해 준다. 성역할은 오랜 세월 동안 여러 세대를 거쳐 사회의 하나의 틀로 자리잡아 왔고 이를 통해 성별분업이 형성되었다. 그러나 현대사회로 오면서 성역할에 대한 사회적 인식은 기존의 획일화된 관념을 깨고 개방적이고 합리적인 방향으로 인식이 바뀌어 가고 있다. 특히 최근 성에 있어 상대적으로 불리한 위치에 있는 여성의 성역할에 대한 새로운 시각이 나타나고 있다.

고전적인 성역할에 대한 인식은 성별분업적인 이데올로기적인 것으로, 남성은 생계부양자로서, 여성은 가사양육자로 자리매김한다. 그러나 여성의 사회 진출 증가와 함께 여성들은 더 이상 가정 내에서 어머니와 아내, 주부로서의 역할만 하는 것이 아니라 사회의 외적인 생산 주체가 되었다. 이에 따라 기존 여성의 역할로 고착되어 있던 성역할에 대한 비판적인 인식이 늘어나고 있다. 말하자면 가사와 양육의 책임이 반드시 여성만의 역할이어야 하느냐는 것이다. 즉 남성과 여성이라는 생태

표 1-1 성 개념의 이해

Sex	Gender	Sexuality
생물학적 특성에 근거한 성별을 의미	사회·문화적으로 드러나는 성적 특성을 의미	성적인 특성을 구성하는 의식과 무의식, 제도 등의 특성을 의미
자연적이고 불변의 것으로 이해	사회·문화적 성격에 따라 다르게 규정되는 것으로 이해	개인에게 영향을 미치는 다양한 성적 규정이 성에 대한 이해를 구성

출처: 한국여성개발원(2002). 남녀평등의식교육.

적인 성이라는 개념으로 사회적 역할을 구분할 필요가 있느냐는 것이다. 이처럼 현대에는 성역할 구분이라는 고정관념을 깨고 고정된 가치에 얽매이지 않고 남성과 여성은 각자가 자신이 하고 싶은 일을 할 권리가 있다는 인식이 점점 확산되고 있다.

2) 여성문제와 성차별

여성문제란 일반 여성을 포함하는 모든 여성에 관련된 문제로서 성평등의 관점하에서 제기되며, 여성의 능력개발과 사회참여를 통한 여성의 자아실현과 인간다운 삶의 보장과 관련된다.

한국사회는 고도의 경제성장을 통해 절대적 빈곤에서 벗어났으며, 여성의 사회진출과 함께 직업경력도 중요한 사회가 되었다. 그럼에도 여성과 남성은 여전히 유사성보다는 서로 다른 특성과 기질을 가진 집단으로 구별되고 있으며, 마치 생물학적 성차(sex difference)가 절대적인 자연의 이치로 간주되곤 한다(송다영 외, 2019: 17).

한국 여성의 직업 조건은 여전히 남성에 비해 열악하다. 여성 근로자 40% 이상이 영세사업장에서 일하는 비정규직이며 여성의 임금은 남성의 60% 수준으로 성별 임금격차가 여전히 심하다. 변호사 시험 여성 합격률은 44%로 늘었지만, 법조계 고위직은 대부분 남성이 차지하고 있다. 9급 공무원 합격자의 절반 이상인 60%가 여성이지만, 고위공무원 내 여성 비율은 6.7%, 공공기관 여성 관리자 비율은 17.9%에 불과하다(매일경제, 2019. 3. 19; 송다영 외, 2019: 18 재인용).

성차별이란 생물학적 성과 사회적 성에 기반하여 여성을 차별하는 억압 형태를 말하는 것으로, 태도, 정책, 법, 행동으로 나타난다. 성차별 관념은 전통적 관념에 기반하고 사회적 관습에 의해 강화되고 있다. 또한 성차별은 남녀 간의 불평등한 제도를 정당화하고 지지하는 이데올로기 체제이며, 남성과 여성의 사회적 행동과 정치적 활동을 조정하는 동시에 방향을 제시해 주는 기능을 한다.

여성과 남성에 대한 사회적 차별을 지속해서 재생산하는 기제로는 생물학적 차이에 기초하여 여성과 남성을 사적·공적 영역으로 분리하는 성별분업체계와 이데올로기가 있다. 여성은 생물학적 기능으로 인하여 자녀 출산과 양육 등 가족 돌봄의 사적 영역에, 남성은 가족을 부양하기 위하여 경제, 정치, 노동 등 공적 영역에서의 역할을 수행하는 것이 가장 이상적이고 자연스럽다고 간주하는 것이 대표적인 성별 분업 이데올로기이다. 이에 따르면 여성은 가족보호와 아동양육을 위한 역할 수행과 사적 영역에서 요구되는 여성성을, 남성은 생계를 책임지는 가장으로서 역할 수행을 위해 노동시장 등 공적 영역에서 요구되는 남성성을 실현해야 한다고 한다. 이처럼 남성중심 사회의 근원에는 남성과 여성을 공적·사적 영역으로 분리하고 남성에게 공적 영역의 주요 담당자로서 역할지위를 부여하는 가부장적 성별분업 이데올로기가 있다.

가족 이데올로기에서는 특정한 성별 노동 분업을 수행하는 현대 핵가족을 가장 바람직하고 전형적인 가족 형태라고 규정한다. 사회와 개인 양쪽 모두에게 이러한 핵가족이 바람직하다고 주장하고 있는 전형적 가족 이데올로기와는 달리, 여성주의자들은 오히려 이러한 가족 이데올로기와 여성 억압의 긴밀한 관계를 주목한다. 전형적 가족 이데올로기로 인해 여성은 주부로서, 어머니로서 출산, 양육 및 가족의 의식주를 위한 가사노동을 무보수로 담당해 왔다는 것이다. 즉 여성에게 자녀양육의 책임은 당연한 것으로 여겨지며 모성은 신비화되면서 자연스럽게 여성의 의무로 규정된다(이혜숙, 2015: 60).

한국사회의 급속한 변화와 함께 여성과 남성의 생활방식, 행동양식, 의식과 가치관도 변화했다. 그러나 성별분업 이데올로기는 일상생활과 의식에서의 성차별로 드러나고 있을 정도로 뿌리 깊다.

사회적 성으로서의 젠더 개념은 기본적으로 남녀 간 불균형한 관계가 일반적으로 자연스럽게 받아들여지는 사회체계에 대한 도전을 함축하고 있다. 사회적 성으로서 젠더는 남녀의 고정된 성역할이나 관념에 기초하여 여성이 이차적, 부차적 혹은 더 깊게는 남성에게 의존하는 존재로 인식되는 것을 거부하며, 여성과 남성이 모두 동등한 인간으로서 존중받고 대우받을 것을 요구하는 개념이다.

'개인적인 것이 정치적인 것이다'라는 테제는 성차별을 논의하는 페미니즘에서 적극적으로 사용하고 있는 의제 중의 하나이다. 개인적인 것은 정치적인 것이며, 정치는 여러 개인들의 연대로 이루어진다는 것이다. 세상의 변화를 충분하게 이끌어내는 것은 평범한 개인의 일상에서 벌어지는 소소한 개인적인 행동들이라는 주장이기도 하지만, 여성의 일상적 경험은 사회적으로 작동되는 여성성(feminity)이나 남성성(masculinity)이라는 정치적 역할에 의해서 규정된다는 주장이기도 하다.

또한 성별분업 이데올로기는 자본주의 사회에서 남성은 생계부양자로서 여성은 생계의존자라는 역할에 얽매이게 함으로써 남성과 여성의 삶을 억압하고 있다.

독일의 잉에 슈테판(I. Stephan)은 "『남과 여에 관한 우울하고 슬픈 결론』에서 여성이 유명한 남자의 아내로서 또는 애인으로서 겪어야 했던 특유의 자기정체성 문제를 다루었다. 이들은 자아를 주장할 것인지 포기할 것인지 방황하며 투쟁했지만 결과적으로 남성 파트너 때문에 자신의 길을 포기할 수밖에 없었다. 이들의 투쟁은 대개 질병이나 정신병 또는 자살로 끝났다. 슈테판의 관심은 수학자로서, 음악가로서, 작가로서, 조각가로서, 역사가로서 남성 파트너들과 동등했거나 우월한 재능을 가진 여성들이다. 그런데 이 재능이 어떻게 발전되었는가? 첫째는 남성 파트너로 말미암아 여성의 재능이 착취당하고 파괴된 예와 둘째는 여성의 창조적인 작업이 남성 파트너의 업적 속에 흡수되어 후대의 역사에서 제대로 평가받지 못한 경우의 두 가지만 발견하였다고 한다.

출처: 이혜숙(2010). 여성과 사회.

2 남녀평등에 대한 과제와 전망

남녀불평등은 평등의 이념이 실현되지 않은 상태를 지칭하는 말이다. 남녀평등 이념이란 성이라는 것은 자신의 의지에 의해서 선택된 것이 아니므로 성이 다르다는 이유만으로 차별이 있어서는 안 된다는 주장이다. 이 이념은 민주주의 기본이념에 부합하는 것으로, 남성과 여성 간의 차이를 무시하고 성 중립적인 평등주의를 채택하는 것보다는 남성과 여성 간의 차이를 반영하는 평등주의를 채택한다. 남녀평등의 개념은 기회의 평등, 조건의 평등, 결과의 평등의 관점에서 접근할 수 있고 여성과 남성은 동등하며 동등하게 존중받아야 한다는 이념을 바탕에 깔고 있으며 사회에 있는 여성에 대한 편견과 차별 해소를 추구한다. 한국사회는 정치, 경제, 사회, 법, 문화 등 각 영역에서 여성의 지위가 과거에 비해 향상되었으나 가족 내 성별분업, 노동시장의 성차별적 관행, 여성에 대한 폭력 등 성차별과 억압이 여전히 존재하고 있다.

성평등이란 여성과 남성이 기계적으로 똑같아져서 평등하게 된다는 것을 의미하기보다는, 여성과 남성이 서로 다름에도 불구하고 동등하게 존중받고 대우받으며, 양자택일적 성별분업체계에서 벗어나 서로 협력하고 배려하는 것을 의미한다. 저출산, 고령화 시대의 도래와 함께 여성의 노동시장 참여가 증대하고 이와 함께 가족 역할 관계에 대해 남성/여성 생계부양자모델이 대두되고 있다. 남성/여성 생계부양자체계의 등장은 기존 성별분업체계의 재편, 가족 내 역할과 노동시장 내 성별 역할의 재구성, 젠더 관계 재계약의 요구를 알리는 것이다. 양성평등의 문제는 남녀 모두가 동등하게 존중받고 평등하게 살아가는 개인적 실천에서부터, 사회구조적 차원의 제도와 실천에 이르기까지 다양한 노력이 필요한 중요한 사회적 이슈이다.

따라서 성평등 정책은 불평등한 권력관계 자체를 변화시키고 여성들을 주류의 과정에 통합시키는 데 초점을 맞추고 있다. 즉, 모든 영역에서 적극적인 주류화 정책을 확대하려는 '성 주류화(gender mainstreaming)' 전략을 채택하게 되는 것이다.

남녀평등의식의 특성

- 여성과 남성의 발전을 동시에 고려하는 성인지적 접근을 통한 양성평등적 가치관
- 남녀 모두의 동등한 인권보장을 위한 성차별적 사회구조의 변화
- 성불평등을 야기하는 성적 편견과 성별 고정관념에 대한 문제의식과 변화에 대한 요구
- 양성평등의 가치가 남녀 모두 win-win(승-승))의 결과로 경험될 것이라는 확신 공유

Chapter 02

여성복지의 이해

1 여성복지의 정의

일반적으로 여성복지란 국가나 사회에서 여성이 남성에 비해 성에 따른 차별 없이 동등한 권리를 보장받을 수 있도록 가부장적 가치관과 자본주의적인 생산 역할에 근거한 법과 제도를 개선하고, 여성의 인간다운 삶을 실현하기 위한 사회복지에서의 정책적·실천적인 모든 노력으로 정의할 수 있다(박옥임 외, 2015: 12 참고).

여성개발원(1990)에서는 여성복지에 대하여 "여성이 국가나 사회로부터 인간의 존엄성과 인간다운 생활을 할 권리를 동등하게 보장받음으로써 여성의 건강, 재산, 행복의 조건들이 만족스러워지는 상태를 의미하며, 동시에 가부장적 가치관과 이에 기초를 둔 법, 기타 사회제도를 개선하는 것 등으로 여성의 인간다운 삶을 실현하기 위한 모든 실천적 노력을 포함하는 개념"이라고 정의하였다.

과거에는 여성복지는 사회복지의 하위체계로서 요보호여성을 우선으로 하되, 모든 여성의 복지를 보장하기 위한 사회적 대책이라고 정의하기도 하였지만(김태진, 2003), 점차 종래의 요보호여성들로부터 일반여성의 인권문제와 복지문제, 사회참여와 자아실현을 돕는 여건 조성, 성차별 철폐운동 등으로 확대되면서 여성복지의 개념도 확대되었다. 따라서 여성복지는 여성주의 관점과 패러다임에 기초해 해석하고 실천하는 일련의 것이라 할 수 있다(송다영 외, 2015: 107). 우리나라는 과거 '부녀복지'라는 용어를 사용해 왔다. 부녀복지는 주로 요보호여성 예를 들면, 저소득 모자가정, 미혼모, 성매매여성, 학대받는 여성, 저임금 근로여성 등이 대상이었다. 그러나 1990년대 중반 이후 북경세계여성대회와 유엔여성차별철폐협약, 「여성발전기본법」, 「양성평등기본법」 제정 등을 통해 여성문제에 대한 국내 · 외적 관심이 높아지면서 여성복지에 대한 개념이 전환되고, 서비스 대상도 요보호여성뿐 아니라 일반여성으로까지 확대되었다(김인숙 외, 2008: 46). 최근에는 종전의 부녀복지가 갖는 소극적 · 잔여적 개념에서 보다 적극적 · 보편적 개념으로 관점 내지 개념 전환이 이루어지고 있다. 이러한 '여성복지' 개념의 확대로 요보호여성은 물론 일반여성의 복지욕구에 관한 관심이 증대되고 있으며, 이들을 위한 서비스도 확충되고 있다.

그러므로 여성복지는 "여성이 국가나 사회로부터 남성과 동등하게 권리를 보장받을 수 있도록 가부장적 가치관과 이에 근거한 각종 법, 사회제도를 개선하는 것뿐만 아니라 여성 개인의 능력을 고양시킴으로써 여성의 인간다운 삶을 보장하기 위한 정책적 · 실천적 차원의 모든 조직적 활동"으로 확대되었다(김인숙, 2000: 최선화 외, 2015: 14 재인용).

이 밖에도 모든 여성이 한 사회의 구성원으로서 합당한 삶의 질을 영위할 수 있도록 여성의 욕구나 문제를 해결하기 위해 행하는 사회구성원들의 공적 · 사적 차원의 공동체적 노력으로 여성복지를 정의하여 "삶의 질"이라는 적극적인 태도를 강조하였으며, 여성의 욕구와 문제해결이라는 점에 초점을 맞추기도 했다.

여성복지 개념의 변천사에서 여성주의자들을 빼놓을 수 없다. 여성주의자들은 남녀평등의 '실현'이라는 궁극적 목표를 제시하였고 불평등의 원인으로 가부장제와 자본주의의 구조적 모순을 지적하였다. 그러므로 여성주의자들에게 여성복지의 목적은 가부장제와 자본주의에 근거한 법과 사회제도의 개선이며, 접근방법은 정책적 차원과 실천적 차원의 개입을 모두 포함하는 노력이다.

따라서 여성복지는 '남녀평등을 실현하고 여성의 삶의 질을 높이기 위해서 여성을 억압하는 가부장제와 자본주의에 근거한 법과 사회제도를 개선하기 위한 노력'과 '여성 개인의 능력개발과 여성의 욕구와 문제의 해결을 위한 정책적 · 실천적 개입을 통한 노력'이라고 정의할 수 있다. 이와 같이 여성복지에 대한 정의는 여성복지가 나아가야 할 방향에 대한 큰 틀을 제공하고 있다.

그러므로 여성복지란 현존하는 여성 억압 및 성차별 문제를 해결하여 여성의 복리를 증진하고 나아가 양성평등적 사회를 구현하려는 사회적 노력으로, 사회보장과 사회복지서비스 면에서 여성들이 필요로 하는 서비스를 제공하여 그들의 사회기능을 증진시키려는 사회복지의 한 전문 분야라고 할 수 있다. 여성을 생물학적 특성만으로 평가하고 삶의 조건을 제한하는 것은 여성의 기본권에 위배되므로, 여성복지는 헌법의 남녀평등이념을 구현하기 위한 목표를 가지고 정치, 경제, 사회, 문화의 모든 영역에서 양성평등을 촉진하고 여성발전을 도모하는 것을 목적으로 건강한 가정의 구현과 국가 및 사회의 발전에 남녀가 공동으로 참여하고 책임을 분담할 수 있도록 하는 사회적 노력이다.

표 2-1 여성투표권

연도	국가	연도	국가
1893	뉴질랜드	1937	필리핀
1902	오스트레일리아	1944	프랑스
1906	핀란드	1945	이탈리아
1913	노르웨이	1946	일본
1915	덴마크, 아이슬란드	1947	아르헨티나, 중국
1917	USSR	1948	한국, 벨기에
1918	캐나다, 도이칠란트, 오스트리아	1949	칠레
1920	USA	1951	네팔, 그리스
1921	스웨덴	1953	멕시코
1927	에콰도르	1955	콜롬비아, 페루
1928	UK	1956	이집트
1931	스페인	1963	이란
1932	브라질, 샴(타이)	1964	아프가니스탄
1934	실론(스리랑카), 터키, 쿠바	1971	스위스
1935	버마(미얀마)	1974	요르단

2 여성복지의 필요성

여성복지의 대상은 여성의 문제, 여성의 역할, 여성의 생애주기를 기준으로 크게 구분된다. 즉, 여성복지의 대상 선정기준은 여성의 주요 문제를 중심으로 한 구분, 여성의 역할을 중심으로 한 구분과 여성의 생애주기를 기준으로 한 구분으로 나뉜다.

여성의 주요 문제를 중심으로 한 구분에 따르면, 여성복지의 대상은 일반여성과 요보호여성으로 구분할 수 있는데, 이러한 구분은 종래에 여성복지정책을 계획할 때 적용해 온 전통적 구분이다. 요보호여성이란 사회적으로 특수한 문제를 가지고 있는 여성으로서 자신의 개인적 결함이나 가정적·사회적 환경요인에 의해 발생하는 문제에 봉착해 있는 사람들을 가리킨다(박옥임 외, 2015: 15). 요보호여성이란 누군가의 보호가 필요한 여성을 의미하는데, 그러한 여성으로는 한부모 여성, 저소득 모자가정, 미혼모, 가출여성, 성매매피해여성, 학대받는 여성, 저임금 근로여성을 들 수 있다.

우리나라 여성복지 발달사를 살펴보면 시대적 변화와 욕구의 증대에 따라 여성복지 대상도 확대되어 왔다는 것을 알 수 있다. 초기에는 여성을 위한 사회적 개입과 노력은 요보호여성들을 중심으로 발달해 왔다. 1980년대까지는 여성복지 대상으로 전쟁미망인, 윤락녀, 미혼모 등 요보호여성이 주를 이루었다. 그러나 여성의 사회참여가 늘어나면서 여성들이 남성중심의 사회에서 불이익과 성차별의 피해를 당하고 있으며, 여성들은 필요로 하는 자원을 확보할 수 있는 기회가 부족하다는 인식과 함께 일반여성들도 여성복지의 대상이 되고 있다. 이렇게 여성복지 대상은 요보호여성에서 일반여성 모두가 되었다.

그러므로 사회복지 대상의 관점에서 본 여성문제는 크게 모든 여성을 포함하는 일반여성의 문제와 사회적으로 인식된 구체적인 문제를 가진 요보호여성의 문제로 구분된다. 사회적으로 특수한 문제를 가진 것으로 인식되는 요보호여성은 환경 부적응, 욕구불만, 불안 등 여성 자신의 개인적 결함과 가정적·사회적 환경요인에 의해 발생하는 문제에 봉착해 있다. 이러한 요보호여성들은 여성이라는 특성으로 인해 출산, 육아, 가사노동과 직장생활의 이중적 과업을 수행해야 하기 때문에 적절한 모성보호 조치를 필요로 한다.

이와는 달리 일반여성이란 요보호여성을 제외한 모든 여성을 지칭한다. 하지만 요보호여성에 대립되는 개념으로서 정상적이고 문제가 없는 여성을 지칭하는 '일반여성'이라는 구분은 지나치게 애매하고 포괄적이다(김인숙 외, 2001). 일반여성도 그들 나름의 다양한 사회적 욕구를 가지고 있다. 일반여성의 문제는 첫째, 아내에 대한 유·무형의 폭력과 학대와 같은 가정에서의 종속으로 인해 나타나는 문제이다. 둘째, 가정에서의 여성 역할에 관한 것으로서 여성의 가정적 종속, 가사 및 육아의 일차적 책임 전담으로 인한 사회참여의 제한, 그리고 사회적 노동에의 비참여 여성의 가사노동의 가치저하 문제이다. 셋째, 사회적 자원의 결핍 문제와 가부장제하에서 생기는 불평등과 성차별의 문제이다.

여성의 역할에 의한 구분에서는 지금도 여성을 여전히 아동의 보호자라는 측면에서 보고 있다. 예를 들어 여성 혼자서 가족을 부양해야 하는 한부모가정에 대한 다양한 지원이나 아동에 대한 각종 보호적 지원이 여성복지의 주된 대상이 된다. 이러한 면에서의 여성복지는 가족복지나 아동복지와 중복된다고 볼 수 있다. 전통적으로 요보호대상자는 어린이, 노약자, 장애자, 부녀자라고 해서, 여성 자체를 대상으로 하기보다는 모성이라는 관점에서 여성을 대상으로 하였다. 그래서 사회복지에는 '모자보건법'과 '한부모가족지원법'이 있는데, 이 법을 통해서는 18세 이하의 아동을 양육하는 여성이라는 점과 '아동을 돌보는 자'라는 역할 면에서 여성에게 보호가 제공되고 있다. 이 구분은 상황에 따라서 중요한 의미가 있음에도 지금과 같이 개인주의적 성향이 강화되고 가족이 붕괴되어 가는 시기에는 논란이 따를 수 있으며, 여성 삶의 본질에 대한 물음까지 수반하게 된다.

보편적으로 활용되고 있는 것은 여성이 처한 특성에 따른 구분과 생애주기에 따른 구분이다. 생애주기(life cycle)를 중심으로 한 구분은 보편적이고 규범적인 생의 사건을 중심으로 한 구분과 생애주기상의 이혼이나 가족의 사망 등의 위기사건을 중심으로 한 구분으로 나뉜다. 구분에 있어 생애주기를 기준으로 하는 것은 문제를 가진 여성뿐만 아니라 일반여성들을 포함할 수 있어 여성복지의 대상을 설정하는데 매우 유용하다. 생애주기를 중심으로 하는 구분이란 여성이 출생에서 사망에 이르는 일련의 과정을 특성에 따라 단계별로 구분하고, 각 단계에서 욕구 및 사건을 중심으로 여성복지의 대상을 선정하는 것을 말한다.

여성복지는 일단 모든 여성에 관한 복지 전반을 포함하지만 광의의 것과 협의의 것으로 나뉜다. 광의의 여성복지는 사회보장을 통한 생활수준의 향상으로서 모든 여성을 대상으로 한다. 협의의 여성복지는 특수한 여성복지 문제와 욕구를 대상으로 한 사회복지서비스로서 전문적 · 시설적 서비스가 포함된다.

여성복지의 필요성은 사회의 인구학적 변화와 가족 형태와 기능 및 가치관의 변화, 경제활동을 하는 여성의 증가와 성차별적 현실에 기인한다. 총인구의 과반수를 차지하는 여성의 의식 성장은 복지욕구를 표출시켰고, 산업재해, 교통사고, 각종 공해, 알코올 및 약물중독, 비행 및 범죄 등의 사회적 위험성 증대, 여성의 노동시장 참여 증가로 인한 취업여성의 증대, 잔존하는 여성에 대한 차별, 전통적인 가부장적 제도하에서의 이중적 성윤리와 산업사회의 서비스산업 발달로 인한 성개방 풍조, 생활의 질 향상의 욕구 증대, 인구의 고령화 현상으로 인한 빈곤, 건강 등의 여성노인문제 등이 여성복지의 필요성을 초래하였다.

나아가 우리 사회의 산업화 · 도시화 · 서구화로 인한 가족구조의 변화와 여성의 자아실현을 중시하는 시대상에 따른 여성 의식의 변화로 인해 여성의 능력개발과 사회참여를 위한 국가적 · 사회적 차원에서의 여성복지의 필요성도 증대되었다.

이러한 사회적 흐름에서 여성의 경제활동 참여율은 계속 증가하고 있으나 여전히 여성들은 저임금, 단순 반복직, 하위직에 머물러 있으며, 일용근로자, 임시직 근로자, 시간제 근무직 등 열악한 근로조건과 불안정한 고용 상태에서 일하고 있다. 따라서 여성의 빈곤화를 벗어나기 위한 근로조건의 개선, 육아양육문제의 해결을 위한 사회적 제도의 마련 및 지원서비스가 필요하며, 여성의 능력개발과 사회참여 확대를 위한 다양한 사회지원체계가 절실히 요구되고 있는 실정이다.

그러므로 우리 사회에 만연하고 있는 남성우월주의와 가부장적 사회구조하에서 빚어지는 가정에서의 성차별 의식이나 직장, 정치계, 사회에서 빚어지는 성차별 의식을 청산하고, 남녀평등원칙의 의지를 확고히 해야 할 뿐만 아니라, 여성들이 남성과 동등한 권리를 지니면서 평등한 인류사회의 유능한 일원이 되도록 관심을 기울여야 할 것이다.

3 성주류화를 위한 여성복지 과제와 전망

성주류화는 주류의 모든 영역에서 양성평등적 접근을 가능케 하는 전략이다. 성주류화는 양성평등을 이루기 위해 모든 영역에서 성관점이 통합되는 것을 요구한다. 성주류화 전략은 모든 분야의 정책에서 성관점을 통합하는 것을 중시하는 것으로서 여성복지정책을 특정 분야 위주로 보던 시각을 넘어선다. 성관점의 통합이란 사회의 모든 분야에서 여성의 양적·질적 참여의 확대로 동일한 의사결정권을 가지는지와 모든 정책이나 프로그램이 어떻게 여성과 남성에게 다르게 영향을 미치는지를 검토하고 이를 다루는 기관에서도 성관점을 통합하도록 하는 것, 그리고 남성중심적으로 조직되어 있는 정부 및 주류 영역에 여성이 일부의 정책에 참여하는 것이 아니라 정책의 전 과정에 동등하게 참여하고 그 결과로 주류가 전환되는 것을 말한다(오경희, 2006: 264-265).

성주류화(gender mainstreaming)는 1995년 북경에서 열린 제4차 세계여성대회에서 처음으로 여성정책의 핵심용어가 되었다. "정부와 행위자들은 정책결정에 앞서 정책이 여성과 남성에게 미치는 효과에 대한 분석을 실시하여 모든 정책과 프로그램에서 젠더 관점을 주류화하는 적극적이고 가시적인 정책을 증진해야 한다"라고 하여 성주류화의 이행 의무를 규정하고, 특히 빈곤, 교육, 건강, 여성에 대한 폭력 등 25개 행동영역에서 젠더 관점의 주류화를 공식적으로 선언하였다(UN, 1995).

좁은 의미의 성주류화는 모든 수준, 모든 단계의 모든 정책에 여성과 남성의 관심과 경험을 통합하는 것으로서, 여성과 남성이 동등하게 정책의 혜택을 받고 불평등이 조장되지 않게 하기 위한 전략이며, 궁극적으로 성평등을 이루고자 하는 목적을 갖는다. 광의의 개념인 성주류화는 남녀가 사회 각 분야에서 충분한 참여와 세력화를 이룰 수 있도록 조직을 재구조화하고, 인력과 재정자원을 재분배하며, 제도와 문화의 변화 등 전반적이고 장기적인 변화를 가져오는 것을 말한다. 광의의 개념상 성주류화는 여성의 주류화, 성인지적 관점의 주류화, 주류의 변환이라는 세 가지 과정 혹은 단계를 내포한다. '여성의 주류화(mainstreaming of women)'는 사회 모든 분야에서 여성이 동등하게 참여하고 의사결정권을 가지는 것을 말한다. '성인지적 관점의 주류화' 혹은 젠더 관점의 주류화(mainstreaming of gender)는 정책이나 프로그램이 여성과 남성에게 어떻게 차별적인 영향을 미치는가를 검토하고, 정책의 내용과 과정, 결과가 성평등하게 이루어지도록 하는 것을 말한다. 이는 모든 정책 및 프로그램에 젠더 관점을 통합시켜, 정책이 여성과 남성에 미치는 영향을 검토하는 성별영향평가를 실시하는 것을 뜻한다(권희경 외, 2015: 313-314).

Chapter 03

여성주의와 사회복지

1 여성주의 발달사

1) 서양의 여성주의 발달사

미국에서 여성해방운동이 활발하게 일기 시작한 1960년대부터 성차별이 사회문제로써 본격적으로 거론되기 시작했다. 성차별을 비인간적이고 불합리한 현상으로 보는 시각이 나타난 것은 바로 이때부터이며, 이는 여성이 평등한 양성관계를 토대로 새로운 삶의 태도를 갖도록 이끌어 주는 실질적인 계기가 되었다. 1975년 UN이 '세계여성의 해'를 선포함과 동시에 여성발전10년(1976~1985)을 선정하여 성차별 제거를 위한 실천적 행동강령을 세계 각국에 추진토록 함에 따라 성차별 제거의 노력은 인류 발전을 위한 과제로 부각되었다(한국여성개발원, 1994).

서양에서 여성학자들 사이에서 여성과 남성 사이의 차이점과 공통점을 논제로 논쟁을 벌이기 시작한 것도 1960년대부터이다. 주로 남성과 여성이 다르다면 그것이 본질적인 것이냐 아니면 후천적인 것이냐는 주제로 논쟁을 벌였는데, 이것은 본성대 문화의 논쟁이었고, 본질주의자와 상대주의자 사이의 논쟁이었다(안상림 역, 1983). 본질주의자들은 신체적 결정론에 입각하여 남녀는 본질적으로 다르며, 행동, 사회적 구조, 사회정책에 이르기까지 다르다는 견해를 가진다. 반면에 상대주의자들은 성차란 사회적 구조에 의한 것으로 문화가 성적 특성과 성역할을 결정한다고 본다.

또한 1970년대는 여성의 역할과 여성 정체성에 관한 기존 이론에 변혁을 가져온 시기라 할 수 있다. 특히 여성심리학자들은 그동안 관행적으로 받아들여지던 여성에 대한 평가절하, 성차별, 성역할의 고정관념화가 얼마나 복합적으로 여성의 정신건강에 부정적인 영향을 미쳤는지에 대해 논의하기 시작하였다. 많은 여성학자들은 이 시기에 여성의 성고정관념에 제한받지 않는 심리적 양성성(psychological androgyny)을 주장하였다. 이후 1980년대는 여성학적인 고찰과 이론들이 성숙기에 접어들면서 보다 다양한 여성학적 관점들이 시도되었다.

2) 한국의 여성주의 발달사

한국에서 여성주의 사상에 대한 연구를 시작한 것은 1970년대 후반부터이다. 1970년대까지 한국의 여성운동이 양성평등이라는 문제의식으로부터 출발해 남성중심의 사회에서 여성의 권리를 회복하는 것에 초점이 맞추어져 있었다면, 그 이후의 여성운동은 여성의 관점에서 구체적인 차별 철폐를 요구하는 데 주력하고 있다. 이러한 한국의 여성주의 연구 실태를 노동, 가족, 성 분야로 구분하여 살펴보려 한다.

여성주의에 대한 연구는 여성 노동참여의 불평등과 성차별 실태 분석에 대한 연구로, 참여기회의 차별, 직종차별, 성별분업, 성별차별임금, 승진차별, 퇴직차별 등 여러 가지 성차별 문제에 대해 다양한 연구를 했는데, 그중 노동 분야는 여성학자들의 가장 큰 관심사였다. 그들은 사회주의적 여성주의 입장에서 노동참여에서 여성 불평등의 원인을 자본주의와 가부장제에 두었다. 그리하여 여성들이 동일 조건에서 경쟁할 수 있도록 탁아소 등 여성의 사회참여를 위한 지원체계를 요구하였다.

또한 가족에 대한 여성주의 연구는 가족 내 여성의 불평등 상태에 대한 경험적 연구들이 주종을 이룬다. 이러한 연구의 주제는 가족 내 성별분업과 여성의 불평등, 억압경험, 전업주부, 맞벌이부부, 가사노동, 육아문제, 모성문제, 가정폭력 등이다. 여성주의자들은 가족 내 여성 불평등의 원인을 주로 가부장제와 성별분업 이데올로기로 보고 있다. 이들은 가부장제를 타파하기 위해서 가족법 내의 가부장적 요소 제거와 가족 내 여성 권익의 향상을 주장하고 있다. 최근 성 분야의 여성주의 연구는 극단적인 성폭력에서부터 성희롱 등 보다 미묘한 형태의 것으로 옮겨가거나 다양화되는 모습을 보이고 있다. 이러한 연구에서는 여성의 성적 피해 및 불평등의 원인이 주로 성의 억압, 정절 이데올로기, 이중 성윤리, 가부장적 이데올로기 등과 같은 문화적 요인에 있다고 본다.

2 여성주의 생애접근법의 특성

'여성주의 생애접근법'은 반 덴 베르게(Van Den Berge)가 1995년에 출간한 『Feminist Social Work Practice in the 21st Century』라는 책에서 처음 공식적으로 거론되었다. 여성주의 생애접근법은 여성들의 노화과정에서 발생하는 문제가 무엇인지를 밝히는 데에 유효한 방법이다. 이 방법이 주목하는 것은 여성들이 생애에 걸쳐서 경험하는 성차별, 고용차별, 사회보장 및 연금제도상의 편견 등이기 때문이다.

여성주의 생애접근법은 전 생애를 통하여 여성에 대한 불평등 및 억압이 편재한다는 입장에서 출발한다. 여성의 불평등은 개인 차원이 아니라 사회구조적·정치적 차원에서 이루어지고 있으며, 여성의 지위가 상대적으로 낮은 것은 성차 때문이 아니라 성불평등 때문이라고 한다. 집단별로 보더라도 연령에 관계없이 여성들은 남성들보다 가난하며, 공적인 영역에 있더라도 성별분업적인 일에 종사한다. 이와 같이 여성들에 있어 공·사영역을 불문하고 활동력의 범위는 제한적이다.

전 생애과정에 걸쳐서 여성들이 받는 불평등은 대체로 성차별에 의한 것이지만 점차 연령이 높아질수록 나이에 따른 차별이 더해진다. 이러한 연령차별주의(ageism)는 개인적 차원뿐만 아니라 정책 및 공적 영역에서도 나타난다. 예컨대 공적 영역에서는 이혼 법률, 연령차별을 들 수 있고, 개인적으로는 건강, 신체적 외모 등이 여성노인을 차별하는 복합적 요인으로 작용한다.

그리고 여성주의자들은 '개인적인 것이 정치적인 것'이라고 생각하고 사회변화를 강조한다. 여성의 삶에 미치는 가부장주의 및 자본주의의 뿌리 깊은 영향으로 인해 공·사적인 부문에서 여성들에게 허용되는 것은 매우 제한적이다. 국가정책의 많은 부분에서 제한된 성역할 및 평가절하된 지위가 여성의 속성인 것처럼 시행되고 있다. 여성의 삶을 지배하는 세력에 도전하여 여성의 가치를 찾기 위해서는 정치·사회구조적인 변화가 필요하다. 여성주의 이론가들은 여성문제를 개인 차원에서 해결할 수 없다는 전제하에 여성노인과 관련하여 보건, 돌봄, 노후생활, 직업분야에 정책모형이 근본적으로 개혁되어야 한다고 주장한다.

여성주의 생애접근법은 능력 부여에 대한 새로운 개념화의 시도이다. 여성 스스로 희생자라는 관점에서 벗어나서 여성에게 능력을 부여하고 신뢰성을 바탕으로 그 세력을 인정하는 것이 그 요체이다. 능력 부여란 여성들이 자신에 대한 부정적인 시각을 거부하고 스스로 가치를 고양시킬 수 있는 자질을 배양하는 것이다. 능력 부여는 자신감으로 연계되어야 하는데, 그 방법 중 하나는 여성노인들이 개인적 또는 집단적으로 정치적 행동을 하는 것이다. 그렇게 함으로써 모든 지배 형태에 저항하는 구체적인 방법이 현실화될 수 있다.

이 밖에도 생애접근법은 여성의 생애에 기초한 것으로 여성노인에 대한 전환적 관점을 추구한다. 여성들의 삶에는 서로 다른 점이 있음에도 불구하고 간과할 수 없는 공통점이 있는데, 그것이 바로 생활의 일상성이다. 즉 인종, 계층, 성 등과 같은 사회적 이슈에 대해 조직적인 세력을 형성하기 위해서는 여성들의 다른 점을 인정하는 바탕 위에서 연대성이 추구되어야 한다는 것이다. 그것은 여성의 보편성에 근거한 연대성을 강조하는 것이 아니라 때때로 사안에 따라 협력관계를 구축하는 형태로 발전하는 것이어야 한다(Davis, 1990).

3 여성주의 관점

여성주의(feminism, 페미니즘)란 여성억압과 불평등의 원인을 분석하고 여성해방을 위한 전략을 제시하는 다양한 관점을 가리키는 개념이다(박옥임 외, 2015: 21).

'성역할'이란 용어를 성차별과 관련한 논의에서 활용한 것은 1970년대 여성주의였다. '성차별'은 '성(sex)'(생물적 의미의 성)이 아닌 '성역할'(사회적 의미의 성)에 의한 차별로 이해하였다. 여성주의는 시대 주류의 이념과 상황에 따라 다양하게 발전하였다. 역사적으로 서구 여성주의는 자유주의 여성주의(liberal feminism), 마르크스주의 여성주의(marxist feminism), 급진주의 여성주의(radical feminism), 사회주의 여성주의(socialist feminism)를 거쳐 최근에는 포스트모던 여성주의(postmodern feminism)와 생태주의 여성주의(eco feminism)로 이어지고 있다.

여성주의적 관점은 여성복지에 시사하는 바가 많으며, 이러한 관점들의 통합을 통해 여성복지도 이론적으로 더 발전해 나갈 수 있다. 이런 점에서 여성복지에 중요한 시사점을 제공하는 여성주의적 관점을 간략하게 언급해 보자.

자유주의적 관점에서는 여성들에게 교육과 직업에서의 동동한 기회를 보장하기 위해서 사회제도와 법적 개혁을 주장한다. 급진주의 여성주의는 여성의 삶에서 가부장제가 더 큰 영향을 미치는 것으로 간주하고 남성의 여성성에 대한 통제를 불평등의 근원으로 파악하였다. 따라서 가부장적 가족관계의 변화를 통해서 성에 대한 통제와 성폭력, 가정폭력으로부터 여성을 보호하고 여성 인권을 보호할 것을 주장한다. 사회주의적 여성주의에서는 여성 지위 변화를 위해서는 자본주의적 관계와 가족의 변화가 필요하다고 보았다. 그래서 여성의 가사노동의 사회화와 사회보장제도에서 여성의 독자적 수급권 획득을 주장한다. 또한 생태주의 여성주의에서는 여성과 자연의 관계를 중심으로 이론을 형성한다.

1) 자유주의 여성주의

자유주의 여성주의(liberal feminism)는 18세기 자유주의 정치사상에서 나온 자유주의 이념에 사상적 뿌리를 두고 것으로 인간을 합리적이고 독립적인 행위자로 인식한다. 이 관점에서는 성불평등의 요인이 제도적·법적 불평등으로 인한 기회 부족이라고 여겼기 때문에, 차별문제는 교육과 참정권 등의 동등한 기회 보장을 통해 해결될 것으로 생각했다. 자유주의 여성주의는 처음으로 여성차별을 거부하고 남녀평등의 법적 권리를 확보하고자 하는 운동을 시작했다는 점에서 높이 평가받을 만하다. 그러나 많은 문제들도 안고 있었다. 첫째, 분리주의 사유체계에 따라 인간을 이해하고, 그렇게 파악된 이성적 남성의 위치로 여성을 격상시키는 데 주안점을 둠으로써 여성을 타인과 경쟁해야 하는 고립된 영역으로 내몰았을 뿐만 아니라, 자연에 대해 수탈적인 남성적 문화의 위치로 올림으로써 인간에 의한 자연 억압을 조장했다. 둘째, 은연중에 계급 차별주의를 가지고 있었고, 행복 추구를 위한 기초교육 및 의료혜택, 빈곤으로부터 벗어날 권리 등의 사회적 기본권을 도외시하는 태도를 가지고 있었다. 셋째, 그들의 이성을 중시하는 경향에 의해 상대적으로 감성이나 영성에 대한 존중이 희박해졌다.

메리 울스톤크래프트(Mary Wollstonecraft)는 『여성옹호론』(1792)에서 인간과 동물을 구별하는 능력으로 합리성을 들고 있으며 여성도 이러한 능력을 가지고 있다고 주장했다. 그는 사회가 여성에게도 교육을 제공해야 할 의무가 있는데 이는 모든 인간이 이성적이고 도덕적인 능력을 배양할 기회를 가져야 하기 때문이라는 것이다.

영국의 메리 울스톤크래프트: 페미니즘의 기원
출처: https://fepe.tistory.com/19

테일러(Taylor)는 『여성의 해방』(1851)에서 성적 불평등은 자연적인 결과가 아니라 사회의 관습과 전통에 의한 것이라고 주장했으며 교육, 노동, 정치, 법 등에서 여성의 동등한 역할을 강조했다(박옥임 외, 2015: 23).

밀(J. S. Mill)은 『여성의 종속』(1869)에서 여성이 남성과 같은 시민의 자유와 경제적 기회를 누리게 된다면 사회는 다양한 이득을 얻을 것으로 생각했다. 즉, 기회의 균등에 역점을 두어 여성의 법적 권리가 남성과 동등해야 한다고 주장하였다(정은 외, 2006: 93 참고). 그러나 그는 여성과 남성이 생물학적으로 차이가 있음을 인정하고 개방된 사회에서도 여성은 직업보다는 가족을 택할 것으로 보았다.

이 밖에도 자유주의 여성주의는 여성과 남성의 평등을 주장하면서도 동시에 여성은 신체, 남성은 정신이라는 남성적 편견을 고수하여 다른 여성주의로부터 많은 비판을 받았다. 자유주의 페미니즘은 여성에게 불리한 법적·제도적 여건을 개선하여 여성의 지위를 상당 부분 향상시키고 의식개혁운동을 통해 대중성을 확보했으나 개인의 자유와 평등을 지나치게 강조하고 성별 중립적인 인본주의를 채택했다는 비판을 받고 있다(부산여성사회교육원, 2014: 44).

2) 마르크스주의 여성주의

마르크스주의 여성주의(Marxist feminism)는 자유주의 여성관과 자본주의에 대한 비판을 통해 발전하였다. 인간을 합리적인 고립적 행위자로 이해하는 자유주의와 달리 마르크스주의는 생물학적이고 사회적인 존재로 인식하였다. 물질중심의 산업사회에서 남성 노동자는 임금을 지급받는 사회적 노동에 참여하는 반면 여성은 임금을 받지 못하는 가사노동에만 매이게 될 때, 여성은 남성에 종속될 수밖에 없다. 따라서 마르크스주의는 여성해방의 전제조건은 생산수단의 공유를 위한 사회주의 혁명이며, 이것이 이루어지면 여성에 대한 억압도 사라질 것이라고 가정한다. 그래서 마르크스주의 여성주의에서는 여성해방을 위한 전제조건으로 사적 소유의 폐지와 여성의 생산노동 참여와 가사노동의 사회화를 주장한다. 마르크스주의 여성주의자들은 여성 억압의 주요 원인을 가사노동이라는 의존적인 노동에 종사하기 때문이라고 보았던 것이다.

그러나 마르크스주의 여성주의는 여성의 출산문제 및 성문제(피임, 낙태, 강간, 여성

구타 등)와 관련된 문제에는 별 관심을 보이지 않고, 여성들의 노동과 관련된 제반 사항에만 초점을 맞추었다는 비판을 받는다. 또한 마르크스주의 여성주의는 가사노동의 산업화와 사회화를 통해 가사노동으로부터 여성을 해방시키고자 했지만 출산과 양육에서는 생물학적 성 차이를 바탕으로 한 노동 분업을 당연하게 받아들였다는 점이 한계이다.

3) 급진주의 여성주의

20세기에 들어서면서 여성의 참정권 운동이 현실 속에서 관철된 이후, 뚜렷한 쟁점을 찾지 못하고 표류하던 선진국 여성운동 진영에 커다란 변화가 밀려오기 시작하였다. 다름 아니라 급진적 여성주의(radical feminism)가 바로 그러한 변화를 가져온 관점인데, 남성에 의한 여성억압의 근원으로 남성지배체제, 즉 가부장제(patriarchy)를 분명하게 밝혀내었다. 캐나다 태생의 여성주의자인 슐라미스 파이어스톤(Shulamith Firestone, 1945~2012)은 초기 급진적 여성주의 발전에서의 중심 인물이었으며, 1970년에 여성주의에서 중요하고도 영향력 있는 텍스트인 『성의 변증법(The Dialectic of Sex: The Case for Feminist Revolution)』을 저술하였다.

파이어스톤은 젠더 불평등은 여성의 생물학적 특성, 즉 임신, 출산, 양육에 의해 부과된 육체적, 사회적, 심리적 단점을 통하여 여성에게 부여되는 가부장적 사회구조에서 기원한다고 주장하였다. 파이어스톤은 여성이 생물학적으로 결정된 지위에서 벗어나기 위해서 피임과 낙태의 확산, 양육에 대한 국가적 지원뿐만 아니라 실험실에서의 인간 재생산을 실행하기 위한 사이버네틱스의 사용도 지지하였다. 그녀가 예언한 재생산 기술 중에서 성 선택(sex selection)과 시험관 아기가 있었다(위키백과 참고).

여성 억압은 단지 법적이고 정치적이며 경제적인 가부장적 요인을 드러내어 제거하는 것만으로 해결되지 않고, 더 나아가 종교와 가족, 학술 담론을 포함한 사회제도, 그리고 정신적 문화의식까지 청산할 때 비로소 여성이 해방의 단계로 이행할 수 있다는 것이 급진주의의 입장이다. 그러나 여전히 몇 가지 문제를 갖고 있다

(http://www.oikozoe.or.kr).

첫째, 급진주의 안에도 여러 흐름이 존재하지만, 계급문제가 여성문제와 연결되어 있다는 것을 간과하였다.

둘째, 가부장적인 여성 억압이 인간에 의한 자연 억압과 이어져 있다는 생태주의 인식에 이르지 못하였다.

셋째, 급진 자유지상주의적 여성주의자의 경우, 재생산체계에 대한 여성 통제권을 확보하는 과정에서 생태적 자연주의 인식을 결여함으로써 남성가부장적 산물인 지배적 의학이나 생명공학을 적극 수용하는 문제를 보였다.

넷째, 급진문화적 여성주의자의 경우, 반가부장적 문화를 조성하기 위한 일환으로 동성애를 적극 권장하는 모습을 보였다. 소수자에게 나타나는 트랜스젠더나 동성애가 자연스런 성향으로 나타날 경우 그것이 결코 비난받을 일이 아니며 오히려 존중되어야 하지만, 그렇다고 해서 동성애를 문화적으로 권장하거나 찬양하는 것이 옳을 수는 없다.

다섯째, 역시 급진문화적 여성주의의 경우, 여성적 본질주의에 따라 여성이 남성보다 우월하다는 인식을 초래하기도 하는데, 이는 가부장적 남녀 상하관계를 여남 상하관계로 역전시키는 것으로서, 이것은 분리주의 의식체계의 상하 내용이 반전된 것일 뿐이라는 문제를 낳는다. 남성 가운데 바람직한 여성적 가치를 지닌 사람이 적지 않고, 또한 여성 가운데 그릇된 남성적 가치를 가진 사람도 적지 않을 것이다. 현재의 여성성은 사회적(또는 생태적) 약자를 대변하는 가치 가운데 하나로 대단히 중요하다. 이는 장차 바람직한 남성성으로도 구현될 수 있도록 확장되어야 할 가치이다. 이러한 여성성은 본질적으로 여성에게만 고유한 것이 아니다. 여성성의 신비화 경향은 바람직하지 않다.

결국 급진주의 페미니즘은 이성애냐 동성애냐 또는 자연출산이냐 인공출산이냐 등이 그 자체로 여성문제를 유발하는 것이 아니고, 그러한 것들이 여성문제를 유발하는 것은 그 사회구조에 달려 있다는 점을 간과했다. 즉, 임신과 출산이라는 여성의 재생산 능력 자체가 여성의 힘을 약화시킨다기보다는 재생산 능력을 제대로 평가하지 않는 가부장적 사회구조가 여성의 힘을 약화시키고 억압하는 것이다. 또한 최근 급진주의 페미니즘은 탈정치화되는 경향이 있어서 계급과 인종의 역사적 현실을 외면한다는 비판을 받기도 한다(박옥임 외, 2015: 30).

4) 사회주의 여성주의

사회주의 페미니즘(socialist feminism)은 근본적으로 마르크스주의가 성별의 문제를 중요하게 여기지 않고 사적 영역에서 이루어지는 활동과 성문제에 대한 분석을 소홀하게 한 점을 비판하는 데서 출발한다(부산여성사회교육원, 2014: 47). 사회주의 페미니즘은 남성에 의한 여성 억압과 계급에 의한 억압을 결합하여 자본주의와 가부장제가 동시에 여성 억압의 근원으로 작용한다고 본다(김영화 외, 201: 59 참고).

여성주의 이론 구축에 큰 역할을 한 사회주의 여성주의는 기본적으로 마르크스의 사적 유물론의 시각으로, 즉 인간의 본성을 생물학이나 사회, 자연환경 간의 변증법적 상호작용에 의해 결정되는 것으로 이해하였다. 즉, 여성 문제에 있어서 자본주의와 가부장적 남성 지배, 인종차별, 제국주의는 서로 얽혀 있기 때문에 어느 하나만 떼어내서 소멸시키는 것으로 문제가 해소되지 않는다고 보고, 그러한 것들을 패키지로 다루어야 한다고 제안한다. 따라서 사회주의 여성주의는 한편으로 노동 소외 청산을 위해 계급사회의 소멸을 목표로 하면서 동시에 성적 소외 불식을 위한 다양한 노력에 경주한다. 사회주의 여성주의의 궁극적인 목적은 인간을 자본가와 노동자로 구분하고, 또한 남성과 여성으로 분류하는 사회적 관계를 철폐하는 것이다.

그러므로 사회주의 페미니즘은 여성해방을 위해서는 가정 내에서 당연히 여성이 맡아야 한다고 생각되는 돌봄노동과 가사노동을 남성과 사회가 함께 분담해야 하며, 지불노동과 자본가가 임금을 지급하지 않는 부불노동의 분리를 철폐하고 남성만이 가족의 생계를 부양해야 한다는 통념을 깨뜨려야 한다고 주장한다.

5) 생태주의 여성주의

생태여성주의(eco feminism)가 한국에 소개되기 시작한 것은 1990년대 초부터였다. 서구에서 생태여성주의는 최근까지 이어진 자연을 비롯한 지구 파괴적인 남성 주류 역사에 대한 저항운동을 통해 지구를 구하려는 여성들의 노력과, 여성과 자연에 대한 새로운 관점의 여성주의적 시각이 맞물려 형성되었다. 다시 말해 이 관점은 여성적 가치와 생명 존중을 중요시 여긴다.

생태주의 여성주의는 기본적으로 여성 억압과 자연 억압 사이에 중요한 결속관계가 있다는 인식에서 출발했다. 이 입장은 여성주의 이론과 실천이 생태적 조망을 포함해야 한다고 주장한다.

와렌(Warren, 1990)은 여성의 지배와 자연의 지배에는 역사적, 경험적, 상징적, 이론적으로 중요한 연관이 있다고 보았다. 이러한 생태주의 여성주의는 여성주의와 환경윤리를 만족시키기 위해 충분하지는 않지만 다음의 여덟 가지 조건이 필요하다고 보았다.

첫째, 생태주의 여성주의는 자연차별주의(naturism)에 반대하면서 계급 및 인종, 성차별주의에 대한 도전과 연결되어야 한다. 둘째, 맥락적 윤리(contextualist ethics)를 취함으로써 고립된 권리나 규칙에 의거하기보다 관계 속에서 해법에 도달할 수 있어야 한다. 셋째, 구조적으로 다원적(pluralistic)이어서 인간 공동체 안에서는 물론이고 인간과 자연적 존재 간의 차이(difference)에 따른 다름을 승인해야 한다. 넷째, 이론을 과정(process) 속에 있는 것으로서 다시 인식해야 한다. 다섯째, 생태주의 여성주의는 포괄적이어서 백인 여성의 목소리뿐만 아니라 자연의 소리를 듣는 전통적 인디언 문화의 이야기와 숲에 의지하며 살면서 벌채를 반대하는 인도 칩코 여성의 목소리 등을 담아낼 수 있어야 한다. 여섯째, 객관적 관점(objective point of view)을 제공하려고 하지 말아야 한다. 인간은 자연적이면서 역사적인 존재이며 엄격하게 가치중립적인(value-neutral) 것은 없기 때문에, 취해야 한다면 억압받는 존재의 소리에 귀를 기울이는 것이 더 낫다. 일곱째, 인간 본성은 다른 존재와의 관계 속에서 형성된 것이기 때문에, 돌봄(care)과 사랑, 우정, 신뢰, 그리고 적절한 호혜 등과 같은 가치에 중심적 지위를 부여해야 한다. 여덟째, 인간에 대한 새로운 이해를 담아야 한다. 왜냐하면 인간과 인간 이외의 환경 간의 관계는 부분적으로 인간에 대한 바른 이해에 의존하기 때문이다. 특히 인간의 본성은 자연과 사회의 관계 속에서 형성되므로 고립적인 추상적 개인주의는 거부되어야 한다는 입장으로 여성환경운동 등이 사례이다.

6) 포스트모던 여성주의(탈근대주의 페미니즘)

포스트모던은 근대성을 비판하는 데서부터 시작한다. 근대성이란 '나'라는 주체를 세계의 중심으로 보고 '타자'를 대상화하는 이분법적 사고에서 출발하여 타자를 이성적으로 파악하고 정복하려는 일련의 기획들을 의미한다. 그리고 중심에 있는 자들은 이러한 타자를 주변인으로 보고 이들을 정복하고 지배하며 배제하려고 한다. 근대성에서 남성은 주체적이고 이성적이며 문명화된 것으로, 여성은 타자이며 감성적이고 자연적인 것으로 인식된다. 이러한 남성은 그들의 가치, 규범 등을 통해 가부장제의 남성문화로 여성을 지배해 왔다. 따라서 탈근대주의 페미니스트들은 남성중심적인 사고와 언어의 사용을 해체하고 사고체계의 내적인 모순을 분석하면서 주변부에 위치하고 있는 타자의 입장을 재해석하는 작업을 한다.

탈근대를 표방하는 포스트모던 여성주의는 근대성 패러다임이 곧 남성중심적 패러다임, 즉 '남근 및 이성중심주의'라고 주장한다. 주체/타자, 이성/감성, 문명/자연, 해/달, 낮/밤 등의 이항 대립에서 여성은 늘 '타자'로, '감성적 존재'로, '자연'으로 주변화 또는 대상화되었다(김영화 외, 2007 참고). 이러한 포스트모던 여성주의는 타자로서 여성성을 적극적으로 받아들인다. 타자라는 위치에 변두리에서 살아가는 사람들을 포함한 모든 사람들에게 지배문화가 부과하는 규범, 가치, 관행들을 비판할 수 있게 하는 지위를 부여하는 것이다. 그리하여 포스트모던 여성주의는 여성들의 다양한 차이에 주목하고, 여성성과 남성성이 고정된 의미를 갖는 것이 아니라는 점을 보여주려고 한다.

Chapter 04

여성복지의 접근방법

1 여성복지의 범주

여성복지의 접근방법에서는 여성복지의 기본 요소들을 통해서 이론적 틀을 다룬다. 여성복지실천 접근방법의 획기적인 변화는 1980년대부터 구미 각국에서 여성의 경험과 상황의 개념을 재정립하고 재구성하려는 노력으로 나타났는데, 그것은 여성과 관련된 실천뿐만 아니라, 남성 및 아동과 관련된 실천에도 영향을 미쳤다. 그 결과 첫째, 성역할에 민감하고, 둘째, 성차별을 하지 않으며, 셋째, 여성주의적 실천에 접근하려는 세 가지 경향이 나타났다(NASW, 1995).

여성복지에 대한 이론적 접근의 중요성은 여성복지의 현주소와 문제점들을 파악하게 함으로써 앞으로의 발전 방향을 제공한다는 점에 있다. 여성을 위한 복지는 여성이 국가나 사회로부터 인간의 존엄성과 인간다운 생활을 할 권리를 남성과 마찬가지로 동등하게 보장받음으로써 여성의 소득, 건강, 정신적 만족 등 삶의 질과 관련된 제반 욕구와 조건들을 충족시켜 나갈 여건을 마련해야 한다(조흥식 외, 2007: 78).

여성복지는 정책적 접근과 실천적 접근을 통해 이루어지고 있다. 정책적 접근은 법과 제도적 개입을 통해 이루어지며, 실천적 접근은 임상적이고 직접적인 접근으로 개인적인 변화를 통한 사회의식의 발달 등으로 이루어진다. 우리나라의 여성복지에 대한 정책적 개입은 여성부의 여성정책 전반에 걸친 활동과 함께 사회복지 분야의 여성복지정책을 통해서 실시되고 있다. 노동부의 여성정책은 근로여성들을 위한 성보호와 아동양육에 관한 사항만으로 국한되어 있다. 임상적 실천에서는 여성의 자율성을 증가시키고, 여성과 남성 간의 권력 불균형을 감소시키는 의식 고취를 강조한다. 따라서 여기에서는 여성의 남성에 대한 의존을 가져온 과정을 분석하고 여성들이 이러한 의존으로부터 벗어나도록 돕는 과정으로 여성의식 향상 등을 다루고자 한다.

여성운동은 여성복지의 향상을 가져온 중요한 방법 중 하나로 빼놓아서는 안 된다. 여성운동은 여성이 의식 향상을 통해서 여성운동으로 이어지는 과정을 실천적 방법으로 강조하고 있다. 그렇지만 여성운동은 실천면에서 여성학 분야에서만큼 강조되지 않고 있으며, 사회복지에서 여성복지의 한 방법으로 아직 체계화되지 못하여 숙제로 남아 있다.

여성복지의 범주를 대상별로 나누어 보면 다음과 같다. 여성들의 사회참여 증가에 따른 근로여성들의 부담 완화를 위한 가사노동과 가족보호노동을 위한 서비스가 요구되며, 어린 아동양육 여성들을 위한 보육시설과 방과 후 서비스가 요구되고 있다. 일하는 여성들의 노동조건 개선을 위한 요구들이 늘어나고 있으며, 노동을 통한 자립의 욕구가 증가하고 있다. 이와 같은 욕구는 여성들의 노동참여 증가 현상과 이혼과 독신의 증가, 남성부양자에 의존하는 여성들의 증가 현상과 맞물리고 있다.

일반여성들도 가사노동에 대한 사회적 보상과 사회보험의 인정을 요구하며, 잠재능력 개발과 자아실현을 위한 다양한 형태의 사회적 참여의 기회 보장을 요구하고 있다.

또한 요보호여성이 처한 현재의 경제적 어려움을 해결하기 위한 대책과 함께 빈곤여성들의 생계 대책이 요구되며, 고령화에 따라 여성노인들의 생계문제와 수발문제가 제기되고 있다. 개인적이고 가족적인 문제로 다루어져 오던 가정폭력 문제에 대한 사회적 개입이 요구되며, 여성 모두를 위협하는 성에 대한 위협과 폭력으로부터 여성들을 보호하기 위한 조처와 인권 보장이 요구되고 있다.

이와 같이 여성들의 욕구는 가부장제와 자본주의의 모순으로 인해서 불평등이 나타나는 법과 제도 등의 모든 영역에 편재되어 있다. 일반적으로는 법·제도의 개혁과 정치영역에서 여성의 대표성 제고, 여성고용의 구조적 개선, 교육과 사회적 참여의 기회 확충 등이 대표적인 요구이지만, 성주류화를 통해서 성 개념이 사회의 모든 분야로 확대 적용되고 있다.

2 여성복지의 영역

여성들의 삶에 있어 보편적이고 규범적인 생의 사건은 교육생활, 가족생활, 직업생활 안에서 일어난다(김미혜, 1997: 44). 사회복지영역에서는 이 중에서 교육생활은 가족생활에 포함되며 여성의 가족과 직업영역에 주로 개입해 온 것으로 본다. 가족과 직업영역은 여성의 삶과 밀접한 연관을 가진다. 또한 이 장에서는 여성의 성을 중요 영역으로 구분하여 가족영역과 분리하였다. 이렇게 성을 한 영역으로 구분한 이유는 최근 들어 성의 개방화와 함께 성의 상품화와 같은 성과 관련된 부분들이 여성의 삶에 많은 영향을 미치고 있기 때문이다. 그리고 여성에 대한 각 영역에서 차별의 결과가 모두 합해져서 나타나는 현상인 빈곤을 포함시켰다. 빈곤은 여성의 성에 대한 인권 침해와 함께 여성의 삶에 가장 큰 위협이 되고 있기 때문이다.

여성문제는 크게 두 가지로 나누어진다. 하나는 여성의 성과 관련된 문제이며, 다른 하나는 여성노동과 관련된 문제이다. 여성의 성과 관련된 이슈는 성의 상품화를 통한 여성들의 성의 소외와 성을 통한 지배와 통제라는 힘과 권력관계의 문제로 이어지며, 여성의 모성기능과도 관련되어 있어 여성노동과도 연관된다. 이렇게 여성의 성과 가족, 그리고 노동은 서로 깊은 관련을 맺고 있다.

오늘날 여성노동과 여성고용 상태는 결과적으로 빈곤의 여성화 현상을 초래하여 여성들이 자립해서 살아가는 것을 어렵게 만들고 있으며, 남성이 없는 여성 가구들은 빈곤에 처할 가능성이 높다. 그러나 여성빈곤 대책으로서의 복지제도조차 가부장적 성격을 지님으로써 여성들에게 불리하게 작용하고 있어 여성들은 빈곤에서 벗어나지 못하고 있다. 가부장적 자본주의 사회에서의 성, 가족, 노동은 상호 연관되어 결과적으로 여성의 빈곤화와 성의 소외로 나타나고 있다.

우리 사회는 발달단계상 산업사회와 후기 산업사회의 특성을 동시에 가지고 있으며, 각각의 요소들이 다르게 발달하는 혼합된 양상을 보이고 있다. 이러한 차이로 인해서 나타나는 가족과 노동의 갈등구조의 핵은 여성으로, 여성들에게 모든 부담을 떠넘기고 있다. 이러한 과도기에 여성들은 이중 부담과 그로 인한 우울증을 포함한 건강문제 등 개인적 부담과 희생을 떠안는 방식으로 문제를 처리하고 있다. 최근 들어 여성들은 이런 부담에서 벗어나기 위해서 만혼을 택하거나 출산을 기피하기도 한다. 이렇게 여성들에게는 가족에 대한 책임과 노동에서의 갈등이 큰 부담으로 남아 있으며 사회제도적 해결을 요구하고 있다.

1) 여성의 성과 결혼, 가족

성은 결혼을 통해서 합법화되며 가족은 성적 욕구를 충족시키며 통제하는 수단이다. 따라서 부부의 성은 결혼생활에서 중요한 요소가 되고 있다. 그럼에도 불구하고 가부장제 내에서의 성문화는 많은 문제점을 가지고 있다.

가부장제 내에서 성은 이중적이다. 여성의 성은 남성 가계를 잇기 위한 수단으로 사용되기 때문에 혈통을 보존하기 위해서는 여성에게 순결과 정절이 요구되고 있다. 반면 남성은 혼외 성관계의 자유와 함께 성매매나 축첩을 통한 이중적 성생활이 허용되었다. 이와 같은 성에 대한 이중성은 우리나라 여성정책 발달과정에서도 그대로 반영되고 있다.

가부장적 성문화는 지배와 복종관계를 바탕으로 성행위를 구조화한다. 남성은 지배적인 입장에서 주도권을 행사하는 반면, 여성은 성적 자율권과 결정권을 박탈당한다. 가부장적 성문화의 특성은 성기중심적이며 남근숭배적이다. 이러한 문화적 특성으로 남성은 성적으로 우월하며, 여성은 모성을 위한 필수적인 생식기능 외의 성생활은 금기시되며, 이것은 불감증의 원인이 된다. 남성은 성적 욕구가 강하며, 남성의 성은 본능적이어서 통제하기 어려우며, 강한 성은 남성의 상징으로 여긴다. 이러한 성의 이분법적 사고체계가 성의 이중 규범체계를 정당화해 왔다(동덕여대, 2004: 191).

최근 들어 성의 개방화와 함께 성은 생식기능보다 사랑 표현기능이 중시되고 있어, 여성에게 성적 매력은 중요한 요소가 되었다. 그럼에도 여성의 성에 대해서는 성적 매력과 동시에 순결과 정절을 요구하는 이중 잣대가 적용되고 있는 모순을 낳고 있다.

부부 강간 인정

아내의 의사와는 무관하게 강제적으로 성추행을 했을 경우도 강간으로 인정되는 판결이 났다. 아내의 손을 묶고 강간한 남편에 대해 '강제추행' 혐의로 징역 2년 6개월, 집행유예 3년의 실형이 선고된 것이다. 헌정사상 최초로 부부 강간을 인정한 판결로 부부간이라도 성적 자기결정권을 침해하는 행위는 용인될 수 없음을 보여주었다.

(부산여성신문, 2004. 12. 24. 2004 여성계 10대 뉴스)

결혼에 대한 명언

- 올바른 결혼의 기초는 상호의 오해에 있다. - 와일드
- 결혼, 어떤 나침반도 일찍이 항로를 발견한 적이 없는 거친 바다. - 하이네
- 결혼 전에는 두 눈을 크게 뜨고 보아라. 그러나 결혼 후에는 한 눈을 감아라. - 플러
- 결혼은 새장과 같은 것이다. 밖에 있는 새들은 함부로 들어오려고 하지만, 안에 있는 새들은 나가려고 몸부림친다. - 몽테뉴
- 서둘러 결혼할 것은 없다. 결혼은 과일과는 달라 철이 지나는 일이 없다. - 톨스토이
- 남자란 말하면서 접근할 때는 봄이지만 일단 결혼해 버리면 겨울이다. - 셰익스피어
- 결혼의 성공은 알맞은 짝을 찾는 데에 있는 것이 아니라 알맞은 짝이 되는 데에 있다. - 텐드우드

- 아내는 젊은 남편에게 있어서는 여주인공이고, 중년의 남편에게는 친구, 노년의 남편에게는 유모와 같은 존재이다. - 베이컨
- 모든 비극은 죽음으로써 끝이 나고 모든 희극은 결혼으로써 끝난다. - 바이런
- 사람들은 정열 때문에 결혼하지만 희극은 결혼보다 오래가지 못한다. - 탈무드
- 사랑은 결혼보다도 재미있다. 소설은 역사보다 재미있기 때문이다. - 칼라일

이러한 성문화의 변화와 더불어 한국사회에서 가장 급속한 변화가 일어나고 있는 영역 중 하나는 가족이다. 가족은 형태와 기능, 그리고 가치의 측면에서 상당한 변화를 겪고 있으며 지속적인 변화의 양상을 보이고 있다. 우선 형태면에서는 확대가족에서 미혼의 자녀와 부부중심의 핵가족으로 축소되고 있다. 이러한 가족의 축소는 가족관계의 복잡성에서 벗어날 수 있을 뿐만 아니라 이동의 용이함이라는 장점도 지니고 있다. 그렇지만 여성들이 경제활동에 참가하는 경우에는 자녀양육의 문제가 야기되며, 노인부부와 독거노인의 수발문제를 초래한다. 특히 요즘과 같이 아동양육기 여성의 경제활동 참여의 증가는 아동보육의 문제를 제기한다.

또한 한국 가족에서 가장 큰 변화 중 하나가 이혼의 증가이다. 이혼의 증가로 인한 한부모가족의 증가는 이들 가족의 기능과 적응 면에서 많은 문제를 야기하고 있다. 가치관의 변화에 의해 젊은 여성세대에서 결혼욕구는 줄어든 반면 취업욕구는 증가하고 있으며 '결혼은 선택, 취업은 필수'라는 말이 유행되고 있다. 젊은 남성세대에서는 남성이 가족의 생계를 책임져야 한다는 책임의식이 줄어들고 있으며, 젊고 고학력일수록 남성의 생계부양 역할규범에 반대하는 것으로 나타나고 있다. 2인 부양규범이 정착되어 가고 있는 것이다(유희정 외, 2002: 20-21).

가계의 소비구조에서도 주택가격 상승과 교육비 증대로 실질생계비가 증가하고 있고, 소비지출 구조상의 변화로 의식주의 비율은 줄어든 반면, 교통, 통신과 교육, 오락비가 증가하고 있다. 또한 최근 문제가 되고 있는 출산율 저하의 원인은 독신과 초혼연령이 높아짐으로써 만혼 추세와 출산 기피, 여성들의 경제활동참가로 인한 이중 부담과 보육문제가 해결되지 않은 상황, 비싼 교육비 등에 있는 것으로 보인다.

가족은 남성보다 여성에게 더 큰 의미가 있으며, 여성의 삶은 가족을 중심으로 이루어진다. 그러나 이러한 가족 내에서 여성의 삶이 과연 평등한 것인지에 대해 비판적으로 살펴볼 필요가 있다. 여성과 가족과 관련된 논의는 두 가지로 요약된다. 하나는 전통적인 가족을 지지하는 입장이고, 다른 하나는 새로운 대안을 모색하려는 입장이다.

이 밖에도 아동양육과 가사노동의 책임을 여성들에게만 돌리는 사회적 분위기는 여성의식의 향상과 사회참여로 인한 시간적 제약으로 사라져 가고 있다. 그러므로 오늘날 여성들이 사회참여가 힘들어지거나 아니면 이중고를 겪게 되는 것은 가부장적 성의식 때문이라기보다는 가사노동의 분담을 위한 사회적 인프라가 충분히 구축되지 않았기 때문이라고 볼 수 있다.

2) 여성의 일과 빈곤

여성이 노동시장에 참여하는 것은 남녀평등을 이루는 데 있어 핵심 사항이다. 여성이 노동시장에 참여하면 남성에 대한 여성의 의존성과 종속성을 감소시킬 수 있는 기반이 마련된다. 여성은 의존적 존재에서 자유로워질 수 있으며 결혼관계에서도 독립성을 가지게 되고 가족 내에서 여성의 권력이 강화될 수 있다. 이렇게 여성들의 삶에서 노동은 생계수단으로써 자립을 가능케 해 주며, 자율성을 강화시켜 주고, 자신의 능력을 개발하여 자아실현을 가능케 해 주는 수단이 되고 있다. 이와 함께 생활수준과 교육수준의 향상, 참여의 욕구 증가로 인해서 여성의 노동참여는 지속적으로 늘어나고 있다. 그러나 여성들의 노동시장 참여 확대 수준에 비해 여성노동의 질과 조건은 아직도 열악한 상태이다.

2008년도 통계를 보면 여성 취업자의 임금근로자 중 40%가 임시(29.9%) 또는 일용직(10.2%)으로 나타났다. 이렇게 여성의 고용이 비정규직화되는 이유 중 하나는 여성들이 많이 취업해 있는 서비스직과 판매직이 주로 비정규직이기 때문이다. 여성부에 따르면, 2009년 3월 기준으로 비정규직자 여성은 전체 비정규직자의 51.1%

인 274만 8,000명에 이르며, 이 중 기혼여성은 209만 3,000명으로 전체 여성 비정규직자의 76.2%를 차지하는 것으로 나타났다. 2008년과 비교해서도 미혼여성 비정규직자는 70만 6,000명에서 65만 5,000명으로 감소했지만 기혼여성의 경우 208만 8,000명에서 209만 3,000명으로 증가했다. 이는 여성이 비정규직자의 과반수를 차지할뿐더러 새로 늘어나는 여성 비정규직자가 기혼여성을 중심으로 형성되는 것으로 풀이된다. 경제위기와 함께 혼인 이후 출산, 보육과정에서 직장을 그만뒀던 여성들이 비정규직 형태로 노동시장에 재진입하는 경우가 많기 때문이다. 또한 2019년에는 여성 정규직이 188만 명(30.8%), 비정규직이 422만 명(69.2%)으로, 비정규직이 2배 이상 많다. 여성 노동자 10명 가운데 7명이 비정규직인 것이다. 남성에 비해 여성들은 상대적으로 비정규직이 많아 임금 격차가 발생한다. 국민연금 보험료와 수급액은 기본적으로 임금 기준으로 정해지기 때문에 저임금은 저연금으로 이어지게 된다. 여기에 여성들은 출산·육아문제 등으로 경력단절도 빈번하게 발생해 국민연금 가입기간이 짧아진다(http://search.zum.com). 이러한 여성의 저임금 비정규직 형태의 근로는 결국 적은 연금으로 다시 여성의 빈곤율을 높이는 원인이 되고, 비정규직에 여성 비율이 높다는 것은 여성 고용의 불안정성과 함께 사회보장의 혜택으로부터도 벗어나 있다는 점에서 문제가 되고 있다.

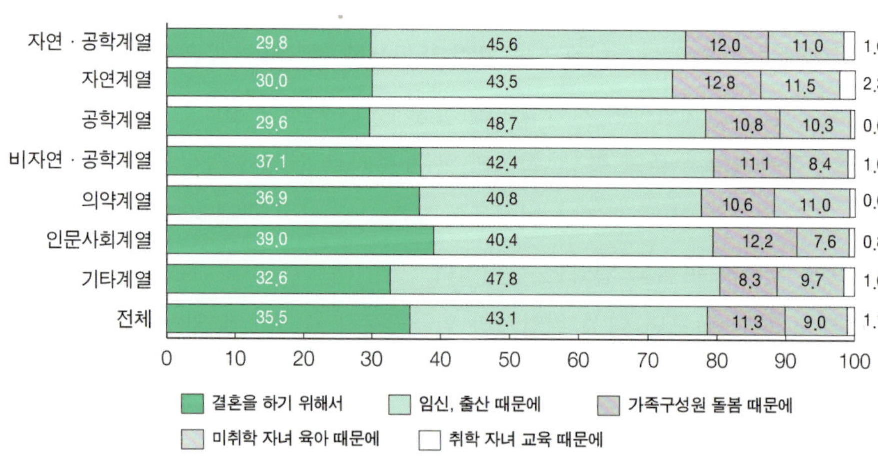

그림 4-1 여성 경력단절 사유(2016년)

노동시장에서의 성차별은 여성고용과 관련해서 또 다른 문제점이다. 여성들은 취업기회에서부터 승진, 임금, 직종 모두에서 차별을 받고 있다. 노동에서의 성차별은 직접적이기보다는 간접적이다. 더 나아가서 노동의 남성적 특성과 조직문화의 남성중심성으로 인해서 여성들은 조직에서 배제되거나 주변적이고 보조적인 존재로 남게 된다. 이렇게 노동시장에서의 성차별은 여성의 경제적 자립을 어렵게 만들고, 능력 개발과 자아실현 기회를 차단함으로써 여성 사회참여의 장애가 되고 있다. 그래서 아동양육 부담이 여성의 경제활동참가의 걸림돌이 되고 있다. 또한 여성들의 열악한 고용조건은 임금차별로 이어지고 있다. 경제협력개발기구(OECD)가 발간한 『사회, 노동보고서』에 따르면 2008년 한국은 남성이 여성보다 임금을 38%가량 더 받아 30개 회원국 중 남녀 임금격차가 가장 큰 국가가 되었다. 이는 OECD 회원국 평균 임금격차인 18.8%보다 2배나 높은 통계치이다.

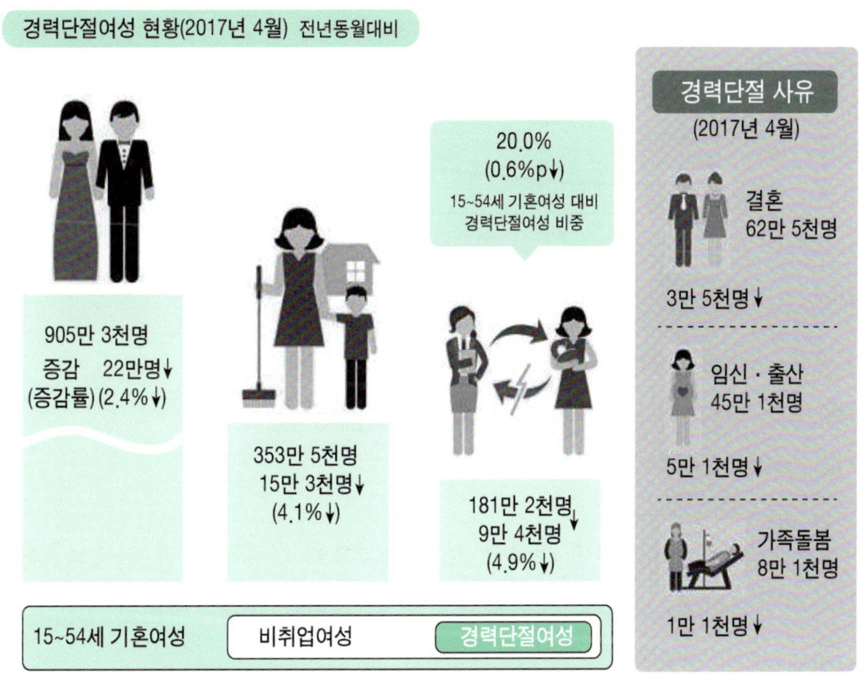

그림 4-2 지역별 고용조사(부가항목) 결과(2017년)

출처: 통계청.

노동시장에서 남녀 임금격차는 남녀 간 생산성의 차이에서 발생한 합리적 요인에 의한 격차와 차별에 의한 비합리적 요인으로 발생하는 격차로 나누어진다. 우리나라 남녀의 임금격차 가운데 합리적 격차의 비율이 다소 상승하고 있음에도 불구하고 아직도 남녀의 임금차이를 설명할 수 없는 성에 따른 차이인 비합리적 부분이 많이 남아 있다. 하트만에 따르면 가부장적 구조에 의한 성별 직업분리와 가사노동은 여성의 노동시장에서의 지위를 낮게 만드는 근본 요인이 되고 있다.

현대사회의 여성복지에 대한 요구로 여성들의 노동시장 참여욕구가 증대하고 있으며, 이러한 여성들의 욕구 변화는 여성의 삶에 큰 영향을 미치고 있다. 독신이 늘어나고 혼인연령이 높아질 뿐만 아니라 결혼을 해도 자녀 수가 감소하는 저출산 현상이 드러나고 있다.

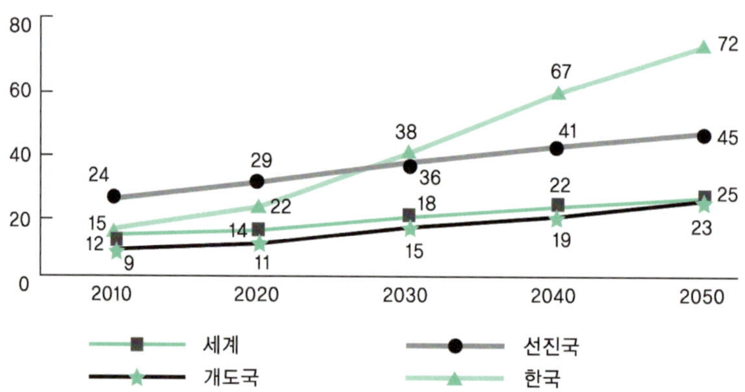

* 노인부양비 : 15~64세 인구 100명당 65세 이상 인구비율

그림 4-3 노인부양비 비교(2010~2050)

출처: 통계청(2009). 세계 및 한국의 인구현황.

여성들의 노동참여를 위해 필요한 것은 아동보육 문제와 함께 가족보호노동에 대한 사회적 서비스, 아동보육의 공공성 문제, 그리고 고령화사회의 도래로 인한 노인 수발서비스 등이다.

노인을 모시고 사는 가정에서는 노인에 대한 사회적 서비스의 부족이 문제가 되고 있다. 이렇게 여성들이 가사노동과 사회적 노동을 병행하는 데서 오는 이중고를 덜어 주기 위해서는 노동과 가사일을 병행할 수 있도록 노동의 성격을 가족친화적으로 수정할 필요가 있다. 그래서 노동의 남성적 특성과 노동문화의 남성적 특성에서 벗어나 여성들의 특성에 맞는, 가사일과 노동을 병행할 수 있는 가족친화적 노동환경 조성과 여성친화적 노동환경 조성이 중요하다. 이러한 여성친화적 노동환경은 어린 자녀가 있는 가족에게만 필요한 것이 아니라 모든 가족에게 필요한 것이다. 이러한 내용으로는 유연근로시간제나 시간제근로, 재택근무, 기혼여성 재고용장려제도 등이 있다.

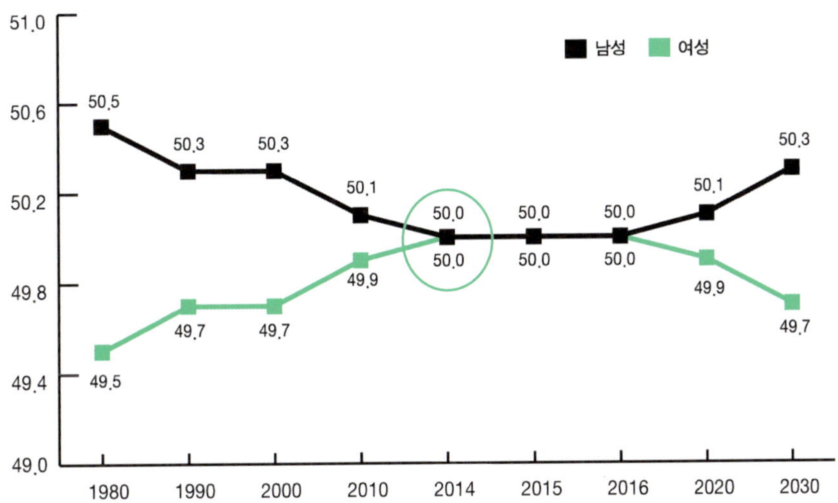

그림 4-4 남녀 인구비율 추이

출처: 통계청.

기혼여성의 사회참여와 더불어 고연령층의 취업도 늘어나고 있다. 인구 고령화와 함께 건강한 노인들의 사회참여가 늘어나고 있으며 또한 이들의 취업 기회 보장에 대한 요구가 늘어나고 있는 것이다.

여성노동의 조건을 개선하기 위해서는 먼저 성차별 개선으로, 채용에서의 성차별 관행과 직장에서의 성희롱 문제의 개선, 모성보호조항 준수 등의 노력이 필요하다.

직장 내 성차별과 성희롱 문제는 차별시정조치를 통해서 개선되어야 할 것이다.

지금과 같은 사회구조는 여성들이 가족 내에서의 무임금 가사노동과 시장에서의 성차별로 인해 자립이 어렵고 남성 의존적이 되도록 제도화되어 있다. 그러나 남성에 의존할 수 없는 여성들의 증가는 여성의 빈곤화를 한층 더 심화시키고 있다. 빈곤에 취약한 집단은 모자가정여성과 노인여성 집단들이 대표적인 예이다. 이러한 빈곤의 여성화 현상은 세계적으로 보편적이다. 영국과 미국의 경우 편모가장을 가진 가정이 빈곤가정의 대부분을 차지하고 있고, 그러한 여성가구주 가정의 수는 점차 증가하고 있다. 영국의 경우 대부분의 편모는 공식적인 빈곤선 주변이나 빈곤선의 바로 위에 위치해 있으며, 미국의 경우는 영세민의 2/3가 여성이고, 전체 아동의 23%가 빈곤층에 속하는 것으로 나타났다(볼코스트와심, 1989: 141에서 재인용).

영국의 경우에도 여성이 남성보다 빈곤을 겪을 가능성이 훨씬 더 높고, 또 남성보다 여성이 빈곤을 훨씬 더 심하게 경험하는 경향이 있음을 지적한 바 있다(Miller & Glendinning, 1989: 363-364). 빈곤의 측정에서 시간 차원을 고려해 볼 때, 영국 여성이 빈곤 상태를 지속할 가능성이 영국 남성보다 더 높은 것으로 밝혀졌다(노병일, 2001: 135).

여성학자들은 여성이 빈곤계층으로 떨어지게 되는 이유는 사회적으로 규정되는 모성으로서의 여성의 책임과 성별로 분리된 노동시장에서 여성의 낮은 지위와 관련이 있다고 주장하고, 빈곤의 여성화 현상은 가부장제와 자본주의의 결합이 더 많은 여성을 빈곤인구로 남아 있게 한다고 하였다.

여성의 빈곤화 현상은 뿌리 깊은 여성고용의 구조적 문제와 연관되어 있기 때문에, 적극적 노동시장정책을 통해서 성인지적 정책을 추진해 나가는 것이 시급하다. 잠정적 우대조치와 같은 강력한 구조적 개선을 위한 접근이 한 예이다. 여성가장고용촉진장려금, 여성고용장려금과 같은 인센티브제를 좀 더 강력하게 실시하는 것도 시도해 볼 만하고, 여성 공무원 채용목표제나 정치권의 할당제와 같은 맥락에서 여성가구주들에 대한 고용할당제나 채용목표제를 실시할 수도 있을 것이다. 어떤 형태로든 여성노동과 빈곤문제 해결을 위해서는 잠정적 우대조치와 같은 강력한 국가적 개입에 의한 구조적 개선이 필요하다.

차상위계층 여성들에게 주어지는 한시적 수급권과 자활사업을 이러한 제도와 연계함으로써 효율성을 높일 수 있는 대안을 모색해 보는 것도 가능하다. 이러한 예로 민간 차원에서는 공동모금회에서 실시한 노인과 장애인을 위한 홈헬퍼사업에 저소득여성가장을 참여하게 함으로써 사회적 일자리를 제공해 주는 효과를 거두는 것도 하나의 방법이다. 사회적 일자리 창출은 특히 자립이 어려운 중·장년 빈곤여성들이 빈곤에서 벗어날 수 있도록 도와줄 수 있을 것이다. 그러나 빈곤여성들이 자신의 가족을 위해서 가족보호노동을 하는 경우, 가사노동의 사회화라는 측면에서 가능할 것이다.

여성들이 스스로 빈곤에서 벗어나기 위해서 노력하고 준비하는 과정이 요구되며, 상황적으로 빈곤에 빠진 여성들에게는 여성주의적 상담과 치료를 통해서 자기효능감을 높여 줌으로써 자립할 수 있는 동기를 마련해 주는 것도 필요하다.

여성들이 아무리 노력해도 어려운 경우에는 복지제도에 의존할 수밖에 없으며, 복지제도도 여성친화적으로 개선함으로써 여성빈곤을 개선해 나갈 수 있다.

Chapter 05

여성주의 사회복지실천

1 여성주의 사회복지실천의 이해

1) 여성주의 사회복지실천의 개념

여성주의 사회복지실천은 여성 자신의 문제를 개인적 차원은 물론 사회맥락 속에서 이해하기 위해, 여성 내담자의 문제를 개인적 차원뿐만 아니라 정치적·사회적·문화적 맥락에서 고려하는 것이다. 즉, 여성주의적 사회복지실천은 기존의 고정관념을 벗어나 여성 특유의 관점에서 대상자에게 가치를 부여하고 문제에 접근하는 창의적이고 개방적인 여성을 형성해 가는 것이라고 볼 수 있다.

여성주의 사회복지실천은 기존 사회복지실천과 마찬가지로 인간의 자기실현에 궁극적인 목적이 있으나, 자기실현을 촉진시키기 위한 개인의 환경적·물질적·이념적 조건에 강조점을 둔다. 여성주의 시각에서 볼 때, 여성문제는 일반적으로 여성 자신이 아닌 기존의 가치체계나 다른 사람들에 의해 자기자신을 정립시키도록 만든 상황에서 비롯된다.

이러한 측면에서 여성주의 사회복지실천의 주된 인식은 여성문제의 원인을 자기 자신의 문제와 사회구조적인 문제로 구별하는 것이다. 즉, 여성들이 성역할 고정관념에서 파생된 갈등에서 벗어나 각각 독립된 존재로서 자기자신을 인식하게 하도록 만드는 것이다.

2) 여성주의 사회복지실천의 전제

여성주의 사회복지실천의 전제는 첫째, 여성 개인의 문제는 제도화된 성차별에 근거하는 것으로 보는 데 있다. 여성의 문제를 개인 내적인 것에서 찾는 것이 아니라 사회구조적인 측면에서 파악하고자 하는 것이다. 따라서 기존의 환경에 대한 적응 및 수용이 아니라 사회정치적 변화를 추구하는 것에서 해결책을 찾는다.

둘째, 사회복지사와 내담자는 평등한 관계이다. 사회복지사는 내담자와 평등한 관계로서 서로에게 도움을 주며, 전문가나 권위적인 인물이 아닌 동료 혹은 동반자 역할을 한다. 사회복지사는 자신을 내담자 문제에 대한 전문가로 보지 않으며, 내담자 자신이 스스로의 힘을 회복하도록 서로 노력한다.

셋째, 남성적 특성들과 비교하여 열등한 것처럼 보였던 여성적 특성들을 재정의하는 것이다. 여성주의 실천과정을 통해 여성들은 자신이 원하는 역할을 선택하여 수용하게 되며, 자신의 가능성과 능력을 발견하고 키워나가도록 동기화된다. 이러한 과정에서 여성들은 자신의 약점보다는 강점을 강조하고, 스스로에 대한 존중심을 키워나가며 다른 여성에 대한 신뢰와 존중감 또한 회복하게 된다.

3) 여성주의적 실천의 필요성

사회복지실천 현장의 클라이언트 대부분이 여성들이며, 내적 자원을 활용하는 강점사정과 임파워먼트를 주요한 실천기법으로 활용하고 있음에도 불구하고, 여성주의적 관점은 실천에 적극적으로 반영되지 않고 있다. 그리하여 사회복지실천에서 여성들이 경험하는 사회제도적 성차별과 여성 억압이라는 현실을 간과하게 되며, 가부장적 사회에서 남성과는 다른 여성 고유의 경험과 여성 심리에 대한 인식 부족을 초래하여 여성 대상의 사회복지실천에서 문제가 되고 있다. 그래서 여성들이 직면하는 많은 문제들은 성차별적 제도에서 나온 것임에도 여성 개인의 문제로 치부되어 왔고 그 결과 사회제도적 개선보다는 개인적 적응을 강요당하기도 한다.

여성은 여성으로서의 특성과 능력을 인정받지 못하고 남성이라는 잣대에 비추어서 비판되어 왔고, 다르다기보다는 부족하다고 인식되어 왔다. 여성주의자들은 이러한 잘못된 사회적 태도에서 벗어나 여성의 독특성을 인정하고 여성 자체로서 이해하고 수용해야 한다고 주장한다.

여성주의 심리학자들은 정상적인 인간의 발달에 대한 이해를 왜곡시킨 남성중심적 편견들을 밝혀내고 전통적인 심리치료이론이나 치료기술에 내재되어 있던 성차별적 요소들을 확인했다.

프로이드(Freud)는 여성이 남성보다 열등하다고 여기며 여성 심리에 대한 왜곡된 인식을 통해서 여성차별을 강화시켰다. 또한 프로이드는 신경증 여성 환자들을 통해서 경험한 것을 그들이 살았던 가부장적 문화의 영향으로 인한 장애의 결과로 보기보다 일반적인 모든 여성에게 해당되는 보편적인 표준으로 가정하였다. 카렌 호니(Karen Horney, 1885~1952)도 임신, 출산 등 모성에 대한 남성의 선망이 강렬하다는 것을 지적하면서 여성의 남근선망은 이 사회에서 남성이 받는 보다 호의적인 대접에 대한 욕구를 상징적으로 표현한 것이며 여성이 사회적으로 종속적인 위치에 있다는 것을 의미한다고 하였다.

가부장적 사회에서 성차별을 경험한 여성들의 심리적 특성은 다음과 같다. 첫째, 여성들은 대부분 자신감이 부족하다. 이러한 자신감 부족은 가부장제하에서 성장하는 과정에서 학습된 태도로 볼 수 있다. 즉, 가부장적 사회에서는 적극적으로 나서기보다는 소극적이고 의존적인 태도가 더 여성적이라고 학습되었으며, 먼저 나서는 경우 칭찬받기보다는 핀잔을 받음으로써 성역할 고정관념에 따라 사회화되어 온 것이다. 둘째, 여성들은 대부분 자신이 원하는 삶보다는 다른 사람들을 위한 삶을 살아가는 경향이 있다. 남편과 자식을 위해서 그리고 가족을 위해서 사는 것이 여성의 도리이며 행복이라고 학습되었다. 따라서 이들이 잘못되는 것은 여성의 잘못이며 잘되면 여성 자신의 성취로 착각하게 된다. 이와 같은 사실은 좋은 엄마 신화, 어머니 비난하기, 남편이 계장이면 부인은 과장이라는 사회적 통념에서 잘 나타난다. 중년 여성들의 빈 둥지 증상이나 우울증 등은 이러한 태도와 관련되어 있다. 이러한 여성들은 자신이 무엇을 원하는지조차 잘 모르고 있다. 여성들이 자기주장을 하지 못하고 남들이 알아서 해 주기를 바라는 수동성과 자신의 책임을 받아들이지 못하고 다른 사람 탓으로 돌리는 피해의식도 이러한 태도의 여장선상에서 이해될 수 있다. 여성주의적 시각은 이와 같은 여성들의 경험과 문제를 성역할 고정관념적인 사회화 과정에서 벗어나서 여성 자신의 정체성을 찾음으로써 접근한다.

4) 여성주의적 실천의 특성

여성주의적 실천은 여성문제가 성차별적 원리에서 나온 것으로 가정하기 때문에 성차별적 시각에 대한 적응을 거부하고 이에 도전하며, 여성 자신의 경험을 중시하고 존중하는 원리를 중시하며, 여성의 자매애와 공통적 경험을 통한 사회적 연대와 변화를 추구한다. 이때 여성이 직면한 문제들이 본인 심리적인 문제인지 아니면 사회구조적으로 여성에게 부과된 것인지를 구분하는 것이 중요하다.

더 나아가서 여성으로서의 경험이 개인의 문제가 아니라 여성 모두가 처한 사회적 상황에서 오는 문제라는 것에 대한 인식을 공유하는 일이 필요하다. 이를 통해 여성들 간의 연대의식을 가질 수 있고, 변화를 위한 공동의 목표에 힘을 결집시킬 수 있다. 또한 여성들은 자신들의 양육적이고 희생적인 특성뿐만 아니라 분석적이고 합리적인 남성적 특성들을 자신 내부에서 통합을 이루며 키워나가게 된다. 그럼으로써 남성과의 관계에서도 종속적이 아닌 대등한 관계를 이루며, 각자의 능력을 최대한 발휘할 조건을 마련하게 된다.

여성주의적 실천은 여성들이 개인적으로 겪는 문제들이 사회적·정치적인 구조

속에서 개선될 필요가 있음을 강조한다. 여성주의적 여성복지실천에서는 개인 혹은 집단의 고통과 문제는 항상 문화적 · 정치적 차원을 가지고 있으며, 즉 '개인적인 것은 정치적'이며 인간의 자기실현은 이를 촉진하는 환경적 조건을 형성함으로써 가능하다는 것을 전제한다.

여성주의적 실천은 여성이 자신의 의식 향상을 통해 성역할 고정관념에서 벗어나서 여성의 권리를 되찾고 본인이 원하는 삶을 살아갈 수 있도록 돕는 것을 목적으로 한다. 이러한 실천적 개입을 통해서 여성들은 자신의 삶에 대한 효능감 증진을 경험하고 여성들이 처한 사회구조적 모순을 깨닫게 되어 여성운동에 참여하기도 한다.

여성주의적 실천과정은 여성들로 하여금 안전하고 신뢰할 수 있는 분위기에서 여성 자신의 경험을 자신의 언어로 표현하게 한다. 또한 클라이언트가 살아온 조건과 환경에 초점을 두어 성역할 고정관념과 사회화 과정, 그리고 권력관계를 분석하도록 돕는다. 자주 사용되는 여성주의적 실천기법은 의식향상훈련과 자기주장훈련, 강점사정, 임파워먼트 등이다. 여성주의적 상담과 치료에는 일반여성과 함께 취약계층 여성을 위한 접근이 있으며, 여성주의적 접근을 자주 활용하는 곳으로는 여성쉼터, 성폭력 피해자 및 가해자집단, 가정폭력 피해자와 성매매피해여성들을 위한 쉼터 등이 있다.

5) 여성주의적 실천기법

여성복지 실천기법이라는 측면에서 직접적인 서비스를 전달하는 상담기법 중에는 대표적으로 의식향상훈련과 자기주장훈련 그리고 임파워먼트 등이 있다.

의식향상훈련은 여성운동 초기에 성행하던 활동으로, 여성들로 하여금 자신의 문제와 여성 모두가 처한 사회적 상황 인식을 통해 문제의식을 갖고 여성운동에 동참하도록 돕기 위해 자주 사용되었다. 이러한 의식향상훈련은 여성의 전반적인 교육수준의 향상으로 점차적으로 그 활동이 의식향상보다는 직접적인 여성 활동에 대한 참여라는 형태로 변화되는 양상을 띤다.

의식향상훈련은 여성을 위한 의식화로, 즉 여성들이 직면한 삶의 조건과 문제들이 여성 개인의 문제이기보다 여성들이 처해 있는 사회제도적이고 구조적인 모순에서 나온 문제라는 것을 인식하도록 돕는다. 이 과정에서의 모토는 '개인적인 것은 사회적인 것이다'로 요약된다. 의식향상훈련 과정은 개방, 공유, 분석과 요약으로 구성된다.

자기주장훈련은 여성들로 하여금 좀 더 효과적으로 자신의 의견을 피력할 수 있도록 돕는 기법이다. 여성들은 전통적으로 자신의 감정을 나타내거나 생각을 표현하기보다 절제하는 것을 미덕으로 여겨 왔다. 여성들이 자기주장을 잘하는 것은 사회의 전통적인 가치와 배치되는 것으로 여겨, 자기주장을 잘하는 여성들은 드센 여자 또는 여성스럽지 못한 여자로 인식되어 왔다. 이러한 문화적 가치와 사회적 기대의 영향으로 인해 여성들은 자신의 주장을 펴지 못하고, 상대방의 눈치를 보거나 거절하지 못해서 원하지 않는 행동을 하는 것으로 나타나고 있다. 그리고 여성들의 이런 수동성과 인간관계에 대한 지나친 강조는 여성 자신의 욕구를 충족시키지 못하

자기주장의 기본적 요소

첫 번째, 상대방의 말을 경청한다.
두 번째, 상대방에 대해 예의를 지킨다.
세 번째, 자기주장을 하기 전에 상대방을 공감적으로 이해한다.
네 번째, 자신이 자기주장을 하는 이유를 간단히 설명한다.
다섯 번째, 자신의 주장만 내세우지 말고 서로 받아들일 수 있는 타협안을 제시한다.
여섯 번째, 자신의 말에 대한 책임이 자신에게 있음을 분명히 전달하기 위해 "나 전달법"을 사용한다.
일곱 번째, 자신이 나타내고자 하는 바를 참지 않고 표현한다.
여덟 번째, 자신의 마음속에 있는 그대로를 정직하게 나타낸다.
아홉 번째, 자신이 나타내고자 하는 바를 상대방에게 직접 나타낸다.

출처: 최선화 외(2015). 여성복지론.

는 문제를 낳는다. 따라서 자기주장훈련을 통해 여성들로 하여금 자신의 주장을 당당히 펼치고 자신이 원하는 삶을 살아갈 수 있도록 돕는다.

김성회(1990)는 자기주장이란 상대방의 권리를 침해하거나 상대방을 불쾌하게 하지 않는 범위에서 자신의 권리, 욕구, 의견, 생각, 느낌 등 자신이 나타내고자 하는 바를 있는 그대로 솔직하게 상대방에게 나타내는 학습된 행동이라고 하였다. 이러한 자기주장은 상대방의 권리를 침해하거나 상대방의 감정을 상하게 하지 않으면서도 자신의 권리나 욕구 등을 솔직하게 나타내기 때문에 상대방과 보다 생산적인 인간관계를 지속시켜 주고 더 나아가 자신의 능력을 최대로 발휘할 수 있게 하는 자기성장의 터전을 마련해 주게 된다.

임파워먼트는 강점을 강조하여 문제에 부딪힌 클라이언트의 잠재능력과 자원을 이끌어내는 기법이다. 잠재된 자원인 본인의 강점을 활용해서 문제를 해결하고 삶에 대한 결정을 내릴 수 있도록 힘을 실어 주는 것이다. 임파워먼트는 과정이며 동시에 결과로 클라이언트가 힘을 키워 나가는 과정이며 그 결과로써 힘을 가지게 된다. 구티에레즈(Gutierrez)는 강자와 약자, 가진 자와 가지지 못한 자들이 자원이나 불평등한 배분을 둘러싸고 분리된 상태에 있다는 거시적 갈등 모델에 근거하여 임파워먼트를 세 가지 접근 수준으로 나누었다. 거시적 수준에서는 집단적인 정치적 파워를 증대시키는 과정이며, 미시적 수준에서는 구조적 질서의 변화 없이 개인적 힘과 통제력을 개발하는 것이며, 나머지는 이 둘의 간격을 좁히는 것으로 개인적 접근과 집단적 접근의 상호작용을 규명하는 것이다. 그는 이러한 임파워먼트 중심 실천의 결과로 개인은 비판적 사고, 자존심, 자립심, 권리의식, 자기효능감을 가질 수 있게 되고, 대인관계 측면에서는 지식과 기술을 습득하여 원조를 요청하거나 자기주장을 할 수 있으며, 정치·사회적 측면에서는 정치적 참여와 행동을 하고 사회환경에 대한 통제감을 가질 수 있다고 보았다(Gutierrez, 1990).

임파워먼트는 개인적 측면과 사회적 측면을 가진다. 개인적 측면은 자기결정권과 자신감 같은 스스로의 힘을 소유하는 것이며, 사회적 측면은 사회적 기회 부여와 자원의 분배를 위한 사회운동과 해방을 의미하며, 개인적 측면과 사회적 측면 간의 통합이라는 세 가지 요소를 지닌다.

임파워먼트 모델의 개인적이고 대인적인 수준에서의 실천은 클라이언트가 필요한 자원에 접근하는 것을 돕고 통제력 회복에 대한 자기효능감을 증가시키며, 타인과의 관계에서 영향력을 미칠 수 있는 문제해결 능력을 높이는 데 효과가 있다. 이러한 실천의 결과로 클라이언트는 자기효능감이 증가하고, 자존감이 향상되며, 비판의식이 향상되고, 변화에 대한 책임을 수용하게 된다(김인숙, 2000: 154).

임파워먼트는 사회에서 억압받고 차별받는 집단들을 위한 접근법으로 발전하였다. 그 대표적인 집단 중 하나가 여성이다. 여성을 위한 임파워먼트 개입은 여성의 개인적이고 사회적인 측면에 변화를 가져오는 것을 의미하며, 여성의 장점과 에너지를 자유롭게 하는 것(Bricker-jenkins & Hooyman, 1986: 12; 이윤화 외, 2001 재인용)이다. 그래서 무력감을 경험하는 여성 개인과 집단의 잠재적 힘과 능력을 개발하는 것이다.

대부분의 여성들은 권력과 힘의 부재를 경험한다. 여성들이 경험하는 힘과 권력의 부재는 여성들의 개인적 요인뿐만 아니라 사회적·정치적 과정을 통해서 형성된다. 일반적으로 사람들은 경제적 불안정, 정치적 영역에서의 경험 부족, 정보에 대한 접근성 부족, 경제적 지지 결여, 추상적이고 비판적인 사고에 대한 훈련 부족, 신체적이고 정서적인 스트레스 등으로 스스로 무력해지며, 권한과 힘의 부재를 경험하게 된다.

현대사회에서 여성문제는 개인적인 차원에서의 심리적인 문제뿐만 아니라 사회적 차원에서 자원분배의 불평등과 정치적 과정에서의 소외라는 양면성을 지닌다. 여성을 위한 임파워먼트에서는 제도적인 성차별과 규범이 어떻게 여성 개인의 선택과 자아발전을 제한하고 억압하는지 분석을 통해서 인식하도록 돕는다. 이러한 구체적인 과정으로는 여성으로서의 자아에 대한 의식의 발전, 자기비하의 감소와 변화에 대한 열망 인식, 변화에 대한 개인적 책임 인식과 수용, 집단의식과 비판의식의 발달 과정을 거친다(이윤화 외, 2001: 123). 이러한 실천의 결과로 여성들은 자기효능감이 증가되며 자기비난이 감소되고 자존감이 향상되어 집단의식이 개발되는 결과를 가져온다.

임파워먼트 실천 모델에서의 핵심개념은 강점사정과 활용, 적응유연성, 자기결정권, 대화와 협동이다. 임파워먼트 모델은 강점사정과 강점의 시각에서 접근하며 모든 인간은 능력과 가능성을 가진 존재로 상실된 힘과 능력을 회복하도록 원조한다. 자신의 강점을 인식하고 자신감을 회복하면, 요구되는 변화를 수용하고 적응할 수 있는 잠재적 능력이 발휘되어 상황적 어려움을 극복하고 대처해 나갈 수 있게 된다. 자기결정권은 클라이언트가 주도적·자발적으로 자신의 문제를 해결해 나가며 해결책에 관한 결정권을 지닌다는 것을 의미한다.

여성의 권리장전

- 당신은 당신 자신일 수 있는 권리가 있다.
- 당신은 당신 자신을 우선적으로 생각할 권리가 있다.
- 당신은 안전할 권리가 있다.
- 당신은 사랑하고 사랑받을 권리가 있다.
- 당신은 존중받을 권리가 있다.
- 당신은 완벽하지 않을 권리가 있다.
- 당신은 누군가가 당신을 부당하게 혹은 심하게 다룬다면 그를 저지하거나 그에게 화낼 권리가 있다.
- 당신은 사생활을 보장받을 권리가 있다.
- 당신은 자신의 의견을 제시하고, 그 의견을 존중받을 권리가 있다.
- 당신은 자신의 돈을 관리할 권리가 있다.
- 당신은 자신에게 영향을 미칠 수 있는 사안에 대해 얼마든지 의문을 제기할 권리가 있다.
- 당신은 자신에게 영향을 미치는 결정을 할 권리가 있다.
- 당신은 성장하고 변화할 권리가 있다.
- 당신은 거부할 권리가 있다.
- 당신은 실수할 권리가 있다.
- 당신은 타인의 문제에 대해 책임지지 않을 권리가 있다.
- 당신은 모든 사람으로부터 사랑받지 않아도 될 권리가 있다.
- 당신은 행복하지 못한 일상을 통제하고 변화시킬 수 있는 권리가 있다.

출처: 신영화(1999). 「학대받는 아내의 능력고취를 위한 집단사회사업실천의 효과성」. p. 59.

2 여성주의 사회복지실천의 모델

1) 권한부여 모델의 정의

권한부여란 한마디로 힘을 실어 주는 것을 의미한다. 힘을 부여한다는 것은 개인이나 집단에게, 자신 혹은 자신을 포함하는 집단이 필요한 때에, 적절한 권한을 가지고 적절한 인적·물적 자원의 편의를 볼 수 있도록 기회를 마련한다는 것을 의미한다. 이와 같은 적절한 수준의 이용과 접근을 통해 개인 혹은 집단의 최고 목표와 바라는 바의 성취가 가능하다. 이때 개인과 집단의 성취를 방해하는 모든 요소들은 권한부여의 사회복지실천 과정에서 교정되어야 한다. 힘에 대한 반대개념은 '무기력'인데, 무기력은 개인의 성장과 바라는 바를 이룰 수 없는 개인 혹은 집단의 상태를 지칭한다. 여성주의적 권한부여란 여성을 바로 이러한 무기력의 상태로부터 역량을 강화시키는 사회복지실천 방법이다.

2) 권한부여 사회복지실천의 목표와 과정

(1) 개입목표

클라이언트 안에 내재된 가치와 강점을 그들 스스로 찾게 도와줌으로써 부정적인 이미지로 낙인찍힌 클라이언트의 무력감을 감소시키는 것이 개입의 목표다. 그리고 이러한 방법은 대처나 적응보다는 클라이언트의 실질적인 힘의 증가에 초점이 있으며, 형성된 힘을 통해 클라이언트가 직면하고 있는 문제들을 예방하거나 변화시키는 행동을 스스로 할 수 있도록 하는 데 궁극적인 목표가 있다.

(2) 실천과정

일반적으로 권한부여의 실천과정은 대화(dialogue), 발견(discovery), 그리고 발전(development) 세 단계의 과정을 밟는다(이현아, 2005).

대화(dialogue)의 단계는 클라이언트와의 권한부여적 관계를 형성하고 클라이언트의 독특한 특성을 인정하고 클라이언트로 하여금 제 상황 속에서의 자신의 경험이 비춘 문제의 설정과 문제해결에 대한 동기화가 생성되는 단계이다. 여성에게 첫 단계는 중요하며 권한부여의 실천과정에서 대화의 단계는 권한부여의 모든 과정을 좌우한다고 해도 과언이 아닐 것이다.

발견(discovery)의 단계에서는 주로 강점과 활용할 수 있는 자원, 그리고 문제를 해결할 수 있는 대안들을 찾는다. 실천전략은 주로 클라이언트의 자원을 확인하고, 여러 대안 중에서 선택은 클라이언트 자신이 한다.

발전(development)의 단계에서는 이미 클라이언트가 자기결정에 따른 주체화된 선택을 한 후라서 문제해결을 위한 방향 결정이 주된 과제가 된다. 따라서 현존하는 장점이나 자원 등은 더욱 강화시켜 확고히 하고, 미비한 점들을 보충하는 등 문제해결을 위해 권한부여 과정을 효과적으로 발전시키게 된다.

3) 여성의 권한부여적 사회복지실천의 적용

여성의 권한부여 실천은 적응가능성을 강화할 뿐만 아니라 개인적이거나 집단적인 행동을 통한 환경적 혹은 구조적인 변화를 추구함으로써 권한부여를 실효화하고 개인적인 변화가 지속되도록 보장하는 데 가치가 있다. 여성의 권한부여적 사회복지실천의 이론적 근거는 여성주의적인 입장에서 시작된다. 그것은 여성의 문제를 여성의 시각으로 보는 것에서부터 시작해야 한다는 것이다. 또한 사정의 과정에서는 문제해결 방법과 같은 다양한 대처방법에 대해서 학습하여 개인적 수준뿐만 아니라, 가족, 집단, 그리고 지역사회까지 사정의 과정을 넓혀 어떤 형태로든 사회정책과 사회적 프로그램에 영향을 미치는 행동을 할 수 있는 저력을 기르도록 교육하는 것까지 포함한다.

Chapter 06

복지국가와 여성

1 에스핑 앤더슨의 복지국가 유형

복지국가의 발달을 가져온 핵심 개념 중 하나가 시민권 개념이다. 마샬(Marshall, 1964)에 의하면 시민권은 세 단계로 발달하였다. 개인적 자유와 소유를 의미하는 공민권과 참정권, 그리고 경제적 복지와 사회보장의 권리인 사회권으로 발달하였다. 에스핑 앤더슨(Esping-Andersen)은 복지국가의 발전 수준을 시민적 권리를 보장하는 정도에 따라 구분하고, 복지국가의 유형을 자유주의적 복지국가, 조합주의적 복지국가, 사회민주적 복지국가라는 세 가지 유형으로 분류하였다. 이러한 비교에서 복지국가정책에 의한 사회계층의 형태를 기준으로, 탈상품화의 정도에 따라 국가, 시장, 가족이 상호작용하는 방법을 설명하였다.

복지제도는 복지에 대한 권리를 얻을 수 있는 기준이 시장에서 유급노동에 기여하는 정도에 따라 형성되었다. 탈상품화란 복지국가의 복지정책으로 인해 노동자의 삶이 시장에 의존(연령, 건강 상태, 가족지위, 적절한 취업가능성 등의 여건에 상관없이 노동시장에 참여를 강요당하는 상태)하는 것으로부터 얼마나 자유로운가 하는 정도로 개념화된다(신혜섭, 2001: 98). 즉, 개인이 노동시장에 의존하지 않고 생계를 꾸려 나갈 수 있는 권리를 보장해 주는 것이 탈상품화인 것이다.

표 6-1 에스핑 앤더슨의 복지국가 유형 분류

구 분	자유주의적 복지국가	조합주의적 복지국가	사회민주적 복지국가
주 요 프로그램	공공부조와 사회보험	사회보험	기초연금을 기본으로 하는 보편적 사회보장제도
급여 단위	(혼인)가족	(혼인)가족	개인
급여 수혜 조 건	자산조사	취업활동 및 사회보험 가입	시민권
급여와 서비스 질	시장에서 행한 역할에 따라 차이가 남	수평적 재분배 : 사회적 지위의 차이 유지(보상원칙)	수직적 재분배
여성의 삶	무보수 보호노동, 높은 취업률 (대부분 불완전 고용)	보호 및 가사노동 담당자로서의 여성(복지국가의 자원), 노동시장에서의 성차별, 낮은 취업률	높은 취업률, 공공서비스망을 통한 보호 및 가사노동 부담 경감
탈상품화 수 준	최소화 : 사회적 위험 발생 시 최소한의 수준을 보장하는 사회적 연결망	중간 수준	높은 수준
주요 국가	미국, 캐나다, 영국, 오스트레일리아	오스트리아, 프랑스, 독일, 이탈리아	스웨덴, 덴마크

출처: 박영란 외(2001). 「외국의 여성복지서비스에 관한 연구」, 한국여성개발원, p. 28에서 인용.

탈상품화는 남성중심적 개념이다. 그 개념이 강조하는 것은 시장과 국가의 관계, 즉 임금노동을 기반으로 한 경제적 자율성이고, 이것은 남성 임금노동자의 경제적 독립과 동일시되고 있기 때문이다. 그리하여 탈상품화의 개념은 임금노동과 관련된 사회권의 발달을 이해하는 데 매우 유용함에도, 아내와 어머니라는 가족 내의 역할을 수행하고 있는 여성의 권리에 대한 분석에는 미흡한 것으로 지적된다(Orloff, 1993; 신혜섭, 2001: 99 참고).

자유주의적 복지국가에서 여성의 삶의 모습을 보자. 여성은 혼인관계를 통해서 남편의 수입에 의존하여 생활하며, 무임금의 가사노동과 가족보호노동을 한다. 남성 부양자가 없는 경우에는 노동을 통해서 생계를 유지하지만 여성들은 대부분 불완전고용으로 빈곤에 빠지기 쉽다. 자유주의적 복지국가에서는 자유주의 노동원리와 시장의 우세가 강조되며 노동빈곤여성과 노동을 할 수 없는 여성은 자산조사를 통해서 공공부조에서 도움을 받지만 처우는 대체로 열등하다.

조합주의적 복지국가에서 국가는 전통적 가족의 기능과 역할을 유지하고 방어하는 것을 중요시하며, 사회서비스는 가족이 이러한 서비스를 제공하는 데 실패했을 경우에만 제공된다. 가족부양자는 남성이라는 전제하에 성별분업적 가족 개념이 사회보험제도에 반영된다. 사회보험제도에서 남성은 수급권을 갖지만 여성은 피부양자로 결정되며 남성은 부양자로 우월한 위치에 있다.

사회민주적 복지국가에서는 사회의 모든 계층이 하나의 보편적인 복지체계에 통합되며 시장의 복지기능은 최대한으로 약화시킨다. 그래서 사회민주적 복지국가에서는 사회민주주의 세력이 복지국가 확대에 중추적 역할을 한다. 완전고용정책으로 일할 권리와 사회복지권이 연결되어 있다. 여성의 취업을 위한 가사노동의 사회화가 잘 이루어져 있고 급여 단위가 개인이다. 이렇게 볼 때 사회민주적 복지국가가 여성에게 가장 유리하게 작용하고 있다.

2 복지국가에 대한 여성주의자들의 비판

여성주의자들의 연구를 보면, 복지국가에 대해 대체로 비판적이다. 성(gender)과 복지국가 및 사회정책의 성격에 관한 논의에 있어서 복지국가에 대한 여성주의자들의 비판에 따르면, 복지국가는 여성을 동등한 시민권을 가진 존재로 규정하지 않고 있다.

그래서 여성주의자들은 복지국가를 가부장적 속성을 지닌 것으로 규정하고 이를 비판한다. 즉, 여성은 노동자나 시민으로서가 아니라 아내와 어머니로서 복지국가에 속하기 때문에 복지정책은 가부장적인 가족구조를 재생산해 왔다(Crompton, 1993; 김수완, 2002: 11 재인용)는 것이다. 여성주의자들은 복지선진국에서도 여성의 위치가 여전히 주변적이며 여성의 사적 의존성이 공적 의존성으로 대체되었을 뿐이라고 한다. 여성주의자들은 사회복지가 여성의 문제를 드러내고 해결하는 데 많은 한계를 가진다고 비판한다. 여성주의자들이 비판하는 복지국가에서의 여성문제는 다음과 같다.

1) 성별분업

윌슨(Wilson)은 현대 복지국가가 단순히 서비스만 제공하는 것이 아니라, 서비스를 통해서 가족과 여성의 역할에 관한 이데올로기를 주입시키고 있다고 한다. 즉, 현대 복지국가는 남성은 생계를 책임지고 여성은 경제적으로 남편에게 의존하는 내부구조를 가진 가족을 확립시키는 것으로 보았다(홍승아, 1998: 458). 그래서 복지국가, 탈상품화, 사회권 등은 여성의 현실과는 거리가 먼 개념들이다. 복지국가가 가정하는 여성은 아내이고 가사노동을 하며 아동과 노인을 돌보는 자로 정의되며 남편의 수입에 의존해서 살아가고 결혼이 평생 지속될 것으로 가정된다. 그러나 여성의 역할에 대한 이러한 가정은 이미 현실과는 크게 다르다. 독신여성이 증가하고, 전문적인 일에 종사하는 여성, 가사노동과 가족돌봄노동을 전담할 수 없는 여성, 남편의 수입에 의존할 수 없는 여성이 점점 늘고 있으며, 결혼이 평생 보장되지 않을 확률이 높아지고 있다.

이렇게 복지국가에서는 복지국가가 성별분업을 가정함으로써 여성의 가족보호노동과 관련된 어린이, 환자, 장애인, 노약자를 돌보는 일을 여성에게 무임금으로 떠넘기고 있다. 이러한 일은 가족을 위한 사랑과 봉사 또는 도리라는 미명하에 이루어지고 있으며, 이와 같은 도덕성을 여성의 희생을 강요하며 여성에게 책임을 떠넘기기 위한 수단으로 사용하고 있다. 따라서 여성주의자들은 복지국가 내에서 가부장적 요소와 성차별적 여성억압구조가 나타난다는 것이다.

최근 들어 여성의 사회참여가 늘어나면서 이러한 일을 담당할 수 없는 여성이 늘어나고 있음에도 불구하고 여성들은 여전히 이중고를 겪거나 아니면 자신의 일을 포기할 수밖에 없는 경우가 늘고 있다.

2) 여성빈곤과 전이

여성학자들은 사회복지에서는 여성문제가 전면에 드러나지 않는다고 비판한다. 왜냐하면 사회복지에서는 여성이 빈곤할 수밖에 없는 원인과 남성과는 다른 노동조건으로 여성을 빈곤자, 노약자 등 빈곤이라는 전체적인 사회문제로 다룸으로써 여성이라는 특수한 문제는 묻혀버리고 계급 간의 문제로 파악되는 결과를 초래했기 때문이라는 것이다.

첫째, 노인여성의 경우를 예로 들면, 노인문제야말로 여성노인의 문제임에도 불구하고 노인이라는 전체적인 관점에서 함께 다루어짐으로써, 여성이 노후에 빈곤할 수밖에 없는 원인으로 작용하게 하는 원인, 즉 일생동안 받아온 성차별에 대한 분석을 간과하고 있다. 더 나아가서 여성의 평균수명이 길기 때문에 발생하는 수발의 어려움과 그에 따른 학대문제에 대한 분석은 간과되고 있다. 이렇게 빈곤문제에서 노동자와 사용자 간의 갈등이라는 계급문제만 부각될 뿐 여성과 남성 간의 갈등문제를 부각시키지 못했기 때문에, 여성빈곤의 차이와 원인에 대한 분석이 유효하게 활용되지 못하고 있다. 또한 여성 범주에서 전업주부를 제외하면서도 '보편적인 사회적 시민권'을 바탕으로 한 탈상품화 개념을 제시하는 것은 마치 평등한 상품화가 존재하는 것처럼 가정하는 결과를 낳는다. 이는 노동력의 성에 근거한 임금차별, 고용차별 등 불평등한 조건에서 발생하는 상품화 현실을 무시하는 것이다. 오히려 대부분의 여성문제는 노동시장에 접근하는 것 혹은 상품화(commodification) 과정에서 발생하는 차별에 있다.

둘째, 남성을 비롯한 사회구성원의 노동시장 참여는 여성의 무임금 재생산노동 때문에 가능하다는 사실이 인식되어 있지 않다.

셋째, 탈상품화의 결과가 남성과 여성에게 다르게 나타난다는 점을 간과하고 있다. 따라서 탈상품화 개념은 사회적 급부를 받는 과정에서 하나의 변수로 간주되며 절대적 변수로 볼 수 없다(박영란 외, 2000: 29).

복지국가에서의 가족제도는 가족임금체계를 지탱한다. 이 가족임금체계는 크게 세 가지 문제점을 가진다. 첫째, 남성들은 아내와 가족을 부양할 만큼 충분한 임금을 벌어들인다는 신화를 강화시키고 영속화시켰다. 둘째, 여성들은 남성들에게 의존되어 있는 것처럼 여겨진다. 셋째, 이런 가정 속에서 바깥에 나와 임금노동을 하는 여성들의 임금은 덜 중요하며 더 적은 돈을 위해 일한다는 인식이 포함되어 있다(홍승아, 1998: 458-459).

여성의 임금은 낮으며, 산업예비군적 성격으로 파악되어 불완전고용 형태를 띠게 되는 것은 이러한 가족임금제에 기인한 것이다. 그래서 대부분의 근로여성들과 남성부양자가 없는 여성들은 빈곤에서 벗어나지 못하고 있으며, 공공부조의 대상이 되고 있다.

복지국가에서는 여성의 자립이 아니라 여성의 삶이 남성에 대한 사적 의존에서 국가에 대한 공적 의존으로 바뀌는 의존 형태의 전이가 일어날 뿐이다. 이런 현상으로 복지국가의 영향력이 커지는 현대사회에서는 여성의 의존율은 더욱 높아지고 있다. 여성주의자들은 사적 의존에서 공적 의존으로 대상이 바뀌었을 뿐, 여전히 의존에서 벗어나지 못하고 있다고 주장한다. 즉, 복지국가가 성별분업을 유지함으로써 여성들은 자립할 수 없으며, 사적 의존에서 공적 의존으로 전이되었을 뿐이라는 것이 여성주의자들의 복지국가에 대한 비판의 핵심이다. 따라서 여성의 노동참여가 늘어나면서부터 사회활동과 가사노동의 이중고로 고통당하는 여성들을 위해 국가적 차원에서 여성의 부담을 경감시켜 주기 위한 서비스를 제공해 주어야 하며, 가사노동과 가족보호노동에서 벗어날 수 있는 대책을 마련해 주어야 한다.

결론적으로 여성주의자들은 복지국가에 대해 복지제도가 여성 삶의 변화, 즉 여성 경제활동 참여의 증가, 한부모가족의 증가, 인구고령화, 심각한 저출산율 등의 사회적 변화를 담아내지 못한다고 비판한다.

3 세인스버리의 부양자 모델과 개인적 모델

복지국가란 공통적 특성으로 사회구성원에 대한 최저수준의 삶의 안전을 보장하고 기본적 욕구를 충족시키며 복지국가와 여성은 여러 면에서 밀접한 연관성이 있다. 또한 복지국가의 가부장적 성격에 대한 비판은 여성의 개별 권리와 자율성에 대한 논의로 이어진다. 오코노(O'connor, 1993: 511-514)는 탈상품화 개념이 개인적 자율성(personal autonomy) 수준의 개념에 의해 보충되어야 한다고 주장한다. 개인의 자율성은 사적 및 공적 의존에서의 탈피를 말하며, 국가, 시장, 가족 사이의 관계의 복잡성을 해결하는 데 중점을 둔 개념이다. 탈상품화 수준이 시장과의 관계에서 복지국가 간의 차이를 이해하는 데 주요한 개념이라면, 개인적 자율성은 시장뿐만 아니라 모든 개인 및 공적 의존으로부터의 탈피를 의미하는 개념이다(O'Connor, 1993: 511). 탈상품화가 개인을 시장의 압력으로부터 자유롭게 하는 다양한 서비스와 이러한 서비스가 시민적 권리에 기초해 있는 정도라고 한다면, 개인적 자율성이란 개인이 비자발적으로 가족 성원이나 국가기관에 경제적으로 의존하는 것으로부터 탈피하는 서비스의 정도를 의미한다(신혜섭, 2001: 106).

세인스버리(Sainsbury, 1994)는 사회복지모델을 가족이데올로기의 유형과 수급권과 사회정책을 바탕으로 "부양자 모델"과 "개인적 모델"로 구분하였다. 세인스버리가 제시한 남성부양자 모델(male-breadwinner model)에서는 결혼을 중시하고, 남편은 가장으로서 전일제 고용에 종사하고 가족구성원에 대한 경제적 부양책임을 지며, 아내의 의무는 가족을 돌보는 것이라는 남녀의 엄격한 노동분화를 강조하는 성별분업 가족이데올로기에 기반하고 있다. 이러한 모델에서는 복지혜택의 단위는 가족이며 최저임금과 보수는 가족임금의 개념을 반영하며, 사회보장제도에서의 수급자격에서 남편은 부양자의 지위를, 아내는 피부양자의 지위를 갖는다. 가족과 가구가 사회보험의 기여와 조세의 단위이며, 취업 및 임금정책은 가장인 남성에게 우선권이 주어진다(Sainsbury, 1996).

표 6-2 사회정책의 부양자 모델과 개인적 모델

차원	부양자 모델	개인적 모델
가족이데올로기	엄격한 성별 노동분화 (남편=소득, 아내=보호)	역할 공유 (남편=소득, 아내=소득/보호)
수급권	부부간 차이 있음	부부간 동일함
수급권의 근거	부양자	기타
복지혜택 수여자	가장	개인
복지 기여 단위	가구 또는 가족	개인
조세	부부 공동 조세 : 피부양자 공제	부부 분리 조세 : 동일한 조세 감면
취업 및 임금정책	남성에게 우위	양성에게 동일함
보호영역	사적	공적(강력한 국가 개입)
보호업무	무급	복지 수급에 기여
해당 국가	영국, 아일랜드, 독일	스웨덴

출처: Sainsbury(1994 : 153); 조흥식 외(2000), 『여성복지학』, p. 105에서 재인용.

개인적 모델(individual model)에서 가족이데올로기는 남편과 아내가 각각 자신의 소득 유지에 책임이 있다. 복지의 기여 및 수급의 단위, 조세의 단위는 개별 시민이기 때문에 피부양 가족에 대한 공제나 수당이 남성과 여성에게 동일하게 제공된다. 노동시장정책은 남녀 모두를 대상으로 하며, 여성이 노동에 참여할 수 있도록 공공보육을 지원한다. 가족보호와 재생산활동의 많은 부분이 공적 영역에서 이루어지며, 이러한 활동은 사회복지체제에서 복지수급권을 받을 수 있는 근거가 된다.

이렇게 개인적 모델에서는 시민권에 근거한 복지의 기여와 수급권 개념을 사용하고 있다. 그래서 복지수급권이 성, 혼인 여부, 노동시장 지위와 상관 없이 부여되기 때문에 개인 자격으로 수급권을 갖는다. 가족보호노동의 사회화는 여성의 이중고를 경감시키며, 노동참여를 가능하게 하고 조세제도를 통해서 결혼 후에도 노동시장에 참여하도록 인센티브를 제공한다. 개인적 모델의 특징은 성에 의한 계층화나 가족형태에 의한 계층화를 줄일 수 있다는 것이다. 결론적으로 개인적 모델은 여성친화적이며 가족친화적이라고 할 수 있다. 여성이 자신의 노동과 개인중심의 조세를 통해 복지국가에 기여하고 자신의 수급권을 가짐으로써 다양한 형태의 가족제도를 수용할 수 있는 장점이 있기 때문이다(신혜섭, 2001: 109).

4 성통합적 복지국가

여성주의자들에 따르면, 복지주의 여성주의자들은 여성의 어머니와 아내로서의 위치를 인정하고 직접적인 소득보장을 지원함으로써 복지급여를 확대해 나가야 한다고 주장한다. 이러한 관점에서 여성의 지위와 역할을 향상시키는 데 가장 효과를 발휘할 수 있는 것은 여성의 가사노동의 가치를 인정하고 그에 대한 보상을 마련하는 국민연금이나 생활보장 등과 같은 분야이다. 이렇게 되면 현실적인 불평등은 해소될지 몰라도 종국에는 오히려 여성의 모성과 남성에의 의존도가 강화된다. 따라서 이러한 폐단을 막기 위해서는 고용과 사회복지 전반에 걸쳐 여성의 동등한 참여와 보상기회를 지원하는 정책이 실시되어야 할 것이다.

사회주의적 여성주의에서는 가부장제적으로 정립된 여성의 위치를 거부하고 여성이 남성과 같이 동등한 독립적인 존재임을 인정할 수 있도록 복지정책을 바꾸자고 주장한다. 그런데 여성에게 개별적 · 독립적으로 복지수급권을 부여했을 때, 노동시장의 불평등으로 인해서 수급권을 획득할 수 없는 여성들이 발생하는 문제점이 나타날 수 있다. 그래서 사회주의 여성주의자들은 이러한 문제점을 막기 위해서 급여를 노동시간이나 임금수준에 연결시키지 않는 보편적 수당 형태의 사회보장제도를 만들자고 제안한다(조흥식 외, 2000: 77).

최근 북미, 유럽, 오스트리아 등 많은 선진국에서는 성(gender)을 중심으로 복지국가를 재구조화하고 있다. 그 사회적 배경에는 여성의 노동시장 참여율 증가, 결혼과 가족구조의 다양화, 여성의 평등과 독립에 대한 요구 확대 등의 사회적 변화가 있다. 또한 복지와 성의 결합은 베버리지식 복지의 전제이자 자본주의의 전형적 가족모델, 즉 가족부양의 책임은 남성에게 있고 여성은 가사와 육아를 책임져야 하는 모델로는 더 이상 사회적 변화를 수용할 수 없다는 자각에서 비롯된 것이다. 다시 말해서, 이는 진정한 국민 복지 욕구를 수용하면서 복지를 발전시키기 위해서는 전통적인 '남성가장모델'에서 벗어나서 여성을 고려한 '양성모델(the dual earner model or the gender model)'을 취해야 한다는 것을 의미한다. 이미 스웨덴, 오스트리아 등의 많은 국가에서는 1980년대와 1990년대를 거치면서 이러한 성통합적 복지국가로 재구조화하고 있다(백선희, 2000 재인용).

사회보험제도의 남성부양자모델을 제시한 루이스(Lewis)는 사회보험제도의 이데올로기가 여성을 일차적으로 아내와 어머니로서, 이차적으로 유급노동시장의 참여자로 규정함으로써 공사 영역의 분리 및 노동의 성분업을 강화했다고 지적했다. 그 후 루이스는 기존의 논의를 심화시켜 보살핌체제, 즉 무급노동이 사회적으로 어떻게 가치평가되고 남녀 사이에서 어떻게 공유되고 있는가를 분석해야 한다고 주장했다. 세인스버리(1999)는 보살핌체제를 발전시키면서, 분리된 성역할(separate gender roles)과 개인적 소득-보살핌(individual earner-carer)의 두 가지 대안적 체제를 구분할 것을 제안했다(김수완, 2002: 13). 분리된 성역할의 체제는 모든 어머니에게 보호자로서의 역할을 상정하고 보호제공자로서의 노동에 대해 사회적 임금을 주는 것을 말하고, 개인적 소득-보살핌 체제는 모든 어머니를 노동자로 가정하고 노동시장에 참여할 수 있도록 공공보육서비스를 보장하며, 노동시장 위치에 따라 보살핌에 대한 보상도 제공하는 것을 말한다(박영란 외, 2002: 42).

이러한 노력들은 남녀의 성역할과 그중에서도 특히 여성의 보살핌노동의 성격을 사회적으로 어떻게 규정하는가 하는 것이 여성의 복지에 중대한 영향을 미칠 수 있음을 말해주는 것이다. 그러므로 사회보장제도 내에서도 성역할에 대한 고려가 중요하며, 제도가 남녀에게 어떤 영향을 미치며 남녀관계를 어떻게 규정하는가에 대한 관점을 포함하는 일이 중요하다. 그리하여 메이어(Mayer, 2000)는 보호노동이 본질적으로 여성의 역할로 간주되고, 공식적인 비용이 산출되지 않았기 때문에 무임금노동으로 취급되는 현상을 비판하며 보호노동 관련정책의 개선을 요구하였다(박영란 외, 2002: 42). 이러한 요구는 우리나라 여성계에서도 주장하고 있으며, 여성의 빈곤화를 방지하고 변화하는 다양한 가족 형태를 수용하기 위해 적극적인 검토가 요구되고 있다.

5 한국 사회보장제도의 과제

현대 산업사회에서 노령이나 재해 등의 소득상실을 대비한 사회보장제도는 완전고용을 전제로 하며 남성부양자모델에 기초해 있다. 그러나 우리나라의 경우 급격한 가족 형태의 변화로 많은 여성들이 사회보장의 사각지대에 놓여 있다.

오늘날 우리나라에서는 노동시장의 유연화에 따라서 비정규직 근로자가 늘어나고 있으며 대부분의 여성들은 비정규직으로, 여성들의 연금수급권 보장은 불투명한 상태이다. 우리나라는 이와 같이 소득활동자 중심의 연금체계를 택하고 있기 때문에, 여성들의 연금수급권을 보장하기 위한 제도적 개선이 절실히 필요하다. 또한 저출산·노령화 현상이 가속화되면서 여성인력을 제대로 활용하여 여성들의 사회적 지위를 향상시키고 여성의 삶의 질을 높여야 하는데, 이를 위해서는 보다 체계적이고 장기적인 관점에서 성평등 사회 구현을 위한 여성정책 수립이 요구된다(권희경 외, 2015: 324).

소득활동자 중심의 연금체계에서 여성들은 가족관계에 의존하여야 하는데, 이혼의 증가로 인해 남성을 통한 보장이 어렵게 되고 있다. 또한 현대사회에서는 평균수명의 연장과 함께 노년기가 늘어나면서 노후의 삶을 자녀 등의 가족에 의지하기보다는 연금에 의존하는 비율이 커지고 있기 때문에 여성노인이 빈곤에 처할 가능성이 높아진다.

이러한 것은 우리나라가 남성부양자모델을 택하고 있기 때문에 벌어지는 문제이며, 노동시장에서 여성의 열악한 위치와 가사노동에 대한 가치를 사회가 인정하지 않기 때문에 일어나는 현상이라고 할 수 있다. 물론 여성노동의 어느 부분까지 사회적 가치를 인정하고 비용을 지불해야 하는가는 매우 복잡한 문제이다. 더욱이 여성복지의 확대가 복지국가의 재정위기를 악화시킬 수 있다는 논지에 직면하면 문제가 더욱 복잡해진다. 그럼에도 여성노동의 일부를 사회화시키고 이를 통해 사회보장화하자는 데는 적어도 최소한의 합의를 도출할 수 있을 것이다(김미원, 1995: 73).

오늘날 남성부양자가 없는 여성들이 증가하여 이들이 빈곤의 주대상이 되고 있다는 것이 남성부양자모델의 문제점이다. 그렇다면 연금에서의 남성부양자모델이 아닌 결혼 여부와는 상관없이 수급권을 개인이 가지게 되는 개인적 모델을 고려해 보아야 한다.

여성들이 개별 연금수급권을 가지는 것은 여성의 노동시장으로의 진출과도 관련이 있다. 우리나라와 같이 여성의 사회참여가 낮고 참여한다고 해도 불완전고용과 비정규직일 가능성이 높은 경우에는 여성들이 불리해지기 쉽다. 왜냐하면 연금이 노동시간과 소득에 비례하게 되면 저소득 여성근로자들의 연금은 낮아질 수밖에 없기 때문이다. 이런 현상을 막기 위해 여성주의자들은 보편적 수당제를 주장한다. 최근 우리나라에서는 최저보증연금제도 등도 논의되고 있다. 어떤 형태든 노동시장에서 여성의 위치를 감안한 연금제도의 보완이 필요하며, 여성들의 가사노동과 가족보호노동에 대한 가치도 인정되어야 한다.

21세기 성주류화를 위한 국민여론 및 전문가 의견 조사(2001)에서도 남녀 모두가 자녀출산과 양육, 노인돌보기 등과 같은 주로 여성들이 해온 보살핌노동(care work)의 비용과 책임을 사회가 나누어야 한다고 보는 것으로 나타났다. 이미 다른 나라에서는 여성이 주로 담당하는 아동, 노인, 장애인 또는 병자에 대한 보살핌노동을 사회적 기여로 인정하고 있으며 해당 기간을 연금가입기간으로 계산하는 등의 조치를 취하고 있다. 이러한 선택들은 여성이 빈곤에서 벗어나기 위한 방법으로 고려해 볼 만하다(엄규숙, 2002).

어떤 형태로든 여성들이 직면한 빈곤을 해결하고 변화하는 사회의 욕구를 담아내기 위해서는 사회·경제적 여건을 고려한 새로운 시도와 함께 기존의 제도에 대한 재구조화가 필요하다. 더 나아가 사회복지체계가 가정하는 가족 형태와 가족 내 성별분업의 문제점을 알리고 변화하는 가족의 요구에 부응할 수 있도록 구조적인 변화가 요구되며, 다양한 가족의 출현을 포용할 수 있는 체제 도입도 요구된다. 여성노동의 특성도 사회보험에 반영될 수 있어야 하며, 더 근본적으로는 여성노동의 구조적 문제도 개선해야 할 것이다. 이처럼 여성노동의 구조적 문제와 연금의 개별 수급권, 가사노동의 사회화에 대한 논의는 여성복지정책의 중요한 이슈가 되고 있다.

Chapter 07

여성복지정책

1 여성복지 관련법

1) 여성복지 관련 최상위법으로서 헌법

여성의 지위를 기본적으로 규정하고 있는 근본 규범은 헌법에 있으며, 이를 근거로 보다 구체적으로 여성의 지위를 규정하고 있는 것이 양성평등기본법이다.

여성복지관련법은 헌법에 그 근거를 두고 있으며 헌법에 따라 양성평등기본법이 제정되었다. 세부 실정법으로는 「한부모가족지원법」, 「모자보건법」, 「영유아복지법」, 「성폭력방지 및 피해자보호 등에 관한 법률」, 「가정폭력예방법」, 「성매매방지 및 피해자보호 등에 관한 법률」 등이 있다.

우리나라의 헌법은 1948년에 제정되었으며, 법 앞의 평등과 남녀평등 원칙이 현행 헌법 제11조 제1항에 의해 헌법의 기본원리로 규정되고 있다. 헌법은 모든 법의 상위법으로서 모든 법령의 해석지침이며, 정책의 방향을 결정하는 근간이 되는데, 우리나라의 헌법 이념에 따르면 국가는 자유시장 경제원리에 입각하여 국민의 인간다운 생활을 보장해야 한다.

표 7-1 여성정책 추진체계

여성정책 추진체계	
① 기구 (National Machinery)	정무장관(제2실) → 여성특별위원회 → 여성부 → 여성가족부 중앙부처 및 지방 시·도 여성정책 관련 협조부서(6개 부처 여성정책 담당관실 / 각 시·도 여성정책담당국), 한국여성개발원
② 법률 (Law)	• 헌법 • 민법(가족법) • 양성평등기본법 • 남녀차별금지 및 구제에 관한 법률 • 유엔여성차별철폐협약 • 남녀고용평등과 일·가정 양립 지원에 관한 법률 • 영유아보육법 • 모자복지법 • 보자보건법 • 윤락행위등방지법 • 성폭력범죄의 처벌 및 피해자보호 등에 관한 법률 • 가정폭력방지 및 피해자보호 등에 관한 법률 • 가정폭력범죄의 처벌 등에 관한 특례법 • 일제하일본군위안부에 대한 생활안정지원 및 기념사업 등에 관한 법률 • 여성기업지원에 관한 법률 등

출처: 여성가족부.

2) 양성평등기본법

「양성평등기본법」의 전신인 「여성발전기본법」은 헌법의 남녀평등 이념을 구현하기 위한 국가와 지방자치단체의 책무 등에 관한 기본적인 사항을 규정함으로써 정치·경제·사회·문화의 모든 영역에 있어서 남녀평등을 촉진하고 여성의 발전을 도모함을 목적으로 1995년 12월 30일 법률 제 5136호로 제정·공포되었으며, 1996년 7월 1일부터 시행되어 2008년 6월 법률 제9126호까지 11차례 개정되었다(김영화 외, 2007: 375 참고).

제7차 개정(2005)에서는 「남녀차별금지 및 구제에 관한 법률」이 폐지된 후에 직장 내 성희롱예방교육 등에 관한 내용을 여성발전기본법으로 이관해 규정하고 국가 및 지자체의 소관정책이 여성의 사회참여 등에 미칠 영향을 보다 전문적 · 체계적으로 분석 · 평가할 수 있는 전문연구기관의 지원과 지문을 받을 수 있도록 하였다.

제11차 개정(2008)에서는 국가기관 등의 성희롱방지조치에 대한 점검을 매년 실시하고, 성희롱방지조치가 부실하다고 인정되는 국가기관 등에 대하여 필요한 조치를 취하도록 함으로써 성희롱방지조치의 실효성을 높이고 있다. 또한 국가 또는 지방자치단체 외의 자가 여성인력개발센터를 설치 · 운영하려는 때에는 시 · 도지사의 지정을 받도록 하며, 지정기준에 적합하지 아니한 경우 등에는 그 시정을 명하거나 그 지정을 취소할 수 있도록 하여 국가 또는 지방자치단체 외의 자도 여성인력개발센터를 설치 · 운영할 수 있도록 하였다.

이러한 「여성발전기본법」이 실질적인 남녀평등 추진을 위한 적극적 조치를 도입하기 위해 고용에서의 남녀평등 및 모성보호 강화, 인적자원의 개발과 활용, 권익증진과 인권보호, 여성정책의 수립 추진의 촉진 등 많은 성과를 낳았으나. 장애인, 비정규직 이주여성 등에 대한 인권보장과 관련된 시책을 포함하는 과제와, 타 여성 관련법과의 관계에 대한 규정의 보완, 중앙정부-지자체-시민시회와의 긴밀한 협력추진체계 보완 등의 과제가 남아 있었다.

그러므로 「여성발전기본법」을 바탕으로 하되, 여성에 대한 형식적 차별이 일정 부분 해소됐다는 판단하에 정치 · 경제 · 사회를 포함한 전 영역에서 남녀의 동등한 권리와 책임, 참여기회를 보장하는 방향으로 개정되었다. 여성 차별 문제에 중점을 둔 「여성발전기본법」과 달리 「양성평등기본법」은 남성도 성별 분리나 성별 고정관념으로 불이익을 받을 수 있다는 인식에 바탕을 두고 있다.

이에 따라 이 법은 대한민국 헌법의 양성평등 이념을 실현하기 위한 국가와 지방자치단체의 책무 등에 관한 기본적인 사항을 규정함으로써 정치 · 경제 · 사회 · 문화의 모든 영역에서 양성평등을 실현하는 것을 목적으로 함을 밝히고 있다(제1조). 또한 '양성평등'의 개념을 성별에 따른 차별, 편견, 비하, 폭력 없이 인권을 동등하게 보장받고 모든 영역에 동등하게 참여하고 대우받는 것으로 명시하고, 성희롱의 개념을 확대해 상대방이 성적 언동 또는 요구에 대한 불응을 이유로 불이익을 주거나 반대로 따르는 것을 조건으로 이익 공여의 의사표시를 하는 행위도 성희롱 범주에 포함시켰다. 성적 요구 등에 따르는 조건으로 학점을 잘 주거나 불응 시 점수를 낮게 주는 행위 등도 여기에 포함된다(제3조).

이 법에는 여성가족부 장관이 5년마다 '양성평등정책기본계획'을 수립하도록 하며, 기본계획 수립을 위해 5년마다 양성평등 실태조사를 할 수 있도록 권한을 부여했다. 이와 관련하여 여성가족부 장관은 중앙행정기관장과 시 · 도지사가 제출한 연도별 시행계획의 추진 실적을 평가할 권한도 갖게 된다. 정책에 관한 주요 사항을 심의 · 조정하는 기구의 명칭은 기존의 '여성정책조정회의'에서 '양성평등위원회'로 변경되었다.

양성평등이라는 정책 목표 변화에 맞춰 '모성보호'에 집중됐던 시책도 '부성보호'까지 포함하는 쪽으로 확대되었으며, 남성의 육아휴직 등도 활성화되도록 법으로 규정했다. 법 개정에 맞춰 매년 7월 1~7일로 지정되었던 '여성주간'은 '양성평등주간'으로 명칭이 바뀌었다(다음 백과, 2020).

3) 남녀고용평등법(남녀고용평등과 일 · 가정 양립 지원에 관한 법률)

노동현장에서 여성들은 남성에 비하여 여러 가지 차별을 받고 있다. 특히 기혼여성들의 유아양육과 취업이라는 두 가지 역할의 병행은 여성들이 취업현장에서 여러 가지 차별을 받게 되는 원인이다. 이에 1987년 「남녀고용평등법」을 제정하여 헌법에 명시된 평등이념에 따라 고용에서 여성이라는 이유만으로 여성들이 차별받는 고용관행을 바로잡고 모성을 보호하기 위해 육아휴직 등을 제도화하였다. 그동안 「남녀고용평등법」은 지금까지 모두 1989, 1995, 1999, 2001, 2006, 2007, 2008, 2012년에 걸쳐 여덟 차례 개정되었다. 2007년 12월에는 「남녀고용평등과 일 · 가정 양립 지원에 관한 법률」로 명칭이 변경되었다.

「남녀고용평등법」이 개정됨에 따라 2008년 6월 22일부터 남성근로자도 배우자 출산휴가를 사용할 수 있으며 육아휴직을 1회에 나누어 쓰거나 전일제 육아휴직 대신 근로시간을 단축해 근무할 수 있게 된다. 구체적인 내용은 다음과 같다. 「남녀고용평등과 일 · 가정 양립 지원에 관한 법률」에서는 다음의 항목을 신설하였다. 첫째, 노동부장관은 사업장의 남녀차별 개선, 모성보호, 일 · 가정의 양립 실태를 파악하기 위하여 정기적인 실태조사를 하도록 하였다(제6조의3). 둘째, 사업주는 고객 등 업무와 밀접한 관련이 있는 자가 업무수행 과정에서 성적인 언동 등을 통하여 근로자에게 성적 굴욕감 또는 혐오감 등을 느끼게 하여, 근로자가 이로 인한 고충 해소를 요청한 경우에는 근무 장소 변경, 배치전환 등 가능한 조치를 취하도록 노력하고, 성희롱 피해를 주장하거나 고객 등으로부터의 성적 요구 등에 불응한 것을 이유로 해고나 그 밖의 불이익한 조치를 하지 못하도록 하였다(법 제14조의2). 셋째, 사업주는 근로자가 배우자의 출산을 이유로 휴가를 청구하는 경우에 5일의 휴가를 주도록 하였다(3일은 유급휴가). 넷째, 육아기 근로시간 단축을 신설하였다(법 제19조의2 및 제19조의3 신설). 근로자가 전일제 육아휴직을 신청할 시 사업주는 반드시 허용할 의무를 가지고 있으며, 육아기 근로시간 단축을 신청할 시 사업주 허용은 재량이다. 만약 허용하지 않는 경우 서면으로 그 사유를 해당 근로자에게 알려주도록 하고, 육아기 근로시간 단축을 하는 근로자의 근로조건은 근로관계 당사자 간에 서면으로 정하도록 하였다. 다섯째, 노동부장관은 일 · 가정 양립 프로그램의 도입 · 확산 등을 지원하기 위하여 조사 · 연구 및 홍보 등의 사업과 전문적인 상담서비스 등을 사업주와 근로자에게 제공하여야 하며, 이를 대통령령이 정하는 바에 따라 공공기관 또는 민간에 위탁할 수 있도록 하였다(법 제22조의3).

이렇게 2008년 개정 시 저출산 · 고령화 시대에 여성인력의 적극적인 활용을 도모하고, 직장과 가정생활의 양립 지원을 적극 추진할 필요가 있어, 이를 제도적으로 뒷받침하고자 현행 육아휴직제도를 보강하고 배우자 출산휴가 등 새로운 제도를 도입하였다. 2012년 2월에도 배우자 출산휴가의 유급화와 육아기 근로시간 단축제도 의무화, 가족돌봄휴직제 의무화를 도입하는 개정이 있었고, 2017년 11월 28일 남녀고용평등법의 개정에 의하여 난임치료휴가가 신설되었는데, 동 시행령의 개정에 의하여 난임치료휴가의 신청절차가 구체화되었다. 근로자가 인공수정, 체외수정 등

의학적 시술행위를 위하여 휴가를 청구하는 경우에 연간 3일 이내의 휴가를 주어야 하는데, 이 경우 최초 1일은 유급으로 보장해 줘야 한다. 또한 난임치료를 받기 위한 휴가를 신청하려는 근로자는 난임치료휴가를 시작하려는 날의 3일 전까지 사업주에게 신청하여야 하고, 사업주는 난임치료를 받을 사실을 증명할 수 있는 서류의 제출을 요구할 수 있다(남녀고용평등법동법 시행령 제9조의2).

또한, 2018년 5월 21일, 「남녀고용평등과 일 · 가정 양립 지원에 관한 법률」 시행령 일부 개정안이 국무회의에서 심의 · 의결되었다. 개정안은 난임치료휴가의 절차적 보장, 육아휴직의 대상 확대 등을 주요내용으로 하고 있고, 모성보호가 한층 강화되었다. 그러므로 2018년부터 육아휴직 대상자도 확대하여 해당 사업장에서 6개월 이상 근속한 근로자가 육아휴직을 신청할 경우 이를 허용해야 하고, 5인 미만 사업장에도 남녀고용평등법이 전면적으로 적용하게 되었다.

2020년 1월6일 「근로기준법」 제74조에 따른 출산전후휴가 또는 유산 · 사산 휴가, 같은 법 제75조에 따른 육아시간의 활용, 법 제18조의2에 따른 배우자 출산휴가 및 그 밖의 법령에 따라 허용하는 모성보호제도의 활용 실태에 관한 사항 등의 일부 개정이 있었다(법제처 참고).

2020년 9월 「남녀고용평등법」 개정에 따르면 전국적인 감염병 확산 등을 이유로 '심각' 단계의 위기 경보가 발령된 경우, 고용노동부 장관은 「고용정책기본법」에 따른 '고용정책심의회'의 심의를 거쳐 최대 10일의 범위 내에서(한부모는 최대 15일) 가족돌봄휴가 기간을 연장할 수 있다. 이 경우 가족돌봄휴가 기간은 연장된 일수를 포함해 연간 총 20일이고 한부모는 총 25일을 사용할 수 있게 개정되었다(2020. 9.7.).

표 7-2 여성관련 주요 법의 제 · 개정 현황

1948.7.17.	「헌법」 제정 : 성차별금지와 여성근로에 대한 특별보호의 명시
1953.5.10.	「근로기준법」의 여성보호규정 신설
1958.2.22.	「가족법」[민법 제4편(친족)과 제5편(상속)의 제정]
1961.11.9.	「윤락행위등방지법」의 제정

1962.12.31. 「가족법」 제1차 개정

1977.12.31. 「가족법」 제2차 개정, 「(동성동본) 혼인에 관한 특례법」(제1차)의 제정

1980.10.27. 「헌법」의 개정(혼인과 가족생활의 양성평등규정의 신설)

1985.1.26. 유엔여성차별철폐협약의 국내 효력 발생

1986.5.10. 「모자보건법」의 전면개정

1987.10.29. 「헌법」 개정(여성고용차별금지와 모성보호, 여성복지와 권익향상에 관한 규정의 신설)

1987.11.28. 동성동본혼에 관한 특례법(제2차) 제정

1987.12.4. 「남녀고용평등법」의 제정

1989.4.1. 「모자복지법」의 제정, 「남녀고용평등법」의 제1차 개정

1989.6. 공무원임용시험령 개정(성별 제한 모집 철폐)

1991.6. 지방공무원임용령 개정(성별 제한 모집 철폐)

1990.1.13. 「가족법」 제3차 개정

1990.12.31. 「소득세법」 개정(부녀자세대주공제제도 신설), 「상속세법」 개정(배우자의 상속세와 증여세 공제액의 상향)

1991.1.14. 「영유아보육법」의 제정

1992.12.31. 「소득세법」 개정(기혼취업여성에 대한 특별공제제도 신설), 상속세법 개정(배우자의 상속세와 증여세 공제액의 상향

1994.1.5. 「성폭력범죄의 처벌 및 피해자보호 등에 관한 법률」의 제정 → 「성폭력방지법」

1994.12.22. 「공무원법」의 개정(육아휴직제도와 가족간호휴직제도 신설)

1995.1.5. 「윤락행위등방지법」 개정

1995.8.4. 「남녀고용평등법」 제2차 개정

1995.12.22. 공무원임용시험령의 개정(여성채용목표제의 신설)

1995.12.27. 「(동성동본) 혼인에 관한 특례법」(제3차) 제정

1995.12.29. 「사관학교설치법」 개정(여학생의 입학 허용), 「소득세법」 개정(취업여성의 자녀양육비에 대한 세액공제), 「상속세법」의 개정(배우자의 상속세와 증여세 공제액의 상향)

1995.12.30. 「여성발전기본법」 제정, 1998.2.28. 개정

1997.12.13. 「가정폭력관련법」 제정

1999.2.8. 「남녀차별금지 및 구제에 관한 법률」 제정(7.1. 시행)

1999. 군가산점제 폐지(위헌결정)

1999. 「여성기업지원에 관한 법률」(개정)

2001.	정부조직법의 여성부 설치 규정 신설
2002.	「청소년의 성보호에 관한 법률」(제정)
2004.	「성매매특별법」(제정)
2004.	「건강가정기본법」(제정)
2005.	호주제관련 조항의 폐지를 주요 내용으로 하는 「민법」 일부 개정
2006.	여성부를 여성가족부로 확대 개편
2006.	여성인력개발종합계획(2006.7.4.)
2006	여성정책연차보고서(2007.9.27.)
2007.	여성인력의 경제활동 진흥법안(2007.4.6.)
2007.	국민과 함께하는 업무보고(여성정책, 2007.3.13.)
2007.	「남녀고용평등법」 법제 명이 「남녀고용평등과 일·가정 양립 지원에 관한 법률」로 변경
2007.10.17.	「한부모가족지원법」 개정
2008.3.	「다문화가족지원법」 제정
2015.7.1.	「여성발전기본법」을 개정 → 「양성평등기본법」 제정
2017.11.28.	「남녀고용평등법」 개정
2018.5.21.	「남녀고용평등과 일·가정 양립 지원에 관한 법률」 일부 개정
2020.5.19.	「양성평등기본법」 개정
2020.9.7.	「남녀고용평등법」 개정

출처: 김영화 외(2006), 『현대사회와 여성복지』, 양서원. / 네이버 블로그 참고.

2 여성복지정책의 특성

여성복지는 '사회복지'와 관련된 여성의 삶의 영역으로서 정부의 정책뿐만 아니라 민간 차원의 제반 노력까지 포함한다. 여성복지정책은 이러한 여성복지와 관련된 정책으로서 여성정책의 한 부분이다. 일반적으로 여성복지정책은 여성정책 중에서 복지에 대한 욕구를 필요로 하는 사람, 즉 요보호여성을 주대상으로 하는 정책을 말하며, 여성정책은 요보호여성을 포함한 모든 여성의 복지를 포괄하는 정책으로 정의하고 있다.

여성복지정책의 근거가 되는 법들은 「헌법」, 「사회보장기본법」, 「사회복지사업법」을 기반으로 하는 여성 모두를 위한 것들이고, 전반적인 여성정책은 「양성평등기본법」에 준해서 정책적 개입이 이루어지고 있다. 근로여성들을 위해서는 「근로기준법」, 「고용보험법」, 「영유아보육법」이 여성의 모성보호와 성차별금지를 포함하는 노동조건 개선을 위해 적용되고 있다. 요보호여성들을 위해서는 「성매매 알선 등 행위의 처벌에 관한 법률」, 「성폭력 방지 및 피해자보호 등에 관한 법률」, 「가정폭력 방지 및 피해자보호 등에 관한 법률」, 「국민기초생활보장법」, 「의료급여법」, 「노인복지법」, 「아동복지법」, 「한부모가족지원법」에 근거한 정책적 개입이 이루어지고 있다. 이 외에도 「국민연금법」, 「산업재해보상보험법」, 「국민건강보험법」 등이 여성복지정책과 관련되어 있다.

우리나라에서 여성복지정책은 여성운동의 발달과 함께 여성단체의 압력, 여성유권자들을 의식한 정치인들의 공약, 국제사회에서의 권고 등에 힘입어 1980년대부터 장족의 발전을 이루어 왔다. 그에 따라 여성과 관련된 법적 · 제도적 틀이 마련되었고, 여성들을 위한 정책적 청사진이 「양성평등기본법」이라는 형태로 마련되어 오늘날에는 이 법에 준해 정책적 개입이 이루어지고 있다.

1995년 제정되어 '여성 정책의 헌법'이라고 불려왔던 「여성발전기본법」을 2015년 개정하여 남녀 모두의 평등을 목적으로 제정된 법률 「양성평등기본법」은 남성도 성별 분리나 성별 고정관념으로 불이익을 받을 수 있다는 인식에 바탕을 두고 있으며, 양성평등 이념을 실현하기 위한 국가와 지방자치단체의 책무 등에 관한 기본적인 사항을 규정하고 있으며 2020년 5월 19일 일부 개정되어 양성평등 이념을 실현하기 위한 정치 · 경제 · 사회 · 문화의 모든 영역에서 양성평등을 실현하는 것을 목적으로 하고 있다(양성평등기본법, 제1장 총칙 제1조 참고, 2020.5.19.).

「양성평등기본법」에서 제시하는 여성정책은 남녀평등의 촉진, 여성의 사회참여 확대 및 복지증진에 관한 정책을 말한다. 남녀평등의 촉진은 성평등사회를 만들기 위한 남녀차별철폐와 남녀차별금지 노력으로 여성들에게 동등한 기회와 여건을 부여하는 입법활동과 성차별을 개선하려는 확대된 접근책들이다. 성인지적 관점을 도입하여 모든 분야에서 여성이 당하는 불이익이 가시화되도록 하고 있으며, 남녀가 평등한 사회를 실현하기 위한 실질적인 노력을 경주하고 있다.

여성의 사회참여 확대를 위한 가사노동 분담 인프라 구축으로 아동보육사업이 중점적으로 펼쳐지고 있으며, 여성들의 노동조건을 개선하기 위한 정책들과 여성인력자원을 개발하기 위한 노력들이 수행되고 있다. 여성들의 복지 증진을 위한 노력으로는 요보호여성에 대한 접근과 저소득계층 여성들의 노동참여 확대를 위한 개입이 이루어지고 있다. 이러한 노력을 통한 여성정책의 주요 목표는 성주류화이다(여성부, 2004a). 성주류화란 국가정책의 모든 영역에서 양성평등의 시각이 통합되도록 하는 것을 의미한다. 주류화라는 개념은 사회발전의 전체적인 방향을 결정하고, 발전에 적극적으로 참여하고, 발전의 과실을 향유하는 주류와 그러한 과정에서 배제되고, 주변화된 비주류의 양분화된 존재를 전제로 하고, 주류화란 이렇게 주류에 속하지 않았던 사람이나 사상을 주류로 만드는 과정을 뜻한다. 따라서 여성의 주류화란 여성의 사회적 배제, 여성의 사회적 주변화를 문제의 핵심으로 파악하고 여성을 주

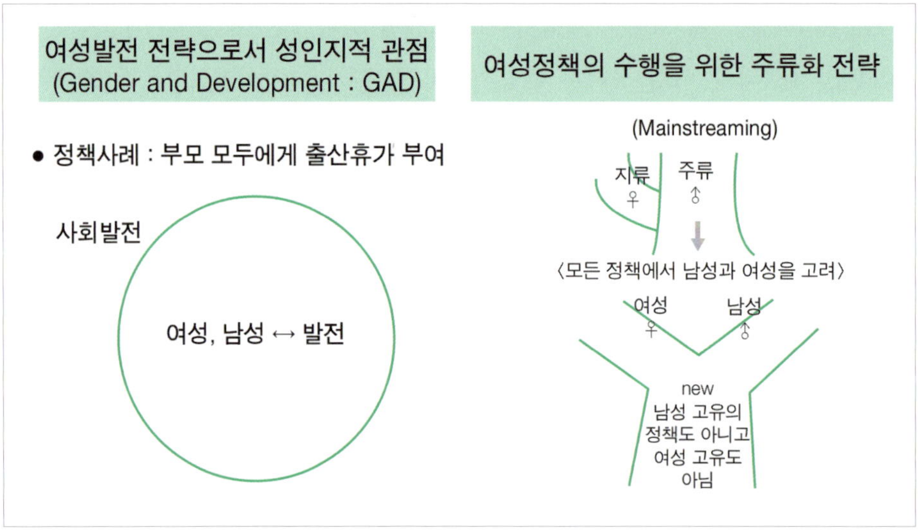

그림 7-1 여성발전 전략으로서 성인지적 관점

출처: 한국여성개발원(2002. 9). 남녀평등의식교육.

류로 만들려는 여성발전 전략이다. 여성에게도 남성과 동등하게 공민권·참정권·사회권이 법적으로 보장되고 있음에도 불구하고 남녀 간의 실질적인 삶의 질에서는 차이가 여전하고, 전체 사회의 경제적 생산성이 고도화되어도 여성과 남성 간의 경제적 지위의 격차가 좁혀지기는커녕 오히려 심화되고 있다는 현실의 인식이 성주류화 담론의 출발점이다(이혜경, 1999).

우리나라의 여성정책은 여성의 사회참여 확대를 위한 인프라 구축이라는 측면에서 복지주의 여성주의 모델을 채택하고 있으며, 모성으로서의 여성이라는 측면을 강조하고 있다.

가부장적 요소를 타파하기 위해 호주제 폐지 노력이 이루어졌다. 여성의 노동조건 개선을 위한 노력으로는 여성의 인적자원 개발을 위한 접근과 여성의 고용 장려를 위한 제도로 저소득여성가장들을 위한 여성가장고용촉진장려금과 여성고용촉진장려금제도 및 비정규직 여성근로자들을 연금의 사업장가입자로 포함시키기 위한 노력 등이 있다.

이렇게 여성의 고용을 촉진하고 노동조건과 사회보장 혜택을 받도록 개선하기 위한 노력이 이루어지고 있으나 단편적이고, 사회주의적 여성주의에서 중요한 이슈가 되고 있는 가부장제와 자본주의의 구조적 문제들에 대한 접근은 아직 미약하다. 여성의 성별분업에 따른 가사노동 문제와 여성노동의 주변화, 여성의 빈곤화, 여성의 경제적 자립 등에 대한 접근은 단지 선도적인 연구자 집단의 문제제기와 전문가들만의 논의 수준을 벗어나지 못하고, 적극적인 개입 단계로 발전하지 못하고 있다. 현재의 개선 노력은 구조적 개선보다는 여성들을 적응시키려는 소극적인 접근에 머무르고 있다.

그럼에도 법적인 기회보장을 통해 성차별 개선에 접근해 나가고 있으며, 공무원 채용 목표제의 실시와 정치권에서의 할당제 등 잠정적 우대 조치의 활용 등은 구조적 개선을 위한 노력으로 평가된다. 그러나 자본주의의 모순을 개선하기 위한 여성노동에 대한 구조적 개선 노력은 가시화되지 않고 있다. 따라서 여성노동의 문제와 빈곤의 여성화, 여성의 경제적 의존 등은 큰 과제로 남아 있으며, 이로써 성평등과 성주류화라는 여성정책 목표와 현실 사이에 많은 간격이 존재함을 알 수 있다. 이런 차이에 대해서는 성주류화를 달성하기 위한 단계적 접근으로, 현실적인 기반 구축과 사회적 여건 조성을 마련해 나가는 과정이라는 긴 안목으로 보아야 할 것이다.

3 여성정책 기본계획

중앙정부와 지방자치단체는 1995년 제정된 여성발전기본법 제7조에 근거하여, 매 5년마다 여성정책 기본계획을 수립하여야 한다. 제1차 여성정책 기본계획은 1998년부터 2002년에 시행되었고, 2003년부터 2007년까지 제2차 여성정책 기본계획이 시행되었으며, 2008년부터 2012년까지 '제3차 여성정책 기본계획'이 시행되었고, 2013년부터 2017년까지 '제4차 여성정책 기본계획'이 수립되었다.

1) 제1 · 2차 여성정책 기본계획의 성과

표 7-3 제1 · 2차 여성정책 기본계획의 성과

1. 성주류화 전략의 도입과 제도화	• 「여성발전기본법」에 '성별영향평가제도'를 도입(2002)하여 정책과정에서 성별 차이에 따라 미칠 영향을 미리 분석 · 평가함 • 「국가재정법」 제정(2006) 시 '성인지 예산제도'를 도입하여 예산이 남녀에 미치는 효과를 평가하여 예산편성에 반영하도록 함
2. 정책결정과정에 여성 참여 확대	• 공적 분야에 여성 진출을 촉진하기 위한 적극적 조치를 도입함 – 여성공무원 채용목표제(1998~2002), 양성평등 채용목표제(2003~2007)를 한시적으로 적용하고, 국 · 공립대 여교수 채용목표제 실시(2003) – 「정당법」 개정(2002, 2005)과 「공직선거 및 선거부정방지법」 개정(2005)을 통해 비례대표 후보자 중 50% 이상 여성으로 추천하도록 규정
3. 남녀고용평등의 강화	• 「남녀차별금지법」을 제정(1999)하여 성희롱 등 업무관계에서 발생하는 남녀차별 문제에 대한 예방과 구제를 강화함 • 「남녀고용평등법」 개정을 통해 간접차별을 금지(1999)하고, 사업주가 적극적 고용개선조치(2005)를 하도록 의무화함으로써 여성에 대한 차별적 고용관행과 제도를 개선함

4. 일 - 가족 양립을 위한 육아휴직 및 보육서비스 확대	• 노동3법 개정을 통해 출산휴가를 90일로 확대하고, 육아휴직급여 지급을 규정(2001)함. 산전후 휴가급여 지원을 확대하고 유 · 사산 시 보호휴가를 사용(2005)하도록 함 • 「영유아보육법」 전면개정(2004)과 보육정책 확대를 통해 보육서비스 질 향상 - 보육예산 대폭 확대(국비) : 2,090억 원(2002) → 10,435억 원(2007) - 시설평가인증제 도입(2006)과 교사 대 아동 비율 조정 등으로 보육서비스 질적 수준 제고
5. 가정폭력 및 성매매 방지 등 여성 인권보호 기반 강화	• 여성긴급전화 1366을 통해 성폭력, 가정폭력 등 피해자 지원서비스 연계체계를 구축(2001)하고, 폭력피해여성 ONE-STOP 지원센터 설치 · 운영(2007, 14개소)으로 피해자 보호가 강화됨 • 「성매매특별법」 제정(2004) 이후 성매매방지종합대책 추진을 통해 성매매 불법성에 대한 국민적 공감대가 형성되고(2007, 92.2%가 불법성 인정), 성매매 집결지를 축소(2004년 1,679개소 → 2007년 992개소)함
6. 가족정책의 제도적 기반 마련	• 호주제 폐지를 주요 내용으로 하는 민법 개정(2005)과 「가족관계등록 등에 관한 법률」 제정(2007)을 통해 다양한 가족 형태를 수용하는 사회 포용성 증대와 평등한 가족문화 확산 • 「건강가정기본법」 제정(2004)으로 가족정책 추진 인프라 구축 - 건강가정기본계획 수립(2006), 건강가정지원센터 설치(2007년 64개소) • 한부모가족, 결혼이민자가족 등 다양한 형태의 가족에 대한 지원체계 수립과 서비스 확대

2) 제3차 여성정책 기본계획 시행 주요 내용

표 7-4 제3차 여성정책 기본계획 정책과제

I	여성인력 활용
II	여성권익 보호
III	성평등정책 추진 기반 강화

표 7-5 제3차 여성정책 기본계획의 주요 추진내용(2008~2012)

I. 여성인력 활용	1. 여성인력 활용기반 내실화	1. 청년여성층의 진로지도 지원 2. 청년여성의 경력개발 지원 3. 경력단절여성의 취업지원 인프라 구축
	2. 여성의 취업영역 확대와 대표성 제고	1. 비전통직종 여성 진출 확대 2. 문화 및 과학기술분야 여성전문인력 육성 3. 여성경제인 육성 4. 공직분야 여성 대표성 제고 5. 기타 공공서비스분야 여성 대표성 제고
	3. 여성근로자 차별 방지	1. 고용상 차별 예방과 시정 2. 다양한 근로 형태의 여성근로자 고용여건 개선 3. 특수조건 여성근로자의 법제도상 보호 강화
	4. 여성 일자리 확대	1. 성장동력 분야 여성 일자리 확대 및 제도 개선 2. 기업 여성인력 수요 활성화 3. 여성창업지원을 통한 일자리 확대 4. 여성기업 경영인프라 확충
	5. 여성의 취업활동에 대한 사회적 지지 강화	1. 보육 및 교육서비스 강화 2. 돌봄에 대한 사회서비스 확충 3. 일과 삶의 균형을 위한 제도와 환경 조성 4. 가족친화기업 지원을 위한 제도적 기반 마련
II. 여성 권익 보호	1. 여성의 건강보호	1. 여성의 건강 보호
	2. 대상별 여성복지 욕구 충족	1. 빈곤여성의 기초생활보장 2. 한부모가족 지원 3. 일본군 위안부 피해자 지원 4. 미혼모 지원 5. 여성노인 지원 6. 여성수용자 및 출소자를 위한 보호 지원
	3. 여성장애인 권익 증진	1. 여성장애인의 사회서비스 접근 강화 2. 여성장애인 폭력근절과 편익 향상
	4. 각종 폭력의 예방과 피해자 보호	1. 여성 · 아동 대상 폭력에 대한 사회적 의식 제고 2. 성폭력 · 가정폭력방지제도 개선 3. 성폭력 · 가정폭력피해자 보호 및 지원의 내실화
	5. 성매매 방지 및 피해자 자활 지원 내실화	1. 성매매 예방교육 및 방지정책 강화 2. 성매매피해여성에 대한 종합지원대책 추진 3. 성매매피해 청소년 보호 및 지원 강화 4. 외국인 여성 성매매피해자 보호대책 5. 성매매 지역 및 시설 단속 6. 성매매피해자 인권보호를 위한 체계 구축

	6. 이주여성의 정착 지원	1. 다문화가족 사회통합 지원 2. 여성 이주노동자 등 지원
III. 성평등정책 추진 기반 강화	1. 성인지정책의 시행	1. 성별영향평가 실효성 확보 2. 성인지 예산제도 시행 3. 공무원 성인지 교육 체계화
	2. 통합적 여성정책 추진	1. 여성정책 협의조정 강화 2. 시민사회와의 협력
	3. 평등문화 확산	1. 남녀가 함께하는 평등문화 조성 2. 양성평등 교육 확대 3. 다양성에 대한 수용성 제고 4. 여성 국제협력 확대

출처: 여성부(2009). 제3차 여성정책 기본계획 수정판.

3) 제4차 · 5차 여성정책 기본계획

1차 여성정책 기본계획이 수립될 때는 취약여성의 보호에 중점을 두었지만 점차 성평등의 가치 추구로 무게 중심이 이동하면서 인력개발 및 고용정책, 산업정책, 재정정책 등 다양한 영역으로 여성정책의 외연이 확대되어 4차·5차 계획도 모든 사회부문에서 성인지적, 성주류화가 이룰 수 있게 하는 계획이 필요하게 되었다. 일·가정 양립 정책을 통해 여성의 경제적 자립을 돕고, 공공부문과 대외협력에서의 여성 대표성을 강화해 성평등 가치를 사회 전반에 확산시키고자 여성정책 기본계획 수립 방향을 설정하였다.

표 7-6 제4차 여성정책기본계획(2013~2017)

수립방향
1. 성평등정책으로서의 위상 강화 • 사회 각 영역에 존재하는 성별 격차의 실질적 해소 등 남녀 간의 관계를 둘러싼 사회구조 변화와 성평등 가치에 대한 지향을 강화 • 여성의 일 · 가족 · 인권 · 복지 등 모든 영역에서 성인지적 정책 실행의 관점 반영 2. 시민사회, 지역사회에 대한 관심과 소통 • 여성 · 사회단체 등과의 쌍방향적 소통을 통한 파트너십 구축으로 정책의 내실화 및 효과성

제고
- 여성의 삶의 공간인 지역사회의 실질적 변화를 유도할 수 있는 의제의 개발 · 확산

3. 남녀를 아우르며, 여성들의 다양한 요구를 반영
- 여성뿐만 아니라 남성과 함께 만들어가는 미래지향적 평등문화 지향
- 여성고령인구 및 1인가구 증가, 20 · 30 여성 세대 등 새로운 정책 수요에 대응
- 결혼이민자, 북한이탈주민, 장애인, 근로빈곤층 등 여성 내부의 다양성 증대에 따른 맞춤형 정책개발

4. 정책관리수단의 확보 및 성평등 책무성 강화
- 여성정책 총괄 · 조정기능을 내실화하고, 성별영향분석평가 등 정책도구와 연계 강화를 통해 중앙부처 · 지자체의 책무성 제고
- 기본계획의 분야별 목표설정, 이행상황에 대한 평가체계 구축 등 성과관리 강화

출처: 여성가족부(2013).

표 7-7 제5차 여성정책기본계획(19대 문재인정부의 여성정책 5개년(2018~2022))

수립방향

1. 성평등 추진체계 강화
- 주요 부처 성평등 전담부서 설치
- 지역양성평등센터 설치

2. 의사결정과정에서의 여성 대표성 제고
- 공공부문이 선도하여 유리천장 해소
- 민간부문의 자율적 여성대표성 제고

3. 여성폭력 피해자 권리보호 강화
- 성희롱 · 성폭력 근절을 위한 종합대책 추진
- 디지털 성범죄 피해방지 종합대책 마련
- 디지털 성범죄 피해자 지원센터 운영
- 성폭력처벌법 및 성폭력방지법 개정
- 일본군 '위안부' 피해자 명예와 존엄 회복
- 가정폭력 피해자 보호시설 퇴소 시 자립지원금 지원
- 폭력피해 이주여성 전용상담소 운영

출처: 여성가족부(2019).

4 한국 여성복지정책의 발달

우리나라 여성복지의 역사적 발달과정을 살펴보면, 조선시대까지 여성을 위한 특별한 제도가 별도로 존재한 적은 없었지만 요보호대상자에 여성이 포함되어 있었다. 삼국시대에는 구휼제도로써 사궁의 구휼과 환과고독제도가 있었다. 사궁이란 무의무탁한 빈민을 말하는 것으로, 왕가에서 사궁 즉, 과부와 홀아비, 고아와 아들 없는 노인 등을 대상으로 의식을 제공했다. 조선시대에는 영조 때 사궁에 해당하는 자활능력이 없는 자를 돕기 위한 고조제도가 있었다. 고조제도란 혼인과 장례비를 보조해 주는 제도로 특히 여자가 빈곤하여 혼인시기가 지났거나 장례비가 없는 경우 이를 일부 보조해 주었다.

일제강점기에는 식민지 산업화가 진행되면서 일본인들에 의해 여성 노동력 착취와 성 착취가 조직적으로 이루어졌다. 당시 여성들은 저임금 장시간노동에 시달렸고, 인신매매와 매춘이 성행하여 공창제도가 도입되었다. 공창제도는 우리나라 내의 일본인 거류지에 도입되었는데, 최초의 유곽이 부산에 세워졌다. 1916년 경무총감부령의 '유곽업창기취체' 규정은 공적이고 합법적으로 매춘업을 조장하였다. 이처럼 일제강점기의 공창제도는 우리나라 여성들의 인권유린과 함께 성유린이라는 이중적 착취를 실행하는 구체적 장치였다.

미국 선교사들에 의해 부녀복지사업이 선교사업의 일환으로 실시되었다. 특히 감리교 여선교부는 민간수준의 부녀복지사업으로 의료와 교육사업을 실시하였으며, 이러한 활동은 제2차 세계대전 이후 선교사들이 일본인에 의해 추방될 때까지 계속되었다. 선교사들이 행했던 부녀복지사업은 임산부 건강관리와 유아를 위한 우유보급, 탁아소, 계몽사업, 여성교육사업 등이었다(정진영, 1993: 51).

우리나라에서 현대적인 부녀복지정책은 1945년 광복과 더불어 형성되기 시작되었다. 광복 이후 미군정은 부녀국설치령을 공포하여 후생부 내에 부녀국이 설치되었으나 오래 가지 못하고 부녀과로 축소되었다. 광복 이후 부녀복지정책에서 가장 괄목할 만한 일은 부녀국 설치와 1947년 공창제도 폐지였다(정진영, 1993: 54). 공창제도는 일본인에 이어 미군에 의해서 자행되어 온 우리나라 여성들에 대한 성 착취를 막기 위한 여성단체들의 요구에 의해서 폐지되었으나, 그들을 흡수할 대안적인 일자리가 없어 사창화되는 결과를 낳았다.

1948년 대한민국 정부 수립 이후 1950년에 「가족법」이 제정되었으나 가부장적 가치에 기반한 성불평등적 내용으로 인해서 최근까지 개정운동이 계속되었다. 1950년의 전쟁으로 전쟁고아와 미망인들의 문제가 심각하게 대두되자 국제사회의 지원하에 외원기관에 의한 사회복지사업이 시작되었다. 1953년부터 모자원이 설치되어 전쟁미망인과 아동들을 위한 지원이 이루어졌다. 1950년에 시작되어 엄청난 상처를 남긴 전쟁은 수많은 전쟁미망인과 고아를 발생시켰으며 그 수가 무려 59만 명에 이르렀다. 심지어 1955년 매춘인구가 전국적으로 11만 명으로 추정되는 것만 보더라도 그 당시 사회·경제적 어려움을 유추해 볼 수 있다.

이에 「생활보호법」(1961), 「아동복리법」(1961), 「선원보험법」(1962), 「군인연금법」(1963), 「산업재해보상법」(1963) 등의 사회복지 관련법이 제정되었다. 그러나 1960년대에 들어서도 매춘행위는 지속되었고 다시 미군의 주둔으로 인한 기지촌이 형성되었다. 그 결과 1964년에 전국적으로 33만 명으로 추산되는 매춘인구가 생겨났다. 그리하여 정부는 인권존중과 사회정화 차원에서 1961년 「윤락행위등방지법」을 제정하여 윤락행위를 단속하였으며, 전국에 104개소의 특정지역을 설치하여 그 지역 내에서 이루어지는 윤락행위는 묵인하고 선도하였다(이소희, 2001: 145 참고).

1950년대의 부녀복지정책이 부녀 및 아동구호와 전쟁미망인 구호사업이었다면 1960년대는 부녀직업보도소, 부녀상담소 등 윤락여성 선도사업과 전쟁미망인을 위한 모자세대의 보호사업에 중점을 두었다. 이렇게 1950년대와 1960년대의 부녀복지사업은 형태는 약간 달랐지만 공통적으로 전쟁의 상처를 치유하기 위한 접근들이었고 주대상은 전쟁미망인과 그 아동 및 고아들이었다.

1970년대는 경제성장정책과 함께 향락산업이 번창하던 시기여서 여성들은 저임금노동자로, 아니면 향락산업의 희생자로 국가발전을 위해 큰 희생을 강요당하게 되었다. 그 당시 정부는 외채 압박을 줄이고 무역적자폭을 줄이기 위해 국내관광산업을 개발하였다. 그 일환으로 여성을 희생시켰는데, 그 이유는 여성을 이용한 외화획득의 원천 중 하나가 기생관광이었기 때문이다. 당시는 외화획득을 위한 수단으로 여성의 성을 상품화하던 시기였으며 다른 한편에서는 저임금노동력을 이용한 수출산업의 역군으로 여성노동력이 착취당하던 시기였다. 정부가 추진한 경제성장정책은 저임금노동력을 이용한 수출주도형 산업이었다. 이 시기 산업인력의 대부분은 여성으로 생산직 여성노동자 수가 1970년에는 36만 명에서 1978년에는 109만 명이나 되었다. 여성들은 저임금, 장시간노동과 비인간적 대우를 견디면서도 노동운동을 통해서 모성보호 조항을 확보해 나갔다. 1970년대 도시에서는 도시로 무작정 가출한 농촌 출신의 여성과 윤락여성을 대상으로 하는 선도사업과 여성노동자들의 노동운동이 일어난 반면, 농촌에서는 새마을운동의 일환으로 조직된 새마을부녀회가 농촌 여성들의 소득증대사업과 생활개선에 힘썼다.

여성복지 발달과정에서도 과거에는 여성에 관한 복지제도는 사회복지의 잔여적 개념에 기초하여 요보호여성을 중심으로 이루어졌다. 그래서 일관성이 없고 시기마다 발생하는 문제를 처리하기 위해서 임시방편으로 발전되어 왔다. 1970년대까지 우리나라의 여성정책은 제한된 수의 요보호여성들을 대상으로 실시되었다. 그 이유는 국가 재정의 부족도 있었지만 보다 근본적으로는 성불평등에 대한 인식 부족에 있었다. 또한 역사적 질곡에서 여성들이 가장 큰 희생양이었다. 일제강점기 때부터 시작된 여성의 성과 노동력에 대한 착취는 계속되었으며, 이러한 바탕에서 국가경제 발전이 이루어졌다.

1980년대는 민주화운동의 확산과 함께 여성운동이 활기를 띠게 되었다. 이때부터 성차별 문제가 다루어지기 시작하였으며, 낙인을 포함하는 '부녀복지'라는 용어에서 여성 모두를 포함하는 '여성복지'라는 용어로 바뀌게 되었다. 이러한 변화는 단순한 용어상의 변화가 아니라 여성복지를 보는 관점의 변화라고 할 수 있다. 이 용어는 민주화운동과 함께 확대되기 시작한 여성운동이라는 사회적 상황과 남녀평등을 달성하려는 현대 여성들의 욕구를 반영하는 개념으로 볼 수 있다(김성천, 1989: 154).

1980년대 초기에는 경제개발과 더불어 무작정 상경하는 가출여성들과 함께 향락산업이 번창하였기에 이들을 대상으로 하는 직업보도 프로그램이 활발해졌으며, 미혼모의 증가로 그들에 대한 모자시설과 같은 지원 등이 이루어졌다. 또한 여성의 능력개발과 능동적인 사회참여를 유도하기 위해 윤리와 과학이 조화되는 건전가정육성이 여성정책의 목표가 되기 시작했다. 이러한 정책의 일환으로 1983년에 한국여성개발원이 설립되었다. 여성문제를 다루고 여성정책을 수립하기 위해서는 체계적이고 과학적인 접근이 필요하다는 것을 인식하게 된 것이다. 또한 여성개발원을 중심으로 여성에 대한 연구들을 통해 여성정책을 수립하기 위한 체계적인 근거를 제공할 수 있게 되었다. 여성문제에 관한 정부시책을 종합적이고 체계적으로 추진하기 위하여 설치된 국무총리 산하의 여성정책심의위원에 의해 여성문제의 정책화가 이루어지기 시작하였다. 이와 함께 국제사회의 영향으로 1984년에 「UN여성차별철폐협약」에 가입하였으며 1985년에는 나이로비에서 열린 제3차 세계여성대회의 미래전략의 이행과 함께 남녀평등의 실현이 중요한 국가의 의무가 되었다.

1987년에는 여성복지와 지위증진에 관한 규정들을 신설하여 이를 근거로 「남녀고용평등법」을 제정하였다. 1988년에는 정무 제2장관을 여성으로 기용하고 지방자치단체의 여성담당기구를 가정복지국으로 승격 · 개편하였다. 1989년에는 「근로기준법」과 「남녀고용평등법」을 개정하여 남녀평등과 모성보호를 더욱 강화하고 「모자복지법」을 제정하였으며, 「가족법」을 남녀가 평등하게 대폭 개정하였다(여성개발원, 2003: 51-53).

여성의 사회참여가 늘어나면서부터 탁아사업에 대한 요구가 꾸준히 제기되었는데, 그 결과 1991년에 「영유아보육법」이 제정되었다. 1990년대는 여성의 인권문제가 대두된 시기였으며 이때부터 사적인 문제로 여겨졌던 성과 가족의 문제가 법적 보호의 대상이 되었다. 1991년 김부남 사건에 뒤이은 1992년 김보은 · 김진관 사건을 계기로 1994년 「성폭력범죄의 처벌 및 피해자보호 등에 관한 법률」이 제정되었다. 여기에는 여성단체들의 숨은 노력들이 있었다. 1995년 북경에서 열린 제4차 세계여성대회 이후 국제사회에서의 요구와 국내적으로 활발한 여성운동의 영향으로 1995년 12월에 「여성발전기본법」이 제정되었다. 「여성발전기본법」이 만들어짐으로써 여성에 관한 포괄적이고 정책적인 개입이 이루어질 수 있는 기틀이 마련되었다. 이 법에 근거하여 여성에 대한 모든 정책이 이루어지는데, 이를 통해 비로소 여성들의 사회참여 확대와 여성복지 증진을 통한 양성평등 사회 확립을 위한 계획적이고 포괄적인 노력이 국가정책으로 이루어질 수 있는 기반이 마련된 것이다. 1997년에는 「가정폭력범죄의 처벌 등에 관한 특례법」과 「가정폭력방지 및 피해자보호 등에 관한 법률」이 제정되었다. 1998년에는 대통령직속 여성특별위원회가 구성되어 여성발전기본법에 의한 1차 여성정책 기본계획(1998~2002)이 수립되어 종합적으로 여성발전을 촉진시키기 위한 시행계획을 이행하기에 이르렀다. 1998년에는 「남녀차별금지 및 구제에 관한 법률」이 제정되어 성희롱과 성차별 문제에 대한 대책이 보다 적극적으로 추진되었다. 그러한 것들을 통해 여성의 사회적 지위를 향상시키고 남녀 간 불평등을 해소하기 위한 괄목할 만한 법적 장치들이 마련되었다. 2001년에는 국가 차원에서 전체적인 여성정책을 관장하고 지원하는 체계로써 여성부가 설립되어 양성평등을 위한 노력이 행정적인 체계를 갖추게 되었다. 그동안 각 부처로 분산되어 있던 여성정책을 효율적으로 추진하기 위해서 국무총리 산하의 여성정책조정회의를 설치하고 각 부처에 여성정책책임관을 지정·운영하도록 하였다.

제3차 여성정책 기본계획은(표 7-5 참조) 2008년 12월에 이명박정부 정책기조와 정책 중요도를 고려하여 기본계획 과제분류 및 구조를 전면 재편성하였다. 정책과제를 5개 영역에서 3개 영역으로 축소하여, '돌봄의 사회적 분담' 영역은 '여성인력 활용' 영역의 하위과제로, '국가 운영에 주도적 참여'와 '사회통합과 평등문화 정책'은 '성평등정책 추진 기반 강화' 영역으로 통합하였다. 또한 경제활동촉진법 제정과 함께 전업주부 등 경력단절여성의 취업 지원을 위해 여성부와 노동부가 공동협력하여 전국에 '여성새로일하기센터'를 지정하여 종합적인 직업훈련사업을 추진하였다. 보육, 가족 등 여성의 사회활동 지원을 위한 정책들의 재구조화를 통해 과제명 및 전체 과제 설정 구조를 변경하고, 경력단절여성의 취업 지원, 여성장애인 복지 지원 등 일부 정책과제를 심화·발전시켰다. 예를 들어, 믿고 맡길 수 있는 보육환경 조성(보육전자바우처 도입 등), 여성과 아동에 대한 폭력 예방 및 근절(아동안전지킴이집 운영, 성범죄자 신상정보 인터넷 열람제도 도입 등) 등이다.

여성관련법으로는 2005년에 제정·시행된 「건강가정기본법」이 있으며 「남녀차별금지 및 구제에 관한 법률」이 개정되어 직접적 차별과 함께 간접적 차별 개념을 도입하였으며 성희롱 피해자에 대한 보호와 가해자에 대한 제재를 강화하였다. 「성폭력방지법」도 개정되어 성폭력 피해자에 대한 보호조항이 강화되었다.

이와 같이 여성관련법이 시행과정에서 발생하는 미비점을 보완해 가며 실질적으로 여성을 위한 정책으로 나아가고 있다. 2004년에는 9월 23일에 「성매매특별법」이 시행되었다. 이 법은 그동안 성매매행위에서 문제되던 쌍방에 대한 처벌과 함께 성매매행위를 위법으로 명시하였고, 성매매 중간매개자에 대한 처벌을 명시하였으며, 성매매피해자들을 위한 일반지원시설을 제공하고 자활지원센터를 통해서 자활을 지원하도록 하고 있다. 이 법이 시행됨으로써 여성의 성에 대한 사회적 태도의 전환이 이루어지는 계기가 되었다.

또한 2017년 11월 28일에 「남녀고용평등법」의 개정에 의하여 난임치료휴가가 신설되었고, 2018년 5월 21일에 「남녀고용평등과 일·가정 양립 지원에 관한 법률」 시행령 일부 개정안이 국무회의에서 심의·의결되어, 육아휴직의 대상 확대와 모성보호가 한층 강화되었다. 2020년 1월 6일 「근로기준법」에서는 출산전후휴가 또는 유산·사산 휴가, 육아시간의 활용, 배우자 출산휴가 및 그 밖의 법령에 따라 허용하는 모성보호제도의 활용 실태에 관한 사항 등이 명시되었다.

Part 2

분야별 여성복지와 실천영역

Chapter 08

성폭력피해여성과 사회복지서비스

1 성폭력의 이해

1) 성폭력의 정의

성폭력은 성(sexuality)과 폭력(violence)의 결합으로, 성을 매개로 상대방의 의사에 반(反)하여 이루어지는 모든 신체적·언어적·정신적·정서적 폭력을 포괄하는 가해 행위를 말한다. 이는 좁은 의미의 강간뿐만 아니라 성희롱이나 성추행, 음란전화, 성기노출, 성적 가혹행위, 음란물 보이기, 윤락행위 강요, 강간 미수 등을 모두 포괄하는 개념이다. 여기서 '상대방의 의사에 반한다' 함은 원치 않거나 거부하는 행위를 상대방에게 계속하거나 강요한다는 말이다. 따라서 상대방으로 하여금 성폭력에 대한 막연한 불안감이나 공포감을 조성할 뿐만 아니라 그것으로 인한 행동제약을 유발시키는 것도 간접적인 성폭력이라고 할 수 있다.

법률에서는 주로 강간, 강제추행 등을 의미하는데, 최근에는 상대방의 의사를 무시한 채 행위를 한 경우, 폭행이 수반되지 않아도 강간, 강제추행으로 인정하기도 한다.

2) 관련용어의 개념

(1) 강간, 준강간, 강간미수

강간은 상대방의 반항을 불능케 하고 상대방을 현저히 곤란케 할 수 있는 폭행 또는 협박을 수단으로 하여 사람을 간음하는 것이다. 여기에는 반드시 신체적 저항만이 아니라 싫다는 의사표시까지도 포함한다. 우리나라 형법상 강간은 여성에게 행해진 성기삽입이 이루어진 성관계로 제한되어 있어서, 가해자의 법적 처벌에 문제점이 지적되어 왔다. 그러나 2007년 형법 개정에서 강간의 주체를 '부녀'에서 '사람'으로 재정의되어 남성도 강간의 피해자가 될 수 있음을 인정하고 있다. 특히 13세 미만의 어린이를 간음했을 때는 폭행과 협박을 수반하지 않아도 강간죄가 성립된다.

만약 폭행 또는 협박을 수단으로 사용하지 않더라도 심신상실 또는 항거불능의 상태를 이용해 간음하면 준강간죄가 성립된다. 준강간죄는 술에 취한 상태나 잠든 상태를 포함한 심신장애로 사물에 대한 변별력이 없거나 의사를 전혀 결정하지 못하는 경우인 심신상실 또는 이 외의 원인으로 심리적 · 물리적으로 반항이 절대적으로 불가능하거나 곤란한 경우인 항거불능 상태에 간음을 할 경우 이 죄가 성립된다.

특히 이러한 성범죄 사건은 친고죄 항목이 폐지된 이후부터 피의자와 피해자의 합의가 있더라도 고소가 취하되지 않아 수사는 계속 진행된다. 이처럼 강간죄는 매우 무거운 처벌로 성범죄 중에서도 강력범죄에 속한다.

그러나 일반적으로 강간죄나 준강간죄의 경우, 사건 특성상 폐쇄된 공간에서 사건이 발생하는 경우가 많기 때문에 폭행이나 협박, 심신상실이나 항거불능 상태에 대한 사실관계 및 명확한 증거를 확보하기가 쉽지 않다.

강간 미수란 상대방의 뜻을 무시 또는 강제로 성교를 시도했으나 실패한 경우를 말한다. 가해자가 꼭 성기를 삽입하려는 행위를 하지 않았다 하더라도 이를 하기 위한 전 동작, 이를테면 가해자가 옷을 스스로 벗었다든지, 피해자의 옷을 벗겼다든지, 피해자를 바닥에 쓰러뜨리는 등의 행동들이 있었다면 강간 미수로 보고 있다.

(2) 성추행, 강제추행

성추행이라 함은 객관적으로 일반인에게 성적 수치심이나 혐오감을 일으키게 하고 선량한 성적 도덕관념에 반하는 행위로서 피해자의 성적 자기결정의 자유를 침해하는 것이다. 강제추행이란 폭행이나 협박으로 상대방을 추행(기습추행도 포함)하는 행위를 말한다. 여기서 폭행의 정도가 강제추행 성립에 많은 영향을 미치고 있다. 따라서 강제추행이 성립되기 위한 폭행의 정도는 상대방의 반항이 곤란할 정도의 유형력을 행사하거나 상대방 의사에 반할 정도의 유형력 행사이면 가능하다.

(3) 성학대

성학대란 한 명 이상의 사람에게 가해자가 원치 않는 성적 행동을 강요하는 행위를 일컫는다. 이 용어는 경우에 따라 성폭행 또는 성추행의 일환으로 취급되기도 한다. 보통 포로수용자 등에 대한 성적 가혹행위와 성인이 어린이들을 대상으로 성적 학대를 가하는 경우가 많으며, 종종 같은 또래의 어린이들 사이에서 발생하기도 한다.

(4) 성희롱

성희롱이란 직장의 지위를 이용하여 상대방의 의사에 반하는 성적 언동 등으로 성적 굴욕감이나 혐오감을 느끼게 하는 행위를 하거나 업무나 고용상의 불이익 등 유·무형의 피해를 주는 행위를 말한다. 여기서 말하는 직장이란 국가기관, 지방자치단체 또는 공공단체의 종사자, 사용자 또는 근로자가 포함된다.

3) 성폭력에 관한 이론적 접근

(1) 전통적 보수주의적 접근

주로 남성중심적인 가부장이데올로기에 힘입어 여성을 통제하는 보수적인 관점에서 보는 시각이다. 이는 여성에 대한 성폭력을 사회문제로 인식하지 않을 뿐만 아니라 사회적 관심조차 없다. 따라서 성폭력을 가하는 남성의 잘못보다 성폭력을 당한 피해자인 여성이 그럴만한 이유가 있다고 보는 시각이 사회적 통념으로 자리 잡게 된다.

(2) 정신병리적 접근

성폭력을 정신적 질환으로 가진 극소수의 남성이 저지르는 사건으로 보는 시각이다. 이는 개인적 치료가 요구되는 일부 개인 일탈행위로 간주하므로, 사회 전체적인 행위가 아니라고 본다. 따라서 사회적으로 전혀 우려할 필요가 없다고 보는 것이다.

(3) 미시적 접근

정신병리적 접근에 반론을 제기한 일부 학자들이 가해자의 정신적·신체적 특성을 조사한 결과 정상인과 큰 차이가 없으며, 그보다 가해자가 처한 사회구조적 환경(가족환경, 경제적 상태, 교육 정도 등)이 일반인보다 열악하다는 사실을 지적하였다. 잘못된 환경으로 인한 자신의 분노, 스트레스, 불안 등 감정 표출의 한 방법으로 성폭력을 자행한다고 보고 있다.

(4) 거시적 접근

거시적 접근은 남성중심적인 가부장적 사회에서 여성에 대한 효과적인 통제의 기제로 성폭력을 활용했다고 본다. 또한 왜곡된 성문화 환경 자체가 성폭력을 사회에 유지하는 하나의 방편이 되었다고 본다. 따라서 성폭력을 비롯한 다양한 형태의 폭력문화에 대해 사회적 허용을 용납하지 않는 환경을 조성해야 할 필요가 있다고 본다.

4) 성폭력의 유형

성폭력의 유형으로는 어린이 성폭력, 친족 성폭력, 데이트 성폭력, 사이버 성폭력 등이 있는데, 내용은 다음과 같다.

(1) 어린이 성폭력

13세 미만의 어린이에게 가해지는 성폭력으로, '아동성학대'라는 용어로 사용된다 (이영실 외, 2011). 어린이 성폭력의 70~80%가 주변의 아는 사람에 의해 행해지는데, 성폭력 사실을 비밀로 유지하기 위한 유인과 협박이 강요되므로 피해 사실이 금방 드러나지 않는 특징이 있다. 그리고 정작 성폭력을 당한 어린이는 이를 성폭력이라는 사실로 인지 못하는 경우가 많아서 부모 역시 빨리 알아채지 못한다..

(2) 친족 성폭력

친족 성폭력은 혈연관계에 있는 사람, 대리부모, 양부모, 동거하는 부모의 친구, 손위의 형제·자매 등에 의해 일어나는 것을 말한다. 이렇게 일상생활 중에 접촉하기 쉬운 사람에 의해 발생하므로 일회적이지 않고 반복적으로 일어나는 속성이 있다. 따라서 발생 즉시 피해자와 가해자를 격리시켜야 한다. 더구나 친밀해야 할 관계에서 일어나는 성폭력이기 때문에 피해자는 배신감, 분노, 두려움, 불안 등의 더 큰 고통에 시달리게 된다. 이처럼 친족 성폭력은 무력한 존재에 대한 힘의 관계에서 발생하는 특징을 보인다. 현행 형사소송법으로는 직계존속을 고소하지 못하나, 성폭력방지법으로는 고소할 수 있다.

(3) 데이트 성폭력

데이트를 하는 상호 간에 동의 없이 강제적으로 일어나는 성폭력을 말한다. 교제관계 중에 자신의 의사에 반하여 일어나는 강제적인 성행위가 대부분이다. 데이트 중인 피해자나 가해자 모두 이를 성폭력 범죄로 인식하지 못하고 윤리적인 잘못으로 간주하는 경우가 많다. 따라서 데이트 성폭력 이후 헤어지는 경우도 있으나, 상당수는 교제를 지속하며 결혼으로 이어진 후 가정폭력을 경험하기도 한다.

(4) 사이버 성폭력

인터넷, SNS 등 사이버 공간에서 원치 않는 성적인 언어나 이미지를 사용함으로써 상대방에게 불쾌감이나 피해를 유발하여 통신환경을 위협 · 저해하는 경우를 말한다. 사이버 성폭력은 불특정 다수에게 전파될 위험성이 크고 한 번 전파되기 시작하면 걷잡을 수 없이 퍼지기 때문에 그 피해는 상상을 넘어설 정도로 심하여, 최근 피해 사례가 점차 증가하고 있다.

5) 성희롱의 이해

(1) 성희롱의 개념

① 정의규정

국가인권위원회법 제2조의 '성희롱'이라 함은 업무, 고용, 그 밖의 관계에서 공공기관의 종사자, 사용자 또는 근로자가 그 직위를 이용하거나, 업무 등과 관련하여 성적 언동 등으로 성적 굴욕감 또는 혐오감을 느끼게 하거나, 성적 언동, 그 밖의 요구 등에 대한 불응을 이유로 고용상의 불이익을 주는 것을 말한다.

② 판단기준

성희롱 여부의 판단 시에는 피해자의 주관적 사정을 고려하되, 사회통념상 합리적인 사람이 피해자의 입장이었다면 문제가 되는 행동에 대하여 어떻게 판단하고 대응하였을 것인가를 함께 고려하여야 하며, 결과적으로 위협적 · 적대적 고용환경을 형성하여 업무능률을 저해하게 되는지를 검토하여야 한다.

성적 굴욕감은 어떤 기준으로 판단하는가?

- 피해자의 주관적 사정 : 행위자의 의도가 아닌 피해자의 관점을 기초로 원했던 행위인지 아닌지를 중심으로 판단한다.
- 사회통념의 고려 : 직관적으로 같은 처지에 있는 일반적이고 평균적인 사람이 성적 굴욕감이나 혐오감을 느낄 수 있게 하는 행위이다.
- 사안별 결정 : 당사자의 관계, 장소 및 상황 등 모든 상황과 기록을 전체적으로

고려하여 결정한다.

- 기타: 행위의 반복성 여부, 대상의 특정 여부, 거부의사 표시 여부가 포함된다.

③ 성희롱의 종류

직접적인 신체 접촉뿐만 아니라 음란한 농담이나 음담패설, 성적 관계를 강요하거나 회유하는 행위, 외설적인 사진이나 그림 · 낙서 · 출판물 등을 직접 보여주거나 통신매체를 통해 보내는 행위 등이 포함된다.

- 육체적 행위
  - 입맞춤이나 포옹, 뒤에서 껴안는 등의 신체적 접촉행위
  - 가슴, 엉덩이 등 특정 신체부위를 만지는 행위
  - 안마나 애무를 강요하는 행위

- 언어적 행위
  - 음란한 농담을 하거나 음탕하고 상스러운 이야기를 하는 행위(전화통화 포함)
  - 외모에 대한 성적인 비유나 평가를 한 행위
  - 성적인 사실관계를 묻거나 성적인 내용의 정보를 의도적으로 유포하는 행위
  - 성적인 관계를 강요하거나 회유하는 행위
  - 회식자리 등에서 무리하게 옆에 앉혀 술을 따르도록 강요하는 행위

- 시각적 행위
  - 음란한 사진 · 그림 · 낙서 · 출판물 등을 게시하거나 보여주는 행위(컴퓨터 통신이나 팩시밀리 등을 이용하는 경우 포함)
  - 성과 관련된 자신의 특정 신체부위를 고의적으로 노출하거나 만지는 행위

- 그 밖에 사회통념상 성적 굴욕감 또는 혐오감을 느끼게 하는 것으로 인정되는 언어나 행동

④ 고용상의 불이익

채용 탈락, 감봉, 승진 탈락, 정직, 휴직, 해고 등과 같이 채용 또는 근로조건을 일방적으로 불리하게 하는 것이다.

(2) 성희롱의 유형

① 조건형

'조건형 성희롱'이란 성적 호의나 서비스의 제공 여부를 고용, 업무, 학업평가의 조건으로 삼는 것을 말한다. 상대방에게 모종의 이익·불이익을 암시하며 성적인 관심을 보이며 접근하거나 성적인 요구에 상대방이 응하지 않을 때 실제로 불이익을 주는 경우가 여기에 해당된다.

② 환경형

'환경형 성희롱'이란 상대방에게 성적 굴욕감이나 혐오감을 불러일으킴으로써 업무에 지장을 초래하거나 교육 및 학습환경을 열악하게 만드는 행위를 말한다. 즉, 상대방에게 혐오감을 주는 음담패설, 외모에 대한 성적인 평가, 여성을 비하하는 차별적인 언행 등이 지속적으로 반복된다면, 직무수행이나 학업성취를 저해하는 적대적인 환경을 구성한다고 볼 수 있다.

2 성폭력의 실태

1) 연도별 성폭력 상담 현황

〈표 8-1〉의 연도별 상담 현황은 성폭력 전담상담기관으로 활동하는 한국성폭력상담소에서 1991년부터 2016년까지 26년 동안 총 79,748회의 상담을 해왔던 자료이다. 2016년 전체 상담은 2,224회(1,501건)이며 이 중 성폭력 상담은 총 2,070회(1,353건)으

로 전체 상담 대비 성폭력 상담의 비율은 90.1%이다.

표 8-1 연도별 상담 현황

(단위: 건, %)

연도	상담 횟수	상담건수(A)	성폭력 상담건수(B)	성폭력 상담비율(B/A)
1991.92	2.834	2,028	1,349	66.5
1993	1,765	1,182	841	71.1
1994	2,663	1,723	1,366	78.7
1995	2,060	1,238	1,021	82.5
1996	3,469	2,138	1,779	83.2
1997	3,424	2,295	1,647	71.8
1998	4,255	2,948	2,085	70.7
1999	5,397	3,692	2,564	69.4
2000	4,134	2,873	2,309	80.4
2001	4,995	3,693	2,869	79.8
2002	4,877	3,633	2,961	83.8
2003	4,871	3,135	2,839	90.6
2004	3,870	2,606	2,362	94.3
2005	3,979	2,348	2,161	91.6
2006	4,246	2,468	2,317	93.8
2007	3,330	2,101	1,948	92.7
2008	2,237	1,648	1,430	92.4
2009	2,305	1,481	1,338	90.3
2010	2,227	1,474	1,312	89.0
2011	1,764	1,238	1,161	92.9
2012	2,390	1,437	1,321	91.9
2013	2,263	1,531	1,418	92.6
2014	2,185	1,602	1,460	90.5
2015	2,034	1,422	1,308	91.9
2016	2,224	1,601	1,363	90.1
총	79,748	63,034	44,479	83.86

출처: http://www.sisters.or.kr(한국성폭력상담소).

2) 성폭력 피해자 성별 · 연령별 상담 현황

〈표 8-2〉를 보면, 2016년 성폭력 상담 건수의 92.2%가 여성피해자로 나타났다. 이는 성폭력의 주된 피해자가 여성임을 보여주며, 남성피해도 6%선으로 나타났다.

표 8-2 성별 · 연령별 상담 현황 (단위 : 건, %)

성별 \ 연령대	성인 (20세 이상)	청소년 (19~14세)	어린이 (13~8세)	유아 (7세 이하)	미상	총계
여	964 (71.2)	168 (12.4)	87 (6.4)	33 (2.4)	15 (1.1)	1,267 (93.6)
남	61 (4.6)	11 (0.8)	5 (0.4)	3 (0.2)	1 (0.1)	81 (6.1)
미상	2 (0.1)	0 (0.0)	0 (0.0)	0 (0.0)	3 (0.2)	6 (0.3)
총계	1027 (76.9)	179 (13.2)	92 (6.8)	39 (2.7)	19 (1.4)	1,353 (100.0)

출처: http://www.sisters.or.kr(한국성폭력상담소).

3) 피해 유형별 , 연령별 상담 현황

〈표 8-3〉을 보면, 모든 연령별로 강제추행의 피해가 38.0%로 가장 많았으며, 뒤이어 강간이 31.5%로 나타났다. 2015년에 비해 소폭 상승한 피해유형으로는 성희롱, 통신매체이용음란, 카메라이용촬영이며, 강제추행의 상담 역시 2015년에 크게 상승하였다.

표 8-3 피해 유형별, 연령별 상담 현황 (단위: 건, %)

피해유형		피해자 연령					계	
		성인	청소년	어린이	유아	미상		
강간 및 강간 미수	특수강간	6 (0.4)	2 (0.15)	1 (0.05)	0 (0.0)	2 (0.15)	11 (0.8)	409 (31.5)
	강간	159 (12.2)	62 (5.0)	32 (2.5)	6 (0.5)	3 (0.2)	262 (20.4)	
	준강간	106 (8.1)	4 (0.3)	0 (0.0)	0 (0.0)	1 (0.05)	111 (8.5)	
	강간미수	20 (1.58)	3 (0.2)	0 (0.0)	0 (0.0)	1 (0.05)	24 (1.8)	

피해유형		피해자 연령					계	
		성인	청소년	어린이	유아	미상		
강제추행	강제추행	303 (23.1)	67 (5.1)	58 (4.4)	30 (2.2)	3 (0.2)	461 (35.0)	496 (38.0)
	준강제추행	30 (2.3)	2 (0.15)	1 (0.05)	2 (0.15)	0 (0.0)	35 (3.0)	
성희롱		135 (10.3)	10 (0.7)	3 (0.2)	0 (0.0)	3 (0.2)	151 (11.4)	
통신매체이용음란		31 (2.4)	7 (0.5)	2 (0.15)	0 (0.0)	0 (0.0)	40 (3.0)	
카메라이용촬영		40 (30.)	4 (0.3)	2 (0.15)	0 (0.0)	4 (0.3)	50 (3.8)	
스토킹		55 (4.2)	3 (0.2)	0 (0.0)	0 (0.0)	0 (0.0)	58 (4.4)	
음화 등의 제조유포		0 (0.0)	0 (0.0)	0 (0.0)	0 (0.0)	0 (0.0)	0 (0.0)	
미상		59 (4.5)	30 (2.3)	12 (0.9)	0 (0.0)	13 (1.0)	104 (7.9)	
성폭력 계		945 (72.2)	184 (14.1)	111 (8.5)	38 (2.9)	30 (2.3)	1,308 (100.0)	

출처: http://www.sisters.or.kr(한국성폭력상담소).

4) 2016년 전국 성폭력 실태조사(여성가족부)

여성가족부는 2016년 전국 만 19세 이상 64세 이하 남녀 7,200명을 대상으로 '2016년 전국 성폭력 실태조사'를 실시하였고, 그 다음해에 결과를 발표하였다.

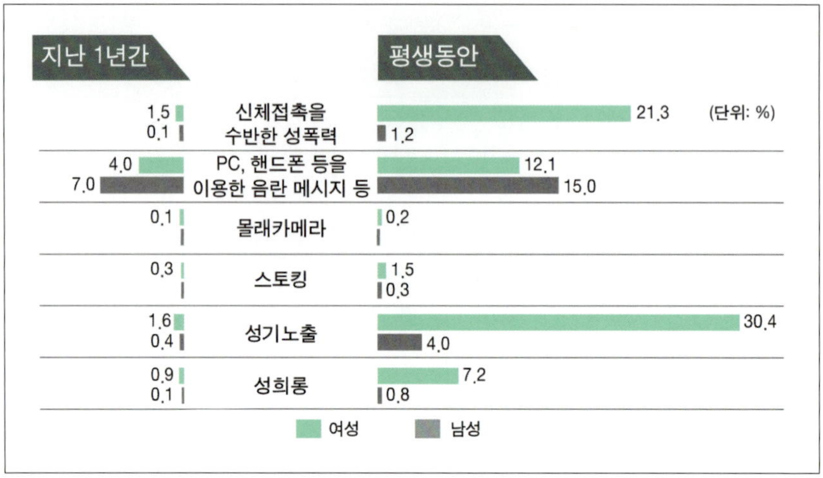

그림 8-1 성폭력 피해율

실태조사는 「성폭력방지 및 피해자보호 등에 관한 법률」 제4조에 따라 2007년부터 매 3년마다 실시하였다. 성폭력 피해는 남성(0.1%)에 비해 여성(1.5%)이 현저히

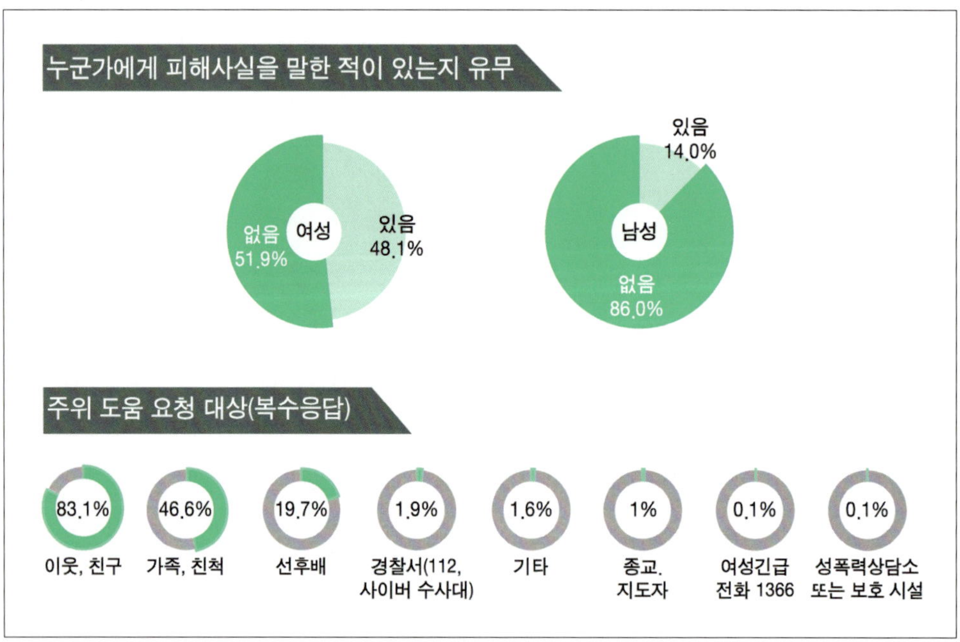

그림 8-2 성폭력 피해

높았으며, 몰래카메라에 의한 피해율은 0.1%로 여성만 피해를 경험한 것으로 나타났다. 몰래카메라 피해 장소는 지하철·버스 등 대중교통시설, 상업지역, 학교, 야외·거리·산야 순으로 나타났다. 성폭력은 성추행(폭행, 협박 미수반/폭행, 협박 수반), 강간미수, 강간, PC·핸드폰 등을 이용한 음란 메시지 등, 몰래카메라, 스토킹, 성기노출, 성희롱의 9가지 유형이 포함되었다.

성폭력 피해자 10명 중 4명(37.9%)은 성폭력 피해사실을 다른 사람에게 말해 도움을 요청하였다. 이렇게 주위 도움 대상 중 이웃·친구(83.1%) 등 사적인 지원체계에 도움을 요청하는 비율이 높았다.

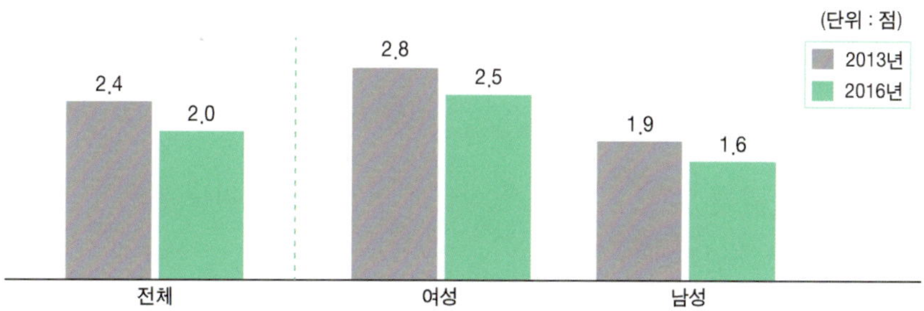

그림 8-3 범죄피해에 대한 두려움

성폭력 범죄피해 발생에 대한 두려움은 2016년 평균 2.0점으로, 3년 전보다 감소한 것으로 나타났다. 그럼에도 불구하고 여전히 여성이 남성에 비해 두려움을 크게 느끼는 것으로 조사되었다.

5) 성폭력 피해 영향

여성이 남성에 비해 성폭력 피해로 인해 신체적·정신적으로 더 큰 영향을 받으며, 2차 피해를 경험하는 비율도 더 높다. 성폭력 피해 유형별로 보았을 때, 평생동안 한 번이라도 성폭력 피해 경험이 있는 사람의 15.1%가 '정신적 고통'을 경험한 것으로 나타났으며, 대부분이 여성이었다(여성가족부, 2017a). 여기서 정신적 고통이라 함은 성폭력 피해를 수치스러운 일로 여겨 신변안전에 대한 두려움, 타인에 대한 불신, 공공장소 이용의 어려움 등 일상생활의 어려움을 호소하는 상태를 말한다.

이렇게 성폭력은 심리적이고 신체적인 심각한 후유증을 낳는다. 특히 보호자의 위치에 있거나 주변 지인으로부터 지속적인 폭행, 협박, 강요, 유인 등을 받아 왔다면, 피해자는 자신과 주변 그리고 세상에 대한 불신으로 왜곡된 사고와 정서, 행동의 다양한 외상적 반응을 보이게 된다. 더구나 의존관계에 있을 수밖에 없는 장애인이나 어린 시절에 성폭력을 당한 경우는 여러 가지 심리성적 발달의 문제와 심각한 적응에의 어려움을 겪게 된다. 그리고 후유증도 더 깊고 광범위하며 장기적인 영향을 미친다. 이들은 성폭력을 당한 것에 대한 정확한 판단이 어려우며 그것을 애정과 혼동함으로써 정서상의 혼란을 겪기도 한다. 심지어 성폭력의 책임을 자기 잘못으로 생각하여 죄책감에 빠지고 수치스럽게 생각하여 이를 숨기는 경우도 많다.

어린 시절 성폭력을 당한 경우, 대개 심리적 억압이나 해리를 통하여 잊어버리는 경우도 있지만, 청소년기에 그 기억이 되살아나거나 성인기에 이성과 친밀감을 느끼는 순간 기억이 되살아나 고통스러워하는 경우도 많다.

장애인 성폭력 피해는 비장애인과 크게 차이나지 않지만, 주변에서 쉽게 믿어주지 않고, 피해자가 오히려 애정이나 관심, 혹은 사랑의 표현으로 알고 있기 때문에 피해가 지속되고, 그러므로 피해자가 조기 발견되지 못하고 피해를 입증하기 어려운 문제에 직면한다(이희숙, 2012).

6) 성폭력사건의 집행 현황에서의 문제점

13세 미만의 아동성폭력 사건의 증가와 성폭력 후 살인까지 저지르는 등 성폭력범죄사건의 심각성이 대두되면서, 성폭력범죄에 대한 처벌 강화 및 다양한 법률 개정안들이 나오고 있다. 그러나 처벌보다 성폭력범죄의 예방과 재범방지를 위한 법률과 이를 위한 다양한 프로그램 마련이 필요하다. 예를 들어, 성폭력범죄의 다양한 유형과 성폭력범죄자의 특성에 따라 처벌, 치료, 교육이 구분되어 이루어져야 한다는 것이다.

또한 보호처분 외에도 보호관찰 혹은 사회봉사나 수강명령이 부과되어 집행될 수 있는 여러 가지 법적 근거가 마련되어 있다. 그렇지만, 성폭력사범 보호관찰업무 담당자의 전문성을 제고할 수 있는 교육, 실효성 있는 수강명령 프로그램 개발, 프로그램을 운영할 수 있는 전문인력 양성 등 여러 가지 인프라가 구축되어져야 한다. 한편 고위험군 성폭력범죄자에 대한 외출제한명령의 확대 및 집중보호관찰의 검토도 필요하다. 특히 성폭력범죄자에 대한 전자위치추적장치(일명 전자팔찌)의 문제점과 한계를 검토하여 실효적으로 운영할 수 있는 방안 마련도 필요하다.

성폭력피해자들은 2차 피해(secondary victimization)를 두려워한다. 2차 피해란 성폭력사건 이후 사법기관, 의료기관, 가족, 친구, 언론 등으로부터 받는 피해자에 대한 부정적인 반응으로, 피해자가 입는 정서적 · 사회적 · 경제적 불이익이나 피해자 스스로 심리적인 고통을 겪는 것을 말한다. 주로 보복의 공포와 수치심, 사법제도에 대한 불신 등이 여기에 포함된다.

성폭력피해자의 2차 피해를 방지하기 위한 제도로 진술녹화제도 및 성폭력전담조사제도, 여성전용조사실 등이 마련되어 있지만(한국여성정책연구원, 2007),[1] 정작 피해자들에게는 실질적인 대안이 되지 않고 있다.

먼저, 사법기관에 의한 2차 피해는 경찰과 검찰 등 재판이나 수사과정에서 피해자에게 책임을 묻거나 심리적 피해를 주는 고통스러운 이유 때문에 대부분의 피해자들은 신고를 하지 않거나 법정 밖에서 합의를 통해 사건을 일단락시키기도 한다. 다음으로, 진료를 받거나 치료받기 위해 가는 의료기관에서도 의사나 간호사 등에

1) 현재 시행하고 있는 성폭력전담관제도는 형식적으로 존재하지만 내용적인 면에서 전문성과 지속성을 담보하기 힘들다는 면에서 효과적으로 시행되지 못하는 점이 지적되고 있다. 성폭력전담관은 경찰서 내 소수의 여자경찰들의 임무로 정해져 있고, 여러 가지 다른 업무를 맡고 있는 일반여경들에게 다른 제도적인 교육과 구체적인 노하우에 대한 훈련 없이 여자라는 이유만으로 성폭력전담관을 수행하도록 하는 것은 여경들의 가중한 업무스트레스로 이어지고 있음을 알 수 있다. 성폭력전담관제도의 실효성을 거두기 위해서는 성폭력전담관의 지속적인 교육과 전문적인 노하우를 축적할 수 있는 장기적인 관점에서 진행되어야 한다. 또한 성폭력범죄 수사전담을 위한 '여성경찰관'이 필요하지만, 남성경찰관의 경우에도 성인지적 관점에 대한 교육을 의무화하여야 할 것이다.

의해 2차 피해가 발생한다. 그뿐 아니라 심지어 언론이 피해사실을 왜곡하거나, 피해자의 신상을 공개하거나, 지나치게 선정적인 보도를 하는 행위 외에도 가족과 친구에 의해서도 2차 피해가 발생할 수 있다.

3 성폭력피해여성에 대한 사회복지서비스

1) 성폭력방지법

그동안 여성문제와 가정문제가 사적인 영역으로 간주되어 법적으로 관여하지 않다가, 점차 지능화되고 흉폭화되는 해로운 유형의 성폭력범죄가 빈발하자 기존의 법체계(1990년대 초 기존 형사법체계의 '강간과 추행의 죄')로는 적절히 대처하기가 어려워졌다. 이에 1994년 1월 5일 법률 제4702호로 '성폭력특별법'을 제정하기에 이른다. 성폭력특별법은 성폭력범죄를 예방하고 그 피해자를 보호하며, 성폭력범죄의 처벌 및 그 절차에 관한 특례를 규정함으로써 국민의 인권신장과 건강한 사회질서의 확립에 이바지함을 목적으로 하고 있다. 이 법은 2010년 4월 15일에 성폭력범죄의 처벌 및 그 절차에 관한 특례를 규정한 성폭력범죄의 처벌 등에 관한 특례법(일명 성폭력처벌법)과, 성폭력을 예방하고 성폭력피해자를 보호·지원함을 목적으로 하는 성폭력방지 및 피해자보호 등에 관한 법률(일명 성폭력방지법)이 각각 제정됨으로써 폐지되었다.

이 법은 성폭력 근절을 위한 예방, 처벌, 피해자 보호대책이 함께 수립된 최초의 종합대책으로, 주요 내용은 성폭력범죄에 대한 가중처벌과 신종 성폭력범죄에 대한 처벌규정, 성폭력범죄의 수사와 재판절차에서 피해자의 비밀보장을 위한 형사소송상의 특례, 성폭력의 예방과 상담, 피해자보호시설 등에 관한 행정적 사항을 규정하고 있다.

2) 성폭력피해자를 위한 시설

(1) 성폭력상담소

성폭력피해상담소는 1994년 성폭력방지 및 피해자보호 등에 관한 법률 제11조에 근거하여 설립되었다. 성폭력상담소의 주요업무는 성폭력피해에 관하여 신고접수와 이에 관한 상담을 제공하고,[2] 초기 상담을 통해 피해자와 피해 정도에 따라 지속상담 및 심리상담서비스를 제공하거나 사례관리를 시행한다(이미정 외, 2013). 이 외에 피해자와 성폭력피해자 보호시설 등을 연계하고 의료지원을 제공하고 수사와 재판에 피해자와 동행한다. 그 외에 학교나 공공기관 등에서 성폭력 예방 홍보 및 교육을 제공하며, 성폭력 및 성폭력피해에 관한 조사와 연구를 수행하고, 장애인 성폭력피해자를 위한 방문상담 및 장애인을 대상으로 하는 성폭력 상담 및 예방교육을 수행하고 있다.

즉, 성폭력범죄를 예방하고 성폭력피해자를 보호함으로써 인권신장 및 건강한 사회를 육성하고자 성폭력상담소가 운영되고 있는데, 대부분 민간 차원에서 행해지고 있어서 이에 대한 정책적·재정적 지원을 통해 성폭력상담이 체계적으로 이루어질 수 있도록 해야 한다.

(2) 성폭력피해자 보호시설[3]

보호시설은 성폭력피해자를 일정 기간 동안 보호하여 성폭력피해자의 신체적·정신적인 안정회복과 사회복귀를 지원하기 위한 목적으로 운영되고 있다. 성폭력피해자는 보호시설을 통해 1년 이내 보호받을 수 있다. 만약 보호시설에 입소한 성폭력피해자가 심리적 안정이 필요하거나 치료가 필요한 경우, 1년 6개월의 범위에서 1차례 연장 가능하다.

보호시설은 성폭력피해자에게 숙식 및 맞춤형 서비스를 제공하여 피해자의 심신

2) 한국성폭력상담소 http://www.sisters.or.kr

3) 이하 '보호시설'이라 한다.

을 안정시키고, 조기 사회복귀 기반을 마련하는 데 초점을 두고 있으며, 입소시설에 대한 비밀보장을 하고 있다. 특히 이곳은 19세 미만의 친족에 의한 성폭력피해자에게 특별보호시설로, 피해아동 및 청소년의 2차 피해를 막고 성인이 되기까지 주거, 상담, 치료, 보호, 학업 및 자활 등 원스톱 서비스를 제공하고 있다.

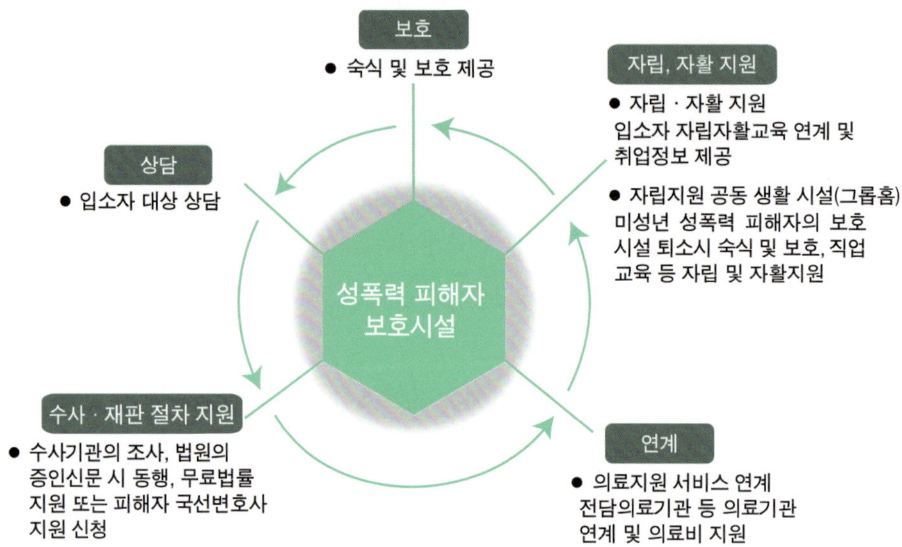

그림 8-4 성폭력피해자 보호시설

출처: http://www.womanchild.or.kr(한국여성인권진흥원).

(3) 통합지원센터

통합지원센터는 원스톱(One-stop)지원센터, 해바라기아동센터, 해바라기여성아동센터로 구분하고 있으나 점차 '해바라기센터'로 통합추진 중에 있다.

- 원스톱지원센터 : 성폭력, 가정폭력, 학교폭력, 성매매피해자들을 위해 365일 24시간 법률상담, 의료지원서비스를 원스톱으로 제공하고 있다. 대한민국 경찰청 산하 전국에 25개소 운영하고 있으며, 여기서는 피해자 조사, 법률상담, 의료지원뿐만 아니라 심리치료까지 담당하고 있다.

- 해바라기아동센터: 아동성폭력 사건의 증가로 2004년부터 여성가족부에 의해 설립된 아동성범죄 피해아동에게 통합적인 지원서비스를 제공하는 성폭력피해아동전담센터이다. 현재 이 센터의 기능을 원스톱지원센터와 통합하여 성인여성의 성폭력피해까지 돕는 '해바라기여성아동센터'로 개편이 순차적으로 이루어지고 있다.

- 해바라기여성아동센터(해바라기센터): 여성가족부로부터 위탁받아 한국여성인권진흥원이 운영하는 해바라기여성아동센터는 폭력예방을 통해 안전한 사회환경을 만들기 위해 2010년 6월 출범하였다. 우리 사회에서 여성과 아동에 대한 폭력이 갈수록 심각해짐에 따라, 여성과 아동폭력피해자를 지원하는 피해자중심의 종합지원서비스를 제공하고 있다. 2004년 여성가족부의 서울해바라기아동센터 설치 이후 2017년 현재 37개의 해바라기센터(위기지원형 16개소, 아동 8개소, 통합형 13개소)의 업무를 지원하고 있다. 해바라기센터는 여성·아동폭력 피해자들에게 상담·심리치료·의료·수사지원·법률 서비스 제공을 통해 피해자의 상처받은 심신과 인권을 최대한 빨리 회복시켜 일상생활로 복귀할 수 있도록 지원하고 있다.

표 8-4 해바라기센터 소개

지역	명칭(위탁기관)	기능
서울	서울해바라기아동센터(연세의료원)	아동·청소년
	서울동부해바라기센터(경찰병원)	위기지원
	서울남부해바라기센터(보라매병원)	위기지원
	서울해바라기센터(서울대학교병원)	통합
	서울북부해바라기센터(삼육서울병원)	통합
	서울중부해바라기센터(국립중앙의료원)	통합
부산	부산해바라기센터(부산대학교병원)	통합
	부산동부해바라기센터(부산의료원)	위기지원

지역	명칭(위탁기관)	기능
대구	대구해바라기아동센터(경북대병원)	아동 · 청소년
	대구해바라기센터(대구의료원)	위기지원
인천	인천동부해바라기센터(인천의료원)	위기지원
	인천해바라기아동센터(가천대길병원)	아동 · 청소년
	인천북부해바라기센터(인천성모병원)	위기지원
광주	광주해바라기아동센터(전남대병원)	아동 · 청소년
	광주해바라기센터(조선대병원)	위기지원
대전	대전해바라기센터(충남대병원)	통합
울산	울산해바라기센터(울산병원)	통합
경기	경기북동부해바라기센터(의정부의료원)	위기지원
	경기해바라기아동센터(분당차병원)	아동 · 청소년
	경기서부해바라기센터(한도병원)	위기지원
	경기남부해바라기센터(거점)(아주대병원)	통합/거점
	경기북서부해바라기센터(명지병원)	통합
강원	강원동부해바라기센터(강릉동인병원)	통합
	강원서부해바라기센터(강원대병원)	통합
충북	충북해바라기센터(청주의료원)	위기지원
	충북해바라기아동센터(건국대충주병원))	아동 · 청소년
충남	충남해바라기센터(단국대학교병원)	위기지원
전북	전북해바라기센터(전북대병원)	위기지원
	전북해바라기아동센터(전북대병원)	아동 · 청소년
전남	전남동부해바라기센터(순천성가롤로병원)	위기지원
	전남서부해바라기센터(목포중앙병원)	통합
경북	경북북부해바라기센터(안동의료원)	위기지원
	경북서부해바라기센터(김천제일병원)	위기지원
	경북동부해바라기센터(포항성모병원)	통합
경남	경남해바라기센터(마산의료원)	위기지원
	경남해바라기아동센터(경상대병원)	아동 · 청소년
제주	제주해바라기센터(한라병원)	통합

출처: http://www.womanchild.or.kr(한국여성인권진흥원).

(4) 기타 지원기관

① 여성긴급전화 1366

성폭력, 가정폭력, 성매매 등 긴급한 구조·보호 또는 상담을 필요로 하는 여성들이 언제라도 전화를 통해 피해상담을 받을 수 있도록 365일 24시간 운영하고 있다.

표 8-5 여성긴급전화

전화안내	전국 어디서나 지역번호와 1366을 누르면 본인 소재지역 1366센터로 바로 연결 ex) 서울지역번호 02-1366
상담안내	• 1년 365일 24시간 HOT-LINE 운영, 10명의 상담원이 1일 3교대 상담 • 10~17시까지는 전문상담기관으로 연계, 그 외 시간은 직접상담 및 긴급보호 • 외국인 동시통역서비스(영어, 러시아어, 중국어, 일어) 제공 • 상담종류 : 가정폭력, 성폭력, 성매매, 데이트폭력, 기타 여성폭력 관련 상담 • 상담방법 : 전화상담, 사이버 상담 • 긴급피난처 운영
상담내용	• 가정폭력, 성폭력, 성매매, 데이트폭력, 기타 여성폭력 관련 상담 • 폭력으로 인한 이혼상담 • 보호시설 연계, 전문상담기관 안내, 직접상담, 정보 제공 등
상담방법	• 전화상담 : 어디서나 1366(365일 24시간 1366 상담원이 직접 상담) • 사이버 상담 - 여성긴급전화 서울 1366(http://www.seoul1366.or.kr/) 홈페이지 → 상담실 → 공개상담/비공개상담 - 이메일(seoul1366@hanmail.net) 통해서도 상담 가능

출처: http://120dasan.seoul.go.kr(120다산콜센터).

② 무료법률구조사업

여기서는 성폭력피해와 관련된 법률상담 및 형사·민사·가사 소송(고소, 재정 및 항고 신청, 본안소송 등 포함) 등의 법률서비스를 무료로 제공해 준다. 또한 검사가 지정하는 피해자 국선변호사를 통해 성폭력피해와 관련된 형사소송 변호 등 법률지원을 무료로 받을 수 있다. 무료법률구조사업의 수행기관으로는 한국성폭력위기센터, 대한법률구조공단, 대한변협법률구조재단이 있다.

③ 성폭력 전담의료기관

「성폭력방지 및 피해자보호 등에 관한 법률」에 따라 성폭력피해자 등의 치료를 위한 전담의료기관(국공립병원, 보건소, 민간의료시설)으로, '여성폭력긴급의료지원센터'가 있다. 여기서는 피해자에 대한 보건상담 및 지도, 치료, 신체적·정신적 치료 등의 의료지원을 하고 있다.

3) 피해자, 가해자 대책 마련

다음과 같이 성폭력이 일어나는 원인을 규명하여 성폭력피해를 최소화하고 가해를 예방하는 대책이 마련되어져야 한다.

(1) 양성평등에 대한 의식 확립

성폭력의 근본적인 원인은 여성에 대한 남성의 지배와 통제를 정당화하고 여성을 약자로 간주하는 성차별주의로 볼 수 있다. 우리는 어릴 때부터 남성과 여성에게 기대되는 성역할의 사회화로 인해, 자연스럽게 여성들은 여성성을 획득하는 분위기에서 교육받아 왔다. 그 영향으로 성적 주체성을 표현하기 어려운 성차별적인 분위기 속에서 여성들은 남성들의 성폭력에 쉽게 노출될 수밖에 없는 것이다. 따라서 성폭력 문제를 근본적으로 해결하기 위해서는 한국사회에 뿌리 깊게 박혀 있는 이중구조로 보는 성의식의 전환과 성차별적인 사회구조를 변화시킬 수 있는 양성평등에 대한 의식이 확립되어져야 할 것이다.

(2) 왜곡된 성문화에 대한 규제

우리나라 성폭력의 근원이라 볼 수 있는 음주 및 접대문화와 향락, 퇴폐문화 등 성 상품화와 관련된 산업이 아직도 활성화되고 있다(임정원, 2016). 성을 매개로 성장하는 향락문화는 여성의 성을 상품화시킬 뿐만 아니라, 현재 만연해 있는 폭력문화와 결합되면서 다양한 형태의 성폭력을 야기시키고 있다. 따라서 여성을 인간으로 보지 않고 단지 쾌락의 대상으로 여기는 왜곡된 성의식과 여성의 성적 정체성을 왜곡하고 있는 성문화에 대한 규제가 필요하다.

(3) 성폭력 예방을 위한 성교육

무분별한 각종 정보가 왜곡되어 전달될 가능성이 많은 정보사회에서는 특히 성에 대한 올바른 지식을 전달할 필요가 있다. 정보매체의 보급화는 교육적인 순기능적인 면이 있는 반면에 상품화될 수 있는 역기능적인 면이 공존한다. 그렇기 때문에 성을 하나의 자극으로만 보는 이의 의식을 더욱 왜곡시키도록 속도가 붙을 수 있는 부작용이 도사리고 있다. 이렇게 성교육의 올바른 지침서가 없는 사회에서 성에 막 눈을 뜨기 시작하는 청소년들은 또래끼리 비공식적으로 입수한 잘못된 성에 대한 정보와 지식을 교환할 가능성이 높다. 더구나 입시위주의 교육에서 받는 억압적인 감정을 음성적 성농담으로 발산할 수도 있다.

따라서 전문적이고 지속적인 성교육이 반드시 필요하다. 일회성을 가진 간헐적인 교육은 오히려 청소년들에게 호기심만 자극시킬 수 있으므로 체계적이고 올바른 성교육이 필요하다. 물론 생리적인 성지식에 그칠 것이 아니라, 성폭력 예방을 위한 내용이 포함되어져야 한다.

4) 성폭력에 관한 오해와 편견 점검

표 8-6 지금 시작하는 젠더감수성

✕ 성폭력 가해자는 대부분 낯선 사람이다.	낯선 사람이 성폭력 가해자일 때도 있지만, 이웃이나 가족, 친구, 동료 등과 같이 평소에 알고 지내는 사람이 성폭력가해자인 경우가 80% 이상을 차지한다. 그러나 미디어나 뉴스에서는 낯선 사람에 의해 발생하는 성폭력 사건을 주로 보도하거나 재현하기 때문에 사람들은 성폭력이 낯선 사람에 의해 더 많이 일어난다고 생각하게 되기 쉽다. 그러나 이러한 생각 때문에 가깝고 친밀한 사람 사이에서 발생하는 성폭력을 잘 알아차리지 못하거나 민감하게 반응하지 못하고, 대처하기 더욱 어려워질 수 있다.

✕ 성폭력은 억제할 수 없는 남성의 '충동적' 성충동 때문에 일어난다.	성폭력의 원인을 남성의 '충동적' 성욕으로 설명하는 것은 성폭력이 일반적으로 가해자-피해자의 불균형한 권력관계에서 비롯된다는 사실을 왜곡한다. 성폭력을 '누가 왜 그런 짓을 했는가'의 개인적 문제로 돌릴 것이 아니라 어떤 사회적 분위기와 구조 속에서 성폭력이 발생 가능하고 묵과되는지 접근하는 것이 필요하다. 남성의 성욕을 과장하고 관대하게 받아들이는 사회분위기는 남성의 성폭력을 어쩔 수 없는 것으로 정당화하는데, 모든 사람은 타인에게 폭력을 행사하지 않는 방식으로 성적 욕구를 조절할 수 있으며, 그래야만 한다.
✕ 남성은 성폭력 피해를 입지 않는다.	'성폭력은 여성에게만 일어난다'는 편견이 있지만 남성도 피해를 경험하며, 특히 13세 이하 아동의 경우 전체 아동성폭력 피해자 중 약 10%정도(한국성폭력상담소 2014년 상담통계)가 남성이다. 그러나 위와 같은 편견 때문에 성폭력을 경험한 남성은 피해를 입었다는 사실을 받아들이기 어려워하거나 드러내어 문제제기하지 못하는 경우가 많다. 남성의 피해라고 해서 결코 사소하게 생각해서는 안 된다.
✕ 여자들의 야한 옷차림과 조심성 없는 행동이 성폭력을 유발한다.	실제로 노출이 많은 옷을 입는 여름이나 밤늦은 시간에 성폭력이 특별히 더 많이 발생하지 않으며, 이러한 통념 때문에 여성들의 몸과 행동을 제한하는 것은 부적절하다. 그리고 어떤 사회적 분위기가 특정한 폭력의 책임을 피해자에게 묻게 만드는지 고민해 볼 필요가 있다. 유독 성폭력에 대해서만 피해자에게 혐의를 두는 것은 남성의 성욕은 성폭력으로 이어진다는 편견과 관용적 시선, 여성에게 순결과 정숙을 강요하는 성규범이 바탕이 된다. 성폭력을 이야기하면서 피해자의 행동이나 외모와 관련시키는 것은 성폭력의 원인을 피해자에게 돌려 2차 피해를 준다. 성폭력의 원인은 가해자-피해자의 권력관계, 한국사회 성규범과 같은 사회적 문제로 고민해야 한다.
✕ 성폭력으로 인한 상처는 치유되기 어렵다.	성폭력을 경험하면 신체적 · 심리적으로 어려움을 겪을 수 있지만, 성폭력피해자의 고통은 '평생 고통 속에서 살아갈 것이라는' 주변사람들의 반응과 시선 때문에 더욱 가중된다. 적절한 개입과 상담을 통해 성폭력으로 인한 어려움을 극복할 수 있으며, 성폭력피해자를 험한 일을 겪는 대상으로 불쌍하게 바라보는 대신, 피해자가 고립되지 않고 상황을 헤쳐 나갈 수 있도록 탄탄한 사회적 지원체계를 만드는 것이 필요하다.

출처: 한국성폭력상담소.

5) 성폭력범죄 신고체계 확립

그동안 성범죄는 피해자의 명예와 2차 피해 발생 우려 등을 이유로 피해자나 고소권자가 직접 고소해야 수사와 처벌이 가능했다. 이러한 성범죄에 대한 친고죄와 반의사불벌죄가 2013년 6월 성폭력관련법 개정을 통해 1953년 형법 제정 이래 60년 만에 폐지되었다. 법 개정을 통해 앞으로 강간과 강제추행, 공중 밀집장소에서의 추행, 통신매체를 이용한 음란행위 등 성폭력특별법의 모든 성범죄에서 친고죄와 반

캠퍼스 성폭력 실태, 성폭력의 사각지대

대학 캠퍼스가 성폭력사건으로 얼룩지고 있다. 교수와 학생, 교직원과 학생, 그리고 학생들 간에 성폭력사건이 봇물 터지듯 일어나고 있어 대학인들의 성의식에 경종을 울리고 있다. '성폭력범죄 처벌에 관한 법률 위반'으로 현직 교수들이 긴급 구속되기도 했으며, 한국성폭력상담소에서 상담을 지원하고 있는 비공개사건 역시 수치가 높다.

시민운동가로 널리 알려진 **대 J교수가 미성년자인 여대생을 호텔로 유인해 강제추행한 혐의로 긴급구속된 데 이어 **대 학과장인 K교수가 자신이 재직하고 있는 학과 조교를 성폭행한 혐의로 역시 구속되었다. J교수와 K교수는 직위해제된 상태로, 학교측은 사법처리 결과에 따라서 파면 등의 징계수위를 결정하겠다는 입장이다. 이뿐만이 아니다. **여대에서는 교직원에 의한 성희롱 사건이 발생하여, 피해학생이 해당 교직원을 교육부에 고발하였다. 학생들에 따르면, 교직원들에게 등록금 인상에 관한 정보를 요구하자 교직원측에서 식사를 하며 이야기하자고 제의, 2차 술자리에서 직원 E씨가 한 학생의 손에 입을 맞추려 하고 어깨에 손을 올려 끌어당기는 등 성희롱을 했다는 것이다.

학생들 간에 벌어지는 성폭력사건도 예외는 아니다. **대에서는 단과대 학생회장이 피해여학생에게 의도적으로 신체접촉을 가했음을 시인하여, 학내에 실명공개 사과문을 게시했으며, **대에서도 학내 성폭력사건이 발생하여, 여학생위원회에 신고가 접수된 적도 있다. 또 **대에서는 남학생이 타대 여학생과의 데이트 과정에서 강간사건이 발생했다는 사례가 총여학생회에 접수되어 남학생이 공개사과문을 내는 선에서 종결짓기도 하였다.

한국성폭력상담소는 "MT 등 학내 행사 때 공공연히 강간 장면을 연출하는 등 전통이나 친목도모라는 이름하에 성폭력적인 문화가 자행되고 있을 뿐 아니라, 성폭력이 발생해도 개인적인 문제로 치부하는 현실이 가장 큰 문제"라며 "성폭력에 대한 올바른 인식을 심어주고, 성폭력 관련제도나 정책을 마련하는 게 시급하다"고 밝혔다.

의사불벌죄 규정이 사라져 피해자의 고소 없이도 처벌이 가능해졌다. 또 '부녀로 한정돼 있던 강간대상도 '사람'으로 개정되어 성인남성도 성폭력범죄의 피해자로서 보호받을 수 있게 되었다. 또한 성범죄자 신상 공개 시 그동안 읍·면·동 단위까지만 주소를 공개했던 것을 도로명과 건물번호까지 고지하게 되었다.

그럼에도 불구하고 성폭력피해로 입은 수치심이나 기타 여러 가지 이유로 신고를 못하거나, 신고를 하더라도 가해자의 회유나 협박 등으로 인해 고소를 취하하는 경우가 종종 발생한다. 이렇게 피해자들이 성폭력을 신고하기 매우 어려운 구조적인 상황을 감안한다면, 주위에서 스크린할 수 있는 시스템이 구축될 필요가 있다. 또한 성폭력의 양상과 신고방법에 대해 다양한 매체를 통해 홍보할 필요도 있다.

6) 성희롱 인지력 점검

표 8-7 성희롱 인지력 점검

※ 다음 문항을 읽고 다음 중 하나를 선택하여 답안에 기입하세요.

A. 그렇다　　B. 아니다　　C. 경우에 따라서는 그렇다

번호	언어적 성희롱 관련 문항	답변
1	음담패설에 나 이외에 사무실의 모든 직원들이 웃고 즐긴 것은 성희롱이다.	
2	상사가 부하직원의 짧은 치마에 대해 지적하는 것은 성희롱이다.	
3	여성을 "아줌마", "야!", "○○ 양" 등으로 부르는 행위도 성희롱이다.	
4	칭찬하는 의미에서 여성에게 "섹시하다"라고 말하는 것은 성희롱이다.	
5	블루스를 추거나 야한 농담을 해도 아무 소리 없이 듣고만 있다가 이후에 성희롱으로 문제제기를 해도 성희롱이다.	
6	여성직원이 없을 때 사무실에서 남자직원끼리만 야한 농담을 하고 있었는데, 이를 여성직원이 들었다면 성희롱이다.	
번호	시각적 성희롱 관련 문항	답변
1	회사에서 나 혼자 쓰는 내 컴퓨터 바탕화면에 야한 그림이 깔려 있거나 야한 동영상이 깔려 있는 것은 다른 누군가에게 보여주려고 그런 것은 아닐지라도 성희롱에 해당한다.	

번호	문항	답변
2	사무실에서 야근 중에 잠시 통신으로 음란사이트를 혼자 보고 있는데, 다른 사람이 이를 보았다면 이 경우는 성희롱에 해당한다.	
3	사내 분위기를 화기애애하게 하는 차원에서 사내 전산망 자유게시판에 음담패설을 올렸다면 이는 성희롱에 해당한다.	
4	과도한 노출이 있을 때 쳐다본 경우 성희롱에 해당한다.	
5	회사에서 받은 개인 메일주소로 친한 남자직원에게 야한 사진을 전송할 경우 성희롱이다.	
번호	**신체적 성희롱 관련 문항**	**답변**
1	여자상사가 격려차 "동생 같다"면서 남자 부하직원의 엉덩이를 친 것도 성희롱이다.	
2	직무교육과정에서 팔이나 어깨를 만진 행위도 성희롱이 될 수 있다.	
3	"아들 같다", "딸 같다"면서 어깨안마를 해달라고 하거나, 흰머리를 뽑게 하는 것도 성희롱이다.	
4	사내에서 벌어진 일방적 구애행위도 성희롱이 될 수 있다.	
5	성희롱을 하려고 한 의도 없이 이뤄진 행위도 성희롱이 될 수 있다.	
6	피해자가 거부의사를 명확히 표현하지 않은 경우에도 성희롱이 성립될 수 있다.	
7	단 한 번의 행위로도 성희롱이 성립될 수 있다	

출처: 한국양성평등교육진흥원(2009), 「성희롱예방교육 전문강사 재위촉 보수과정(미간행)의 자료.

Chapter 09

가정폭력피해여성과 사회복지서비스

1 가정폭력의 이해

1) 가정폭력의 정의

(1) 가정폭력의 개념

일반적으로 가정폭력은 가정 내에서 발생하는 모든 종류의 폭력을 지칭한다. 우리나라 「가정폭력범죄의 처벌 등에 관한 특례법」 제2조에서는 가정폭력을 가족구성원 중의 한 사람이 다른 가족에게 의도적으로 물리적인 힘을 사용하거나 정신적 학대를 통하여 고통을 주는 행위로 규정하고 있다. 즉, 가족구성원[1] 중의 한 사람이 다른 가족에게 계획적·반복적·의도적으로 물리적인 힘을 사용하거나 정신적 학대를 가하여 심각한 신체적이고 정신적인 손상과 고통을 주는 행위를 말한다.[2] 결국

1) 여기서 말하는 가족구성원이란, 배우자(사실상 혼인관계에 있는 자 포함) 또는 배우자 관계에 있었던 자, 사실혼 관계에 있는 자, 자기 또는 배우자와 직계존비속 관계(사실상 양친자 관계 포함)에 있거나 있었던 자, 계부모와 자의 관계 또는 적자와 서자의 관계에 있거나 있었던 자, 동거하는 친족관계에 있는 자, 이 중 하나에 해당하는 사람은 모두 가족구성원이 된다.

2) 가정폭력피해자란 가정폭력범죄로 인하여 직접적으로 피해를 입은 자를 말하며, 가정폭력행위자는 가정폭력범죄를 범한 자 및 가정구성원인 공범을 말한다.

가정폭력이란 가정 내에서 일어나는 모든 종류의 폭력을 총칭하며, 신체적 · 언어적 · 정서적 · 성적 학대, 재산상의 피해를 수반하는 행위를 말한다.

최근 가정폭력에 대한 우리 사회의 관심이 증폭되고 있는 분위기를 반영하여, 여성가족부를 비롯한 사회 각계각층에서 피해자를 보호하고 그동안 가정폭력을 가볍게 여겨온 사회적 관행을 제거하고자 가해자에 대한 처벌을 더욱 강화하고 있다.

(2) 가정폭력의 특성

가정폭력은 주로 사생활이 보호되는 가정이라는 은밀하고 폐쇄된 공간에서 발생하므로 제3자가 인지하기는 너무 어렵다. 특히 가정폭력은 당사자가 요청하지 않은 경우, 제3자의 개입이 더욱 어렵다. 설령 개입을 요청받을 경우라도 우리나라 정서상 남의 가정문제에 선뜻 개입하기 힘들다.

더구나 가정폭력은 폭력의 주체와 객체 모두가 '가족'이라는 특수한 신분 때문에 일반 사회폭력보다 더 은폐적 · 계속적 · 상습적일 수 있어서 일반인들의 상상을 초월할 만큼 폭력의 정도가 심각하다. 이에 피해자의 고통 역시 다른 폭력보다 심하다.

가정은 사회화 과정의 1차적 장소로, 폭력가정에서 폭력을 보거나 당하고 자란 아이들은 폭력을 학습화하는 경향이 많다.

가정폭력이라는 말 속에서는 어떠한 성적 · 연령적 특성을 찾아볼 수 없다. 가장 전형적인 가정폭력으로 남성의 여성 배우자에 대한 폭력의 비중이 가장 높게 나타나며, 점차 부모의 자녀에 대한 폭력, 성인부부의 노인부모에 대한 학대와 유기도 증가하고 있다. 따라서 대표적인 가정폭력으로 아내에 대한 구타, 자녀에 대한 학대, 노부모에 대한 학대를 말하지만, 그동안 은폐되어 왔던 장애아에 대한 폭력에도 사회적인 관심이 필요하다.

2) 가정폭력 발생 이론

(1) 정신분석이론

이 이론은 가정폭력 발생 원인에 대한 초기적인 접근방식의 이론에 해당된다. 가정폭력피해여성과 가해남성의 병리적 성격의 특성 때문에 가정폭력이 발생한다고 보는 입장이다. 따라서 가정폭력의 발생 원인을 주로 개인의 생물학적 요소, 정신병리적 요소, 알코올 및 약물사용 등에 의해 판단능력이 결여되거나 공격성향을 통제하지 못함으로써 폭력을 행사한다는 개인적 특성에 초점을 두고 있다.

(2) 학습이론

폭력행위를 하나의 학습된 행동으로 보는 관점이다. 어렸을 때부터 구타를 당했거나 폭력행위를 관찰함으로써 폭력이 학습된다고 보는 것이다. 이는 가정폭력 행위자의 80%가 성장기에 부모로부터 학대를 경험했다는 연구에서 알 수 있다(김재엽, 2007). 따라서 가해자를 대상으로 한 개인상담 및 가족치료, 학대에 대한 잘못된 인식과 태도를 교정시키는 등의 개인적 측면의 개입이 요구된다. 무엇보다 근본적으로 폭력을 용납하지 않는 사회적 분위기 조성이 필요하다.

(3) 여성주의적 관점

여성주의자들은 가정폭력을 성(gender)과 권력(power)에 초점을 두고 있기 때문에, 성차별과 성불평등에서 기인한다고 본다. 그래서 폭력을 당하는 원인을 사회의 권위와 권력의 불평등한 분배와 구조로 보고 있는 것이다. 따라서 여성주의적 시각에서 아내학대의 원인은 남성의 여성에 대한 지배와 통제라는 우리 사회의 가부장제도이며, 가부장제도하에 여성을 하나의 인격체로 인정하지 않는 데서 비롯된다고 본다. 그렇기 때문에 가정 내에서의 의사결정권, 경제력, 권위 등을 착취한 남편은 희소자원을 적게 소유한 아내에게 특권을 행사하고, 그나마 소유한 자원마저도 착취한다고 보고 있다. 해결방안으로는 가정 내 권력구조의 재조직을 통한 불평등 해소, 즉 가정 내의 경제권이나 의사결정권의 균등한 분배를 통해 불평등을 없애고 동등한 지위를 부여하는 법적 조치가 마련되어야 한다고 주장한다.

(4) 교환주의적 관점

교환주의 이론은 자원을 서로 주고받는 반복적 행위에서 자신이 투자한 비용에 비해 보상이 적으면 분노나 폭력이 발생된다는 것이다. 즉 교환관계가 단절되거나 불균형을 이루고 있는 상태에서 사회문제가 발생한다고 보고 있으므로, 교환자원의 부족, 고갈, 가치 저하가 그 원인이 된다.

교환주의적 시각에서 본 아내학대는 상대방의 무조건적인 복종 요구 등 한쪽으로 치우친 일방적인 교환자원으로 문제가 발생하거나, 남편의 잘못된 인식 곧 폭력을 관심과 사랑이라고 여기는 경우이다. 폭력을 사용함으로써 권력을 획득하거나 분노를 발산하여 아내통제 등의 보상이 손실보다 클 때 가정폭력은 지속된다. 따라서 교환관계에서의 균형은 폭력남편이 아내에게 교환자원을 제공할 수 있도록 상담, 재사회화 교육 프로그램을 실시함으로써 교환자원의 인식 차이로 문제가 발생하지 않도록 하는 것이다.

3) 가정폭력의 유형

표 9-1 가정폭력의 유형

유형	내용
신체적 폭력	• 밀치거나 주먹으로 때리고 발로 차기 • 가재도구와 가구 부수기 • 물건을 집어던지고 흉기로 위협하거나 폭행 • 머리채를 잡아끌거나 목을 조르기 • 속박, 감금, 신체적 고통을 주는 고문 등의 행위
정신적 폭력	• 자기 스스로를 정신이상자로 믿게 만들기 • 두려움, 불안, 공포로 몰아넣는 행위 • 자존심을 상하게 하거나 느낌을 무시하기 • 잠을 못 자게 하는 괴롭힘

유형	내용
경제적 폭력	• 강제적으로 돈과 재산을 가져가거나 통제하기 • 일을 못하게 하고 경제권을 남편이 통제·관리하는 등의 행위
언어적 폭력	• 경멸하는 말투로 모욕감 주기 • 열등하고 무능력하다고 비난 • 큰소리를 지르거나 강압적으로 말하는 등의 행위
성적 폭력	• 폭행 후 강제적으로 강간 • 물건이나 흉기를 사용한 강제적 성학대 • 원치 않는 성적 행동을 강요하는 등의 행위

4) 가정폭력피해여성의 심리사회적 특성 [3)]

가정폭력의 피해는 어떠한 충격적 사건보다도 신체적·심리적·정서적 그리고 정신적인 증상과 장애가 매우 크다.

(1) 고립감

가정폭력피해여성들이 호소하는 가장 큰 문제요인은 사회적 고립감이다. '매 맞는 데는 분명 이유가 있다'라는 통념처럼 가부장적이고 여성비하적인 사회분위기로 인해 아내들에게 폭력의 책임을 물어 왔기 때문에, 피해여성들은 구타사실이 다른 사람에게 알려지는 것을 두려워해 다른 사람과의 만남을 피하게 되고 결국 사회적으로 고립되는 특성을 보인다. 그뿐만 아니라, 구타남편은 여성들을 통제하는 한 방법으로 이들을 고립시킨다. 이러한 폭력상황에서 자신을 도와줄 사람이 아무도 없는 즉, 적절한 시기에 사회적 지원을 얻지 못하는 고립감은 지역사회와 이웃의 무관심에 좌절하고 절망하게 된다.

이렇게 이웃과 사회에 고립되는 과정을 통해 가정폭력피해여성들은 자신을 객관적으로 보지 못하게 되며 폭력의 순환고리에서 빠져나올 수 있는 가능성을 완전히 상실하게 되어 사회적 지원체계를 전혀 이용할 수 없게 된다.

3) 여성가족부(2013)의 「가정폭력피해여성 유형별 치료·회복 프로그램 개발」 자료를 근거로 살펴본다.

(2) 낮은 자아존중감

가정폭력피해여성들은 오랜 기간 남편의 구타로 인해 자신에게 발생하는 폭력의 본질을 통찰하는 판단력을 상실하게 되면서 순종적이고 의존적이 된다. 이에 자신의 능력을 과소평가하여 자존감에 커다란 손상을 입게 된다. 만약 사회적 지원체계가 있다 하더라도 이용할 수 있는 능력을 상실하게 되며, 다른 선택대안을 찾는 데 커다란 어려움을 겪는다.

(3) 학습된 무기력

가정폭력피해여성들은 폭력의 발생 초기에는 대항하는 반응을 보이지만, 자신의 어떠한 노력에도 폭력 상황이 달라지지 않게 되면 자신을 무능한 존재로 받아들이게 된다. 지속적이고 반복적인 폭력의 경험은 더 이상 자신의 노력으로 나쁜 상황이 해결될 수 없다는 의욕감퇴나 무력감, 심지어 수동적이 됨으로써 존엄성, 통제력, 안정의 상실을 초래하여 어떤 일이든 소극적인 대응으로 일관하게 된다.

(4) 외상후스트레스장애

사람들은 적절하게 대처할 수 없는 위험 또는 생명을 위협할 정도의 극심한 스트레스를 경험하게 되면 두려움, 무력감, 공포의 감정 등의 심리적 반응을 보이게 된다. 사람에 따라 차이는 있지만, 어떤 사람들은 상처를 극복하는 반면, 또 다른 사람들은 정신적 충격으로 인해 발생되는 후유증으로 고통을 받게 된다. 이러한 신체적·정신적 충격의 후유증으로 다양한 증상을 보이는 상태를 '외상후스트레스장애(PTSD; Post Traumatic Stress Disorder)' 또는 증후군이라고 한다. 대표적인 증후군으로는 사건에 대한 정신적 충격으로 인한 반복되는 악몽과 불면증, 우울증, 자기 자신과 다른 사람들에 대한 공격적인 행동, 공황장애, 인간관계의 문제, 신체적인 증상과 문제, 알코올과 약물남용 등이 있다.

2 가정폭력의 실태

1) 부부폭력 발생 현황

여성가족부가 발표한 '2016년 가정폭력 실태조사' 통계자료에 따르면,[4] 여성이 지난 1년간 배우자로부터 경험한 폭력피해율은 12.1%였고, 폭력유형별로는 신체적 폭력 3.3%, 정서적 폭력 10.5%, 경제적 폭력 2.4%, 성적 폭력 2.3%로 나타났다. 거기에 반해 남성이 지난 1년간 배우자로부터 경험한 폭력피해율은 8.6%였다.

표 9-2 2016년 1년간 부부폭력률[5] (단위 : %)

구 분	부부폭력률	신체적 폭력	정서적 폭력	경제적 폭력	성적 폭력	통제행위
여성응답	14.5	4.3	12.7	3.1	2.5	36.7
피해	12.1	3.3	10.5	2.4	2.3	29.7
	29.8	4.9	28.6	3.5	4.3	
가해	9.1	1.9	8.4	1.1	0.3	29.8
상호폭력	6.5	0.9	0.2	0.3	0.1	22.8
남성응답	13.6	3.1	12.3	1.9	2.0	38.7
피해	8.6	1.6	7.7	0.8	0.3	30.4
	27.3	2.8	28.6	2.1	0.9	
가해	11.6	2.1	10.5	1.5	1.8	31.8
상호폭력	6.2	0.6	5.9	0.4	0.1	23.5

출처: 한국여성정책연구원(2016). 2016년 가정폭력 실태조사 연구.

4) 가정폭력 실태조사는 '가정폭력방지 및 피해자보호 등에 관한 법률' 제4조에 따라 207년부터 매 3년마다 실시하는 국가통계이다. 국민들의 가정폭력 피해경험 및 대응, 가정폭력에 대한 인식, 정책인지도 등에 대한 전국적인 조사로 2016년 9월 말부터 12월 초까지 방문·대면조사로 진행되었다. 분석에서 무응답은 제외되었다.

5) '부부폭력'은 신체적, 정서적, 경제적, 성적 폭력을 포함하고 있다. 만 19세 이상 유배우자(사실혼 포함)를 대상으로 조사한 결과이며, 폭력률은 2016년 1년간 유형별 폭력행위 중 하나라도 경험했다고 응답한 비율이다. 진한 색 수치는 2013년도 자료이다.

이런 수치는 2013년에 비해 성별, 유형별, 폭력피해와 가해 모두에서 감소했으며, 특히 정서적 폭력이 현저하게 감소한 것으로 나타났다. 부부폭력을 경험한 응답자는 폭력으로 인해 '신체적, 정신적 고통을 경험'한 것으로 나타났으며, 여성이 남성에 비해 더 심각한 수준의 신체적, 정신적 고통 및 위협·공포심을 겪는 것으로 조사되었다. 부부폭력 피해를 경험한 여성의 20.0%, 남성의 6.3%가 배우자의 폭력으로 인해 '신체적 상처가 있었다'고 응답했으며, 여성의 43.4%, 남성의 18.9%가 배우자의 폭력으로 인해 '정신적 고통이 있었다'고 응답했다.

배우자의 폭력행동 시 여성의 45.1%, 남성의 17.2%가 '위협이나 공포심을 느꼈다'고 응답했다. 폭력을 먼저 시작한 사람을 조사한 결과, 부부폭력 발생 시 '남성이 주로 혹은 항상 먼저 폭력을 시작했다' 응답은 48.4%, '여성이 먼저' 응답은 15.8%로 나타났다.

부부폭력 첫 발생시기를 보면, 여성과 남성 모두 배우자의 폭력이 시작된 시기는 '결혼 후 5년 미만'이라고 응답한 비율이 50%를 상회했다.

표 9-3 부부폭력 첫 발생시기(여성) (단위 : %)

구 분	여성		남성	
	피해	가해	피해	가해
결혼 전 교제기간	2.0	1.9	-	3.5
결혼 후 1년 미만	18.1	16.7	13.5	13.9
결혼 후 1년 이상 5년 미만	44.2	41.5	36.9	44.4
결혼 후 5년 이후	35.7	39.9	49.6	38.3
계	100.0	100.0	100.0	100.0

여성이 배우자로부터 폭력을 처음 경험한 시기는 '결혼 후 1년 미만'이 18.1%, '결혼 후 1년 이상 5년 미만'이 44.2%로 여성의 62.3%가 결혼 후 5년 내에 처음 폭력을 경험했고 '결혼 전 교제기간'에 처음 폭력을 경험했다는 여성도 2.0%였다.

표 9-4 부부폭력이 일어나게 된 이유

(단위 : %)

구 분	여성		남성	
	피해	가해	피해	가해
경제적인 문제	25.7	22.6	22.4	24.0
성격차이	45.3	45.3	47.5	49.5
시가/처가문제	9.3	11.0	4.4	2.3
자녀문제	1.8	3.1	4.5	3.7
배우자의 음주문제	9.6	10.7	5.4	2.9
귀하의 음주문제	4.4	2.0	7.5	9.4
배우자 이성문제(외도/외도 의심)	1.1	1.4	-	0.7
귀하의 이성문제(외도/외도 의심)	0.4	0.3	2.1	-
이유를 모르겠다	2.2	2.9	6.3	6.3
기타	0.3	0.8	-	1.3
계	100.0	100.0	100.0	100.0

부부폭력이 일어나게 된 이유는 여성과 남성 모두 '성격차이'와 '경제적 문제' 응답이 가장 많았다. 여성피해자는 성격차이(45.3%), 경제적인 문제(25.7%), 배우자의 음주문제(9.6%), 시가·처가문제(9.3%) 순으로 꼽았다. 남성피해자는 성격차이(47.5%), 경제적인 문제(22.4%), 본인의 음주문제(7.5%), 이유를 모르겠다(6.3%) 순이었다.

표 9-5 배우자 폭력에 대한 대응

(단위 : %)

구 분	전체	여성	남성
그냥 있었다	66.6	63.9	70.7
자리를 피하거나, 집 밖으로 도망갔다	24.1	24.7	23.2
함께 폭력을 행사하였다	8.1	10.0	5.2
주위에 도움을 요청하였다	1.0	1.1	0.9
기타	0.1	0.2	-
계	100.0	100.0	100.0

부부폭력에 대한 대응을 살펴보면, 부부폭력을 경험한 응답자 중 66.6%가 폭력이 발생한 상황에서 '그냥 있었다'고 응답하였고 '자리를 피하거나 집 밖으로 도망'(24.1%), '함께 폭력행사'(8.1%), '주위에 도움 요청'(1.0%) 순으로 나타났다.

표 9-6 주위 도움 요청 여부 (단위 : %)

구 분	전체	여성	남성
경찰	1.7	2.8	-
가족이나 친척	12.1	16.3	5.8
이웃이나 친구	10.3	12.9	6.5
종교지도자	1.0	1.6	-
여성긴급전화 1366	0.6	1.0	-
가정폭력상담소 및 보호시설/쉼터	0.6	1.0	-
계	100.0	100.0	100.0

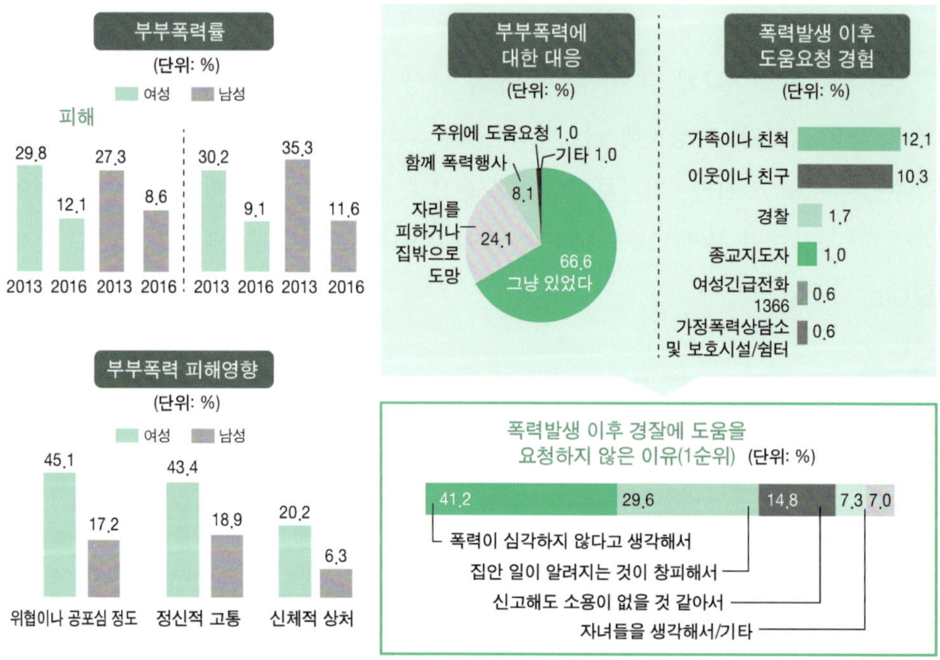

그림 9-1 2016년도 부부폭력 현황

출처: 여성가족부(2016). 2016년도 전국 가정폭력 실태조사.

부부폭력 시 주위 도움 요청 여부를 살펴보면, 폭력발생 이후 가족이나 친척, 이웃이나 친구 등에 도움을 요청한 비율이 경찰이나 여성긴급상담전화 1366 등 공적 지원체계 이용비율보다 더 높았다.

부부폭력을 경험한 응답자들이 폭력 발생 이후 도움을 요청한 대상은 '가족이나 친척'(12.1%), '이웃이나 친구'(10.3%), '경찰'(1.7%) 순이었다. 경찰에 도움을 요청하지 않은 이유는 '폭력이 심각하지 않다고 생각해서'(41.2%), '집안일이 알려지는 것이 창피해서'(29.6%) 순이었다. 여성긴급전화(1366), 상담소 및 보호시설 등 지원기관에 도움을 요청하지 않은 이유로는 '부부간에 알아서 해결할 일인 것 같아서'(27.6%), '폭력이 심각하지 않다고 생각해서'(18.6%)라고 답했다. 이처럼 부부폭력에 대한 대응 행동으로 미루어 보아, 가족이라는 특수성을 고려한 데에 기인한 것이 많다.

2) 노인학대 발생 현황

2016년 만 65세 이상 응답자가 지난 1년간 자녀, 사위, 며느리, 손자녀 등 가족원으로부터 학대를 경험한 비율은 7.3%('13년 10.3%)였다. 유형별로는 정서적 학대(6.5%), 경제적 학대(1.5%), 방임(1.4%), 신체적 학대(0.4%) 순이었다.

표 9-7 노인학대 피해율 (단위 : %)

구 분	전체	여성	남성
노인학대 피해율	7.3	6.2	8.6
신체적 학대	0.4	0.6	-
정서적 학대	6.5	5.7	7.5
경제적 학대	1.5	0.4	2.9
방임	1.4	0.7	2.3

가해자로는 아들 · 딸인 경우가 69.5%로 가장 많고, 사위 · 며느리(20.2%), 손자 · 손녀(7.0%) 순이며, 응답 피해자가 가해자와 동거하는 비율은 28.6%였다.

표 9-8 **노인학대 가해자** (단위 : %)

구 분	전체	여성	남성
아들, 딸	69.5	53.0	85.1
사위, 며느리	20.2	25.7	14.9
손자, 손녀	7.0	14.3	-
기타	3.4	6.9	-
계	100.0	100.0	100.0

3) 자녀학대 발생 현황

만 18세 미만의 자녀를 둔 응답자 가운데 2016년 동안 자녀를 학대한 경험이 있다고 응답한 비율은 27.6%(여성 32.1%, 남성 22.4%)로, 2013년 46.1%에 비해 18.5%p 감소한 것으로 조사되었다.

유형별로는 정서적 학대(25.7%), 신체적 학대(7.3%), 방임(2.1%) 순으로 정서적 학대의 비율이 가장 높게 나타났다.

표 9-9 **자녀학대 피해율** (단위 : %)

구 분	전체		여성		남성	
	본인	배우자	본인	배우자	본인	배우자
자녀학대율	27.6	19.2	32.1	18.5	22.4	19.9
신체적 학대	7.3	3.1	9.8	3.2	4.5	3.1
정서적 학대	25.7	18.5	30.1	17.6	20.6	19.5
방임	2.1	1.6	2.3	1.3	1.9	1.9

여성의 자녀학대율이 남성보다 높은 것은 주로 여성이 자녀양육과 교육을 담당한다는 점을 고려할 필요가 있다. 여성가족부(2016b) 조사에 의하면, 자녀양육과 교육을 주로 결정하는 사람을 묻는 질문에서, 여성이 주로 혹은 전적으로 결정한다는 응답이 35.0%, 남성이 결정한다는 응답은 7.5%, 함께 결정한다는 응답은 57.5%였다.

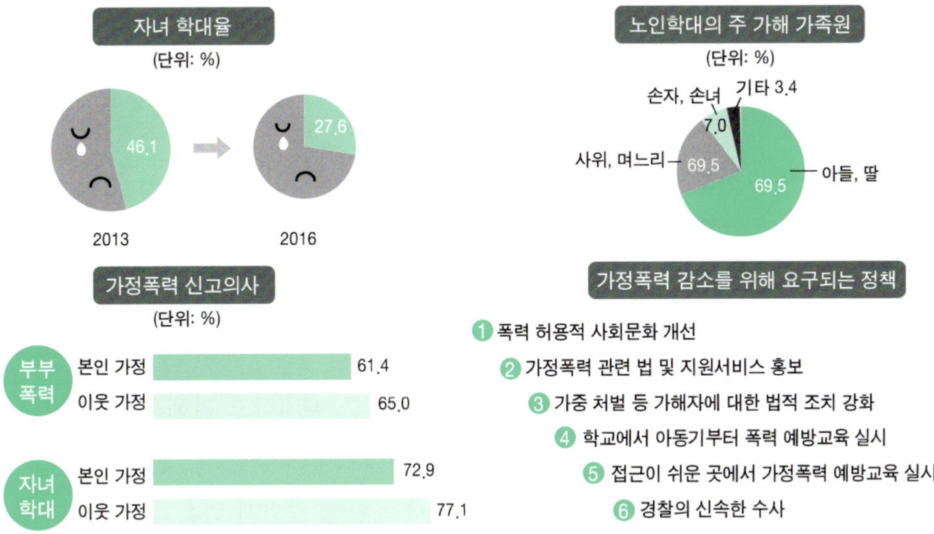

그림 9-2 2016년도 자녀학대 발생 현황

출처: 여성가족부(2016). 2016년도 전국 가정폭력 실태조사.

3 가정폭력피해여성에 대한 사회복지서비스

1) 법지원체계

(1) 가정폭력관련법

그동안 우리 사회는 가정폭력을 법영역 밖의 치외법권지역에 방치해 두었다. 그러나 최근 가정폭력의 심각한 문제성을 인식하게 되면서 더 이상 윤리적이고 도덕적인 측면에서만 다룰 것이 아니라 법적으로 규제할 필요성이 사회 전반적으로 생기게 되었다. 심지어 학계 및 여성단체도 여성에 대한 폭력의 심각성에 문제를 제기하기에 이르렀다. 그 결과 1997년 「가정폭력범죄의 처벌 등에 관한 특례법」과 「가정폭력방지 및 피해자보호 등에 관한 법률」 2개의 법률로 분리·제정된 「가정폭력예방법」이 1998년 7월 1일부터 시행되었다. 두 법의 제정으로 그동안 사적인 일로 여겨지던 가정폭력은 이제 사회적인 범죄행위, 사회적 문제로 받아들여지게 되었다. 결국 가정폭력은 해당 가정의 문제로만 국한된 것이 아니라 국가사회의 문제로 연계되기 때문에 국가가 개입하여 해결할 방안을 모색한 것이다. 이 법의 적용을 받는 대상으로는 가족 상호 간의 배우자, 직계존속같이 동거하는 가족 등이 된다.

(2) 피해자의 보호방안

① 사법경찰관의 응급조치

가정폭력사건이 발생하게 되면, 경찰은 폭력행위를 제지하고 가해자를 피해자로부터 분리한다. 피해자가 원하면 피해자를 보호시설로 인도한다. 즉 진행 중인 가정폭력 범죄에 대해서 신고를 받은 경찰관은 즉시 현장에 나가서 다음과 같은 조치를 한다.

- 폭력행위의 제지, 가정폭력 행위자－피해자의 분리 및 범죄수사
- 피해자가 동의한 경우, 피해자를 가정폭력 관련상담소 또는 보호시설로 인도
- 긴급치료가 필요한 피해자를 의료기관에 인도
- 폭력행위 재발 시 임시조치 신청가능 통보

② 임시조치 청구 및 긴급임시조치

가정폭력이 재발할 경우 '임시조치'를 신청할 수 있다. 다음과 같은 임시조치는 검찰이 법원에 청구할 수 있다.

- 제1호 : 피해자 또는 가정구성원의 주거 또는 점유하는 방실로부터의 퇴거 등 격리
- 제2호 : 피해자 또는 가정구성원의 주거, 직장 등에서 100미터 이내의 접근금지
- 제3호 : 피해자 또는 가정구성원에 대한 「전기통신기본법」의 전기통신(전화, 이메일 등)을 이용한 접근 금지
- 제4호 : 의료기관, 기타 요양소에의 위탁
- 제5호 : 국가경찰관서의 유치장 또는 구치소에의 유치

이러한 임시조치 기간은 2개월을 초과할 수 없다. 다만, 피해자 보호를 위해 그

기간을 연장할 필요가 있다고 인정하는 경우, 법원의 결정으로 두 차례 연장할 수 있다. 그럼에도 임시조치 결정까지 많은 시간이 소요되기 때문에, 가정폭력 재발의 가능성이 많으며, 심각한 경우 피해자의 생명까지 위협당할 수도 있다. 이런 경우, 현장에 출동한 경찰에게 임시적으로 긴급격리 또는 접근금지 조치를 할 수 있는 권한이 부여되는데, 이를 '긴급임시조치' 제도라고 한다. 경찰은 긴급임시조치를 한 때부터 48시간 이내 검사에게 임시조치 청구를 해야 한다. 검사는 그 즉시 법원에 임시조치를 청구해야 한다. 이때 제1호부터 제3호까지 3개 항목만이 긴급임시조치에 해당된다.

③ 비밀엄수 의무

가정폭력범죄가 발생한 경우, 이를 조사하거나 이에 관여한 공무원, 상담소 상담원 및 그 기관장 등은 직무상 알게 된 비밀을 누설하지 못하는 비밀엄수 의무가 있다. 뿐만 아니라 가정보호사건에 대하여 가정폭력행위자, 피해자, 고소인, 고발인 또는 신고인의 주소, 성명, 나이, 직업, 용모, 그 밖에 이들을 특정하여 파악할 수 있는 인적사항이나 사진 등을 신문 등 출판물에 싣거나 방송매체를 통하여 방송할 수 없다. 나아가, 피해자가 보호하고 있는 아동이나 피해자인 아동의 교육 또는 보육을 담당하는 학교의 교직원 또는 보육교직원은 정당한 사유가 없으면 해당 아동의 취학, 진학, 전학 또는 입소의 사실을 가정폭력행위자인 친권자를 포함하여 누구에게든지 누설하여서는 안 된다(「가정폭력범죄의 처벌 등에 관한 특례법」 제18조).

④ 가정보호사건의 심리 및 피해자 참여권의 보장

판사는 가정보호사건을 심리할 때 사생활의 보호나 가정의 평화안정을 위하여 필요한 경우 재판을 공개하지 않을 수 있고 증인으로 소환된 피해자를 보호하기 위해 증인신문의 비공개를 신청할 수 있도록 하였다. 또한 법정에서 피해자 진술의 자유를 보장하기 위해 행위자의 퇴장을 명하고 진술하게 하거나 변호사, 상담소 등이 피해자를 대리하여 진술할 수 있도록 하고 있다.

⑤ 보호처분제도

가정폭력법은 형사처벌만으로는 충분한 조치가 되지 못한다. 따라서 위 법에서는 보호처분의 상당성이 인정되는 경우 가정보호사건으로 처리하여 형사법원은 가정법원에 이송하도록 하여 가해자의 접근금지명령, 의료기관에 대한 치료위탁, 교육위탁 등의 제도를 두었다.

(3) 가정폭력관련법의 문제점

가정폭력이 발생하면 피해자의 선택하에 형사와 민사 두 가지 방법으로 법적 처리절차를 밟을 수 있다. 형사처리인 경우, 경찰이 가정폭력사건을 접수하면 검찰로 넘어가는데, 검찰은 가정폭력이 명백한 사실인 경우에 한하여 법원에 기소할 수 있다. 이때 가정폭력사건은 다른 형사사건과 달리 특수하게 가정법원에 송치될 수 있는데, 형사처벌을 받지 않아도 되는 사안이거나 피해자가 형사처벌을 원하지 않을 경우 이러한 절차를 따르게 된다. 유죄처벌을 받으면 전과가 되는 형사기소와는 달리 가정법원에서는 사회봉사, 수강명령과 같은 보호처분을 받는 것이다. 이렇게 가정폭력관련법은 일반적인 폭력사건의 형사처벌과는 다르게 심각하게 다루어지지 않는 특징을 지니게 된다. 이는 과거 우리 사회의 가부장적 모습과 전혀 관련이 없다고 말할 수 없다. 만약 남편이 형사처벌을 받을 경우 생계위협에 직면하는 피해자들의 대부분은 신고를 주저할 수밖에 없다.

2) 서비스 전달체계

여성가족부는 가정폭력 예방의 날로 매달 8일을 '보라데이'로 지정하였다. 이는 가정폭력 및 아동학대 예방과 피해자(아동) 조기발견을 위해 주변에 항상 관심을 갖고 적극적인 시선으로 '보라'는 의미이다.

(1) 여성폭력 one-stop 지원센터

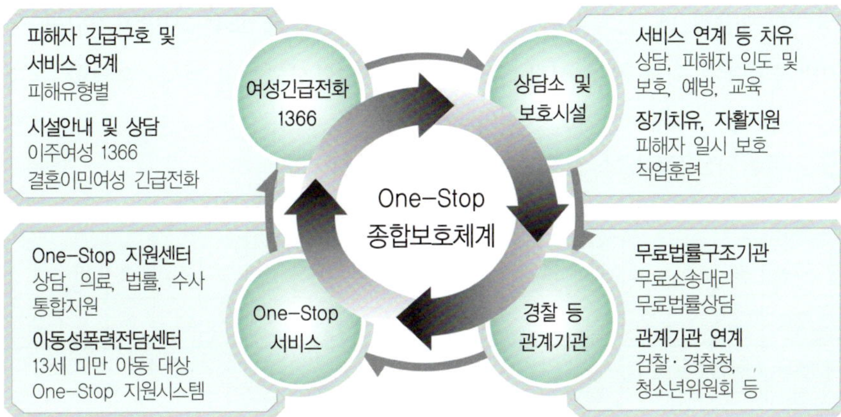

그림 9-3 one-stop 종합보호체계

2001년 10월 국립경찰병원 내에 설치된 '여성폭력긴급의료지원센터'를 모태로 한 여성폭력피해자 one-stop 지원센터가 전국에 확대 · 설치되었다. one-stop 지원센터는 여성긴급전화 1366, 해바라기센터, 전담의료기관, 무료법률구조기관 등을 상호 연계하는 통합시스템을 갖추고, 상담-의료-수사-법률 지원을 한 번에 제공하는 피해자 보호의 one-stop 시스템을 핵심으로 하고 있다.

(2) 여성긴급전화 1366센터

「가정폭력예방법」 제4조의 법령에 근거하여 설치지역은 광역자치단체 단위로 1개소씩 전국 16개 시 · 도에 설치한다. 가정폭력, 성폭력, 성매매 등으로 긴급한 구조나 보호 또는 상담을 필요로 하는 여성들이 언제라도 긴급전화(hot-line)를 통해 피해상담을 받을 수 있도록 전국적으로 국번 없는 특수전화 1366을 365일 24시간 운영하여 여성인권을 보호한다.

(3) 가정폭력상담소

「가정폭력예방법」에 근거하여 가정폭력상담소는 국가 또는 지방자치단체, 국가 또는 지방자치단체 외의 자는 시장, 군수, 구청장에게 신고하여 설치·운영할 수 있다.

표 9-10 지역별 가정폭력상담소 설치 현황(2017년 1월 1일 기준) (단위 : 개소)

구분	합계	서울	부산	대구	인천	광주	대전	울산	경기	강원	충북	충남	전북	전남	경북	경남	제주	세종
전문	275	44	7	9	11	14	5	9	64	6	12	18	17	15	22	18	3	1
통합	28	2	3	2	3	-	-	1	1	4	1	1	-	1	6	-	2	1

출처: 여성가족부 홈페이지(www.mogef.go.kr).

(4) 가정폭력보호시설

가정폭력보호시설은 가정폭력피해자를 일시보호(숙식 제공)하여 가정폭력피해자의 신체적·정신적 회복 및 사회복귀를 지원하고 자활지원 등을 하는 곳이다. 단기쉼터는 6개월, 장기쉼터는 2년 이내, 임시보호는 최대 7일까지 입소 가능하다.

표 9-11 지역별 가정폭력피해자 보호시설 현황(2017년 1월 1일 기준) (단위 : 개소)

구분	합계	서울	부산	대구	인천	광주	대전	울산	경기	강원	충북	충남	전북	전남	경북	경남	제주
피해자 보호시설	67	12	3	3	1	4	1	1	12	5	3	4	4	4	2	6	2

출처: 여성가족부 홈페이지(www.mogef.go.kr).

(5) 가정폭력피해자 치료

가정폭력피해로 말미암아 신체적·정신적 치료가 필요한 피해자에 대한 치료비를 지원한다. 치료 범위로는 보건에 관한 상담 및 지도, 신체적·정신적 피해에 대한 치료, 임산부의 심리적 안정을 위한 각종 치료프로그램의 시행 등 정신치료, 임산부 및 태아보호를 위한 검사 및 치료, 가정폭력피해자 가정의 신생아에 관한 의료가 포함된다.

(6) 여성폭력피해자 주거지원시설

가정폭력피해여성들의 자립을 지원하고 사회적 적응 여건을 조성하기 위하여 피해여성과 그 가족들이 안정적으로 생활할 수 있는 주거공간을 제공한다. 입주심사를 거쳐 임대주택에 거주할 수 있다.

표 9-12 지역별 주거지원시설 공급 현황(2017년 1월 1일 기준) (단위 : 호)

구분	합계	서울	부산	대구	인천	광주	대전	울산	경기	강원	충북	충남	전북	전남	경북	경남	제주
임대주택	295	10	40	20	18	20	22	28	25	10	11	10	10	10	10	42	9

(7) 가정폭력피해자 무료법률지원(상담 및 구조)

가족 내·외적 환경의 변화와 갈등 등으로 폭력의 피해가 증가하고 있으나, 대부분 피해여성은 여성폭력에 대한 사회적 무관심, 낮은 사회경제적 지위로 인한 법률지식의 부족 및 무기력, 소송에 따른 시간적 여유 부족 등으로 자신의 권익을 지키지 못하는 인권 사각지대에 놓여 있다. 이에 피해자에게 무료로 법률구조를 지원함으로써 스스로 방어, 보호능력이 부족한 피해자의 권익보호를 강화한다. 주로 인지대, 송달료, 변호사 보수 등 소송비용을 지원하고 있다.

수행기관으로는 대한법률구조공단 전국 18개 지부 및 출장소, 한국가정법률상담소 본부 및 전국 31개 지부, 대한변호사협회법률구조재단이 있다.[6)]

(8) 폭력피해 이주여성 보호시설(쉼터)

On·Off-line에 유포되는 각종 폭력 및 음란물, 배금주의에 따른 성의 상품화 등으로 가정폭력, 성폭력, 성매매 등 이주여성에 대한 폭력 역시 증가하고 있다. 언어불통으로 인한 법률지식 부족, 사회경제적인 부족 등으로 자신의 권익을 지키지 못하는 이들에 대하여 무료로 법률구조를 도와줌으로써 기본적 인권을 옹호하고 여성

6) 대한법률구조공단 전화번호는 132, 한국가정법률상담소는 1644-7077, 대한변호사협회법률구조재단은 02-3476-6515이다.

권익을 신장하려는 목적으로 무료법률구조사업을 운영하고 있다. 또한 피해이주여성 및 동반아동을 일시적으로 보호하고, 의료·법률 지원, 치료회복프로그램, 주거 제공, 직업훈련 등을 통한 인권보호 및 자립을 지원한다.

표 9-13 지역별 폭력피해 이주여성 보호시설 설치 현황(2017년 3월 31일 기준) (단위 : 개소)

구분	합계	서울	부산	대구	인천	광주	대전	울산	경기	강원	충북	충남	전북	전남	경북	경남	제주
폭력피해 이주여성 쉼터	26	4	1	2	1	1	1	1	4	1	1	1	2	2	2	1	1

(9) 주민등록 열람 제한

가정폭력피해자가 가해자의 폭력을 피해 다른 곳으로 이사했을 경우, 주소지가 노출되는 일이 없도록 가해자를 지정하여 주민등록 열람을 제한하고 있다.

(10) 주소지 외 지역 취학 지원

가정폭력피해자 혹은 동반한 가족구성원이 아동인 경우, 가해자 협조 없이 주소지 외의 지역에서 취학이 가능하다.[7)]

사례 1

준석(가명)이 아빠는 어려서부터 맞고 자랐다. 준석이 아빠는 나이를 먹어서도 할아버지 앞에서는 기를 펴지 못했다. 대신 세살배기 아들 준석이에게 폭력을 대물림했다. 2010년 12월, 준석이는 울면서 방문을 걷어찼다는 이유로 맞아 숨졌다. 몸에서 냄새가 많이 나고 얼굴에 자주 멍이 들던 준영(10)이의 죽음에서도 할아버지의 흔적이 보인다. "준영이 아빠가 어린 시절부터 학대를 많이 받고 자랐다"는 엄마의 증언이 남아 있다. 준영이 아빠는 폭력을 물려받았지만, 정작 준영이를 어떻게 사랑해야 할지는 몰랐던 듯하다. "아동의 부가 아동을 사랑하기는 하나 아동을 양육하는 방법을 잘 모르는 듯하다"는 게 준영이 담임 선생님이 남긴 진술이다. 결국 준영이는 아빠가 피운 번개탄 연기에 질식해 숨졌다

7) 가정폭력방지본부 홈페이지: http://www.wpmanhotline.or.kr

사례 2

지은(4)이네도 부부싸움이 컸다. 몽골에서 시집와서 의지할 데 없던 지은이 엄마는 우울증에 빠졌다. 지은이에게 밥을 주지 않았고, 병원에도 데려가지 않았다. 2011년 여름, 지은이는 저혈당 쇼크로 입원했다. 병원에서 엄마는 애를 자신과 떼어놓으려고 한다고 오해한 끝에 아빠를 살해했다. 지은이도 저혈당, 천식에 뇌부종까지 겹치면서 병원에서 세상을 떠났다. 지은이의 턱에서는 멍이, 뺨에서는 상처가 발견됐다.

김효원 울산대 교수(서울아산병원 소아정신건강의학과)는 "가족 내 아동을 향한 폭력은 가족 내 갈등을 풀면서 가장 쉬운 방법과 대상을 찾은 것"이라며 "폭력의 대물림은 어릴 때부터 가정 내 문제를 폭력으로 해결하는 것을 보고 배운 결과"라고 말했다.

출처: 한겨레, 2015. 5. 6.

Chapter 10

성매매피해여성과 사회복지서비스

1 성매매의 이해

1) 성매매의 정의

성매매란 경제적 이득을 목적으로 여성의 몸을 매매하는 것뿐만 아니라 상품화하여 착취하는 것도 말하며, 아동매매, 인신매매, 매매춘(賣買春)을 모두 포함한다. 성매매를 지칭하는 용어로 윤락, 매춘, 매매춘(매매음) 등이 있으며, 이 용어들은 향락산업, 유해업소 등에서의 '퇴폐행위', '유해행위'로 성매매 현상을 가리키기도 한다. 「성매매특별법」 이후 '윤락'이라는 용어가 사라지고 '성매매'로 대체되었으며, '성매매 목적의 인신매매' 개념이 도입되었다.

성매매가 사회 전반에 걸쳐 여러 가지 문제를 야기한다는 것은 잘 알려져 있다. 현행법상 성매매행위는 불법이다. 그러나 많은 노력에도 불구하고 근본적인 해결책이 뚜렷이 나타나지 않아 한계를 보이고 있다. 특히 성에 대한 은폐와 상품화라는 상반된 특징 때문에 성매매가 근래에 와서 양적인 증가뿐만 아니라 질적인 다양성을 보이고 있어 심각한 사회문제로 대두되고 있다.

성매매 정책은 성매매로 인해 발생하는 문제에 대한 국가적 통제를 중심으로 이루어졌다. 세계적으로 성매매에 대한 국가정책은 크게 성매매를 합법화하여 국가가 이를 통제하는 규제주의, 성매매 행위자를 처벌하는 처벌주의, 인신매매나 중간착취자는 처벌하되 성매매 자체에 대한 처벌이나 규제를 완화하거나 없애는 규제폐지주의로 나뉜다(원미혜, 1998).

2) 성매매 발생 요인

성매매 발생 요인에 대한 설명은 학자마다 차이를 보이며 분류기준도 차이가 있다. 그러나 내용 면에서는 대부분 공통점을 지닌다.

(1) 가치적 요인

먼저, 자본주의적 가치관의 왜곡을 성매매의 요인으로 들 수 있다. 자본주의적 가치관이 왜곡되면서, 성도 돈으로 사고팔 수 있다는 관념이 일반화되어 성매매를 경제적 차원에서 당연시하고 있다. 성을 단순하게 하나의 재화로 생각해서 욕구충족을 위해 일정한 비용을 지불하고 살 수도 있고, 손쉬운 돈벌이 수단으로 팔 수도 있다는 자본주의 가치관의 왜곡이 성매매 현상의 근본요인이다. 이러한 왜곡된 가치관은 개인적 측면에서와 함께 사회적이고 구조적인 측면에서도 나타나고 있다. 개인적으로는 돈벌이 수단으로써 성을 파는 여성들이 이런 경우이다.

사회적이고 구조적 측면은 성에 대한 국가의 태도에서 잘 나타나고 있다. 일제강점기부터 현재에 이르기까지 매춘과 여성의 성에 대한 국가적 개입은 정책 주체에 따라 다르게 나타났다. 일제강점기에는 일본인의 성적 욕구 해소를 위해서 공창제를 도입하였고 미군정은 공창제를 폐지하였으나 사후 대책의 미흡으로 사창이 번창하게 되었다. 군사정변 정부와 뒤이은 제3공화국은 여성의 인권보호와 사회정화 차원에서 「윤락행위등방지법」을 제정하였다. 이러한 조치는 여성의 인권 확립에 중요하게 기여한 것으로 여겨졌으나, 이와는 정반대인 「관광산업진흥법」이 동시에 제정됨으로써 상호배타적인 두 가지 법이 공존하는 모순에 빠지게 되었다.

즉 국가가 한편에서는 여성의 인권과 성이 보호되어야 한다고 주장하면서 다른 한편에서는 국가의 산업역군으로 미화하여 외화벌이에 나서게 함으로써 여성의 성을 상품화시켜 경제발전의 원동력으로 활용했던 것이다. 국가가 인격을 갖춘 주체적인 실체로 여성을 보기보다는 경제적 목적을 달성하기 위한 수단으로써 여성의 성을 상품화하였던 것이다.

여기에 더해서 사회가 개방되고 성적 순결이 가지는 의미가 약화되면서 성문화 자체가 부당한 굴레로부터 벗어나게 하는 긍정적인 효과도 가져왔지만, 그 반면에 성을 돈으로 사고파는 것에 대한 윤리적인 죄책감을 덜게 하는 부정적 효과도 가져옴으로써 성매매를 촉진시키는 요인이 되고 있다.

(2) 가부장적 성문화

가부장적 성문화는 성매매의 또 다른 원인이 되고 있다. 가부장적 성문화의 이중성에 의해 성적 특권을 부여받은 남성들은 가족 밖에서 다양한 형태의 성적 자유를 누리게 되었다. 이와 같은 성문화에서 성매매는 남성들의 성욕을 해소할 수 있는 수단 중 하나에 불과한 것이다. 이렇게 가부장적 성문화는 성매매를 부추기는 근본요인이 되고 있다.

3) 성매매에 관한 이론

(1) 19세기 서구 여성주의

여성주의자들은 성매매여성들을 남성지배사회에서 여러 가지 형태의 사회적 관계에 의해 남성 탐욕에 희생된 여성들로 인식하였다. 서구 여성주의자들은 성매매가 여성의 종속과 연결된다고 보았다. 이러한 이유로 19세기 서구 여성주의자들은 '좋은 여자'와 '나쁜 여자', 마돈나와 창녀 사이의 이중적인 잣대를 거부하였다. 아울러 그들은 여성들이 결혼하여 한 남자에게 종속되는 것도 일종의 성매매로 간주해야 한다고 주장하면서 성매매여성들을 희생자로 보고 구제하거나 사회에 복귀시키기 위해 노력하였다.

(2) 1970년대 성매매에 관한 논쟁

성매매에 관한 전통적인 논의들은 1970년대에 이르러 비여성주의자들과 여성주의자들 모두에 의해 문제시되기 시작하였다. 이러한 문제 제기의 배경에는 피임약 출현에 의해 생겨난 성적인 것에 좀 더 허용적인 문화운동이 있었다.

당시 성매매는 미국 대부분의 주에서 불법이었으며, 또한 성매매 호객행위와 비도덕적인 수입에 기생하는 것도 금지되었는데, 이러한 금지는 업주들과 매춘 중개인들을 타깃으로 한 것이었다. 그러나 성매매는 영국을 포함한 일부 국가에서 탈범죄화되었으며, 네덜란드에서는 합법적인 직업으로 법에 의해 인정·구제되었다.

(3) 1980년대 성매매여성들의 권리와 탈근대 여성주의

자유주의적 여성이론에서는 성매매는 반드시 나쁜 것만은 아니며, 오히려 긍정적인 가치가 있는 것으로 보면서 성매매여성들을 성적 개척자로, 성매매를 일종의 정치적 저항으로 보았다.

성매매는 짧은 시간 동안 보다 많은 보수를 받고 일하며, 작업환경이 상당히 잘 통제될 수 있기 때문에 여성이 얻을 수 있는 대부분의 다른 직업보다 좋은 조건의 일자리이며, 여성에게 알려진 다른 많은 유형의 지불노동보다 더 좋은 일거리라는 것이다. 그뿐만 아니라 성매매여성이 되는 것이 아내가 되는 것보다 훨씬 더 독립적이기 때문에 성매매가 결혼하는 것보다 더 낫다고 하며, 그들은 성매매를 합법적 직업으로 옹호하면서 매춘여성들의 행위 주체성을 주장한다. 성매매를 하는 여성들의 남성호객 행위는 남성의 여성에 대한 유혹(성희롱)보다는 훨씬 덜 위협적이고 여성들은 남성만큼이나 거리를 배회할 권리가 있다는 것이다.

매춘권리국제위원회(ICPR)는 성판매를 성관계를 거부하고 주도할 수 있는 권리,

낙태를 포함한 피임법을 사용할 수 있는 권리, 레즈비언 성관계를 가질 수 있는 권리, 성과 계급을 초월해 성관계를 가질 수 있는 권리들과 연결된 '성적 자기결정권'에 의한 행동으로 주장한다.

샤논 벨(Shannon Bell, 1994)은 성매매여성은 질병의 생산자라기보다는 치료사로, 타락한 사람이라기보다는 교육자로, 일탈자라기보다는 성전문가로, 상업적 대상이라기보다는 여성사업가로 규정되어야 한다고 주장했다. 벨은 성매매여성들의 권리를 '정치적으로 올바른 반(反)성적 가치들을 깎아내리고 적극적인 프리섹스'의 정치적 담론을 만드는 것으로 성매매를 해석한다. 예컨대 성매매는 혼외 성관계, 일회적 성, 여가적 성, 그리고 성적 새로움과 다양성이 있기 때문에 도덕적으로 반대할 수 없다고 하면서 여성이 한 명의 파트너를 가져야 한다는 고정관념에 도전한다.

탈근대주의 여성주의자들은 성매매여성들의 주요 문제는 그 일의 성격이 아니라 성매매여성들의 사업 실행을 방해하고 그것을 차별하는 법에 있다고 본다. 예컨대 선전을 금지하는 법률, 호객행위를 금지하는 법률들은 여성을 위협하는 남성에 대한 규제조차 없이 여성들을 거리로 내몰고 있으며, 성매매여성들의 표현의 자유를 침해한다고 본다. 업주를 단속하는 법률들은 업주들이 성매매여성들을 강취(强取)하는 것을 가능하게 하며, 매춘 중개인들을 단속하는 법률들은 성매매여성들을 사회적으로 고립시키고 그들에게서 가정적 유대를 빼앗는다. 아울러 성매매여성들이 폭력이나 강간을 당하거나 사회로부터 멸시당하거나 혹은 직업에서의 낮은 지위가 법적인 제한들로부터 나온 결과라면 정책적 해결은 명확하다고 주장하면서 성매매를 직업화할 것을 제안하고 있다.

그러나 이들의 논의는 카리브해나 동남아지역, 극동지역들에 만연된 섹스관광에 대해 전적으로 무지하며, 여성과 소녀의 국제적·전 세계적인 성의 거래를 언급하지 못하고 있다. 실제로 1995년 여성인권에 대한 인권감시국제보고서는 미얀마에서 타이로, 네팔에서 인도로, 방글라데시에서 파키스탄으로의 여성 거래에 대해 강조하였다. 보고서에 따르면 이러한 거래는 노예제도와 같은 관행과 불법적 감금, 강제노동, 부채, 고문 등에 의존하고 있다. 그리고 경찰과 지방정부 관리들도 여성과 소녀의 매매로부터 이익을 얻고 있었는데, 그들은 매음굴 소유자, 포주, 손님들을 보호하는 것으로 나타났는데, 위의 논의들은 이러한 사실에 대해서 언급조차 하지 못하고 있어 이론의 한계점으로 나타나고 있다(앨리슨 재거, 1996).

2 성매매의 실태

1) 성매매특별법의 집행 현황

「성매매특별법」 시행에 따라 성구매자를 적극 처벌하게 되어, 집중단속 및 영업장부 · 신용카드 전표 등에 대한 추적수사 등으로 1개 업소 단속 시 수십, 수백 명의 성구매자가 단속 · 검거된 표이다.

표 10-1 성매매사범 단속 현황(2015~2017) (단위: 건, 명)

구분	단속건수			검거인원			조치					
	합계	성매매	아청법				구속			불구속		
2017	10,782	10,126	656	22,845	21,744	1,101	491	384	107	22,354	21,360	994
2016	15,474	15,086	388	45,950	41,929	1,021	577	442	135	42,373	41,487	886
2015	8,742	8,455	287	20,097	19,387	710	322	243	79	19,775	19,144	631

출처: 경찰청, 성매매처벌법, 아청법 제13조, 제14조 및 제15조

2) 성매매여성들이 직면하는 문제들

성매매여성들은 일단 이 분야에 발을 들여놓으면 혼자의 힘으로는 이곳에서 벗어나기가 거의 불가능하다는 것이 성매매 문제를 다루어 본 연구자들의 공통된 의견이다. 이렇게 되는 이유 중에서 개인적인 요인으로 쉽게 사는 것에 익숙해진 습성이 문제가 되고 있다. 힘든 노동으로 겨우 얼마 안 되는 돈을 버는 것보다 쉽고 편하게

돈을 벌 수 있다는 유혹을 떨쳐버리지 못하는 것이다. 여기에 더해서 외적인 요인으로 설령 본인이 굳은 결심을 하고 벗어나려고 해도 빚과 포주들의 협박에서 벗어나기 힘들며, 사회적 낙인도 두려운 것이다. 성매매여성들은 이런 의미에서 사회로부터 소외되어 또 다른 성범죄나 약물관련 범죄에 노출되는 악순환을 거듭하고 있다. 그러므로 이들은 적극적인 사회적 개입을 통해야만 새로운 삶을 찾을 수 있다.

성매매여성들이 처한 이와 같은 현실은 2000년 군산 성매매업소 화재사건으로 세상에 알려지게 되었다. 이곳에서 발견된 수첩과 일기장을 통해서 이들이 인권의 사각지대에서 비인간적인 대우를 받고 있다는 것이 드러나게 됨으로써 「성매매특별법」의 제정을 촉발하여 지금의 시행으로 이어지게 되었다. 그러면 이들이 처해 있는 현실과 문제점을 살펴보도록 한다.

(1) 법적 문제

성매매여성들은 성매매로 인한 채무관계 때문에 포주나 소개업자로부터 본인이나 가족들이 협박을 당하고 있었다. 이들 중에는 포주나 소개업자로부터 고소 협박을 당하고 있거나, 업주나 소개업자의 고소로 인해 기소중지가 되어 있는 여성도 있었다. 이들은 대부분이 피해자임에도 불구하고 「윤락행위등방지법」 위반으로 경찰서에서 조사를 받고, 쌍벌죄로 처벌될 상황에 놓여 있었다. 「윤락행위등방지법」의 제4조와 제20조에는 "윤락알선, 강요, 윤락장소 제공, 윤락이익을 취득하는 자와 이에 협조하는 자의 윤락여성에 대한 채권은 그 계약의 형식에 관계없이 이를 무효로 한다"고 규정되어 있고, 이것은 1961년 이 법률이 최초로 제정된 때부터 이미 규정되어 있었다(배금자, 2002). 따라서 업주나 소개업자들이 성매매와 관련한 불법행위를 한 것으로 인정될 경우 피해여성들과의 채무관계는 원인무효가 되며, 형사나 민사를 통해 이 빚을 받아내려는 활동 자체가 불법인 것이다.

그러나 지금까지 이 규정이 적용된 예는 거의 찾아볼 수 없다. 성매매업소에서 피해여성들이 도망을 치면, 업주나 소개업자들은 경찰서에 이 여성들을 사기죄로 고소한다. 경찰은 고소인이 성매매업소의 업주라는 것을 알고 있으면서도 이러한 고소를 성매매관련 범죄로 의심하지 않는다. 그뿐만 아니라 고소장에 「직업안정법」이나 「윤락행위등방지법」과 관련한 고소인의 위법사실이 기재되어 있는데도 전혀 의심하지 않고 성매매피해여성들을 찾아내어 처벌하는 경우도 많다. 포주의 고소장이 접수되는 대로 경찰은 전국에 수배령을 내려 이 여성들을 찾아내고, 경찰에 의해 긴급 체포된 여성들은 경찰서에서 풀려나는 동시에 경찰서 앞에서 업주나 소개업자들에게 끌려가곤 하였다.

이러한 과정에서 피해여성들은 사기죄나 윤락행위로 인한 전과를 가지게 되었고, 벌금을 내야 했으며, 업소로 끌려간 후에는 도망친 기간에 대한 벌금으로 수천만 원 빚이 얹힌 상태에서 더 심각한 업소로 팔리곤 하였다. 이런 악순환에서 벗어나기 위해서는 제3자의 강력한 개입이 요구된다.

(2) 성매매의 폭력적 특성

성매매피해여성들이 성매매업소에서 일하는 동안 당하는 폭력은 매우 심각하다. 성매매피해여성들의 대부분은 신체적인 위협이나 무기를 사용한 위협, 신체적·성적 폭력의 피해를 경험하였다. 성매매업소에서 경험하는 폭력을 살펴보면 다음과 같다.

포주나 인신매매범들은 여성들을 통제·억압하고 무력화하기 위하여 수시로 신체적 위협을 가한다. 이들은 무기를 사용하거나 폭행, 강간 등의 위협을 당할 뿐 아니라, 여성들을 효과적으로 위협하기 위하여 가족들을 들먹인다. 가족에 대한 위협은 피해자들을 더욱더 자포자기하게 만든다. 다른 여성들을 감금하고 구타하는 모습을 보여주는 것도 다른 여성들을 두렵게 하고 무력하게 만드는 수단이다. 도망쳤다가 잡혀온 여성들은 종종 다른 여성들이 보는 앞에서 구타당하고 감금된다.

또한 이들은 위협에 그치지 않고 신체적인 폭행을 당한다. 이러한 구타는 성매매피해여성들이 성매매를 거부하였을 때 주로 일어났다. 응답자들은 생리를 하거나 몸이 아플 때에도, 심지어는 성매매로 인해 생식기에 심한 상처를 입었을 때에도 성매매를 강요당했다고 대답하였다. 가장 심각한 폭력은 응답자들이 탈출을 시도하다가 걸리거나 도망쳤다가 붙잡혔을 때 일어났다. 그리고 다른 여성들의 탈출을 도와주었다가 발각되는 경우에도 여성들은 심각한 폭력을 당하였다. 여성들은 이러한 행위에 대한 벌로써 심한 구타를 당했고, 무기로 구타를 당하기도 했다. 이러한 구타는 보통 감금이나 음식 제한, 인신매매와 함께 가해진다. 이런 점에서 이 여성들이 바로 최대의 피해자들이며 이러한 악순환에서 개인적으로 벗어나는 것은 어렵기 때문에 공권력의 투입을 통한 사회적 개입과 보호가 요구된다.

(3) 피해여성들의 건강문제

이 여성들은 건강상의 문제가 심각해질 수 있다. 각종 성병과 성관련 병으로 에이즈 감염이나 피임의 실패로 인한 중절수술, 지나친 음주와 흡연, 약물남용 등으로 건강이 약화되지만, 건강관리가 제대로 안 되고 있다. 이들의 성병관련 질병은 접촉하는 남성을 통해서 사회 전체로 번져나갈 수 있다는 데 심각성이 있다.

(4) 사회적 비용

사츠(Satz, 1995)는 성매매의 사회적 비용이 인간의 다른 능력을 파는 데 드는 사회적 비용보다 더 크다고 말한다. 성구매자 남성은 가족 경제의 측면에서 볼 때 가족에게 돌려야 할 경제적 자원을 성산업에 유출하는 것이고, 질병, 범죄와 관련된 비용, 도덕적 비용, 성판매 여성에 대한 복지비용, 국민의 복지비용 등이 소비되므로, 행위자만의 재산권이나 권리체계의 문제로 국한되어서 다루어질 수 없다는 것이다(Ron Donatao & Martin Shanahan). 에이즈, 성병 등의 전염병, 마약 및 약물중독, 범죄, 물리적 폭력 등 성매매와 관련된 또 다른 문제점들에 대해서도 사회비용이 환산되어야 한다.

또한 성매매는 인력수급의 문제와 긴밀한 상관관계를 가지게 되므로 산업적 측면에도 영향을 미친다. 젊은 여성의 노동력은 서비스 업종 중에서도 특히 향락산업에 편중되어 제조업에서의 인력난이 가중되는 현상이 나타나게 되며, 이로 인해서 인력 수급의 차원에서 성산업의 억제가 필요하게 되는 것이다. 성산업으로 유입되는 연령층이 10대에서 20대라는 점을 감안할 때, 어린 여성들은 기술이나 다른 업종의 기회를 갖지 못하고 나이가 들어도 성산업 또는 비슷한 업종에 머무르게 된다는 데 더욱 큰 문제가 있다(원미혜, 1999).

경제적 관점에 입각한 또 다른 접근은 문제를 해결하는 것보다 문제의 발생을 방지하는 데 드는 비용이 훨씬 저렴할 수 있음을 보여준다. 호주 범죄연구소는 '성범죄자 치료 프로그램의 경제적 효과'라는 연구를 통해 성범죄 방지를 위한 교육 프로그램의 경제적 효과를 조사하였다. 이 연구에서는 재범방지를 위한 프로그램 비용은 성범죄가 발생시키는 비용보다 훨씬 적음을 보여주고 있다(Ron Donatao & Martin Shanahan).

(5) 정책의 한계

성매매피해여성들은 업소에서 일을 하면서 자궁염이나 질염 등의 부인과 질환뿐만 아니라 내과적 질환과 폭력 등에 의한 신체적 손상에 대해서 정부의 적절한 지원을 받지 못한다. 정부의 의료비 지원정책은 성병감염 여부의 진찰이나 검사, 부인과적 질환, 알코올·약물중독, 정신과적 치료 등에만 한정적으로 지원하고 있어 신체의 전반적인 손상을 입는 성매매피해여성의 지원책으로는 턱없이 부족한 실정이다.

법적인 지원에서도 한계가 있기는 마찬가지이다. 위에서 언급한 대로 폭력을 당한 피해여성이 업주나 폭력가해자를 신고한다고 할지라도 다시금 업주에게 고소를 당하는 경우가 태반이다. 그러나 이에 대한 소송비용이 만만치 않아 비용을 감당할 능력이 없는 피해여성은 형사상뿐만 아니라 민사상으로도 법적인 보호를 받기가 어려운 실정이다.

위에서 살펴본 모든 문제점에 대한 대책으로 성매매 문제와 관련해서 새로운 접근이 요구된다. 「성매매피해자보호법」이 나오기까지 요구되었던 대책들은 다음과 같다. 우선 전제되는 것은 관점 전환이다. 성매매여성을 도덕적으로 타락한 자로 보아 규제의 대상으로 다루기보다 희생자로 보며 피해자로서 사회적 보호를 요하는 여성들로 보는 관점으로의 시각 전환이다. 이러한 측면에서 유해업소와의 고리를 끊어버릴 수 있는 대책과 이들이 새롭게 자립할 수 있는 사회적 재활서비스가 요구된다. 또한 여성들을 유해업소로 끌어들이는 다양한 알선업소들에 대한 대책과 함께 여성들을 위한 의료행위와 재활을 위한 서비스가 요구된다. 「성매매특별법」은 이러한 요구들에 부응해서 제정된 것이다.

3 성매매피해여성에 대한 사회복지서비스

1) 성매매특별법

한국사회의 성산업을 통한 성매매의 경제효과는 농림어업 전체 비중(4.4%)을 상회할 정도로 엄청난 규모로 형성되어 있다. 다시 말해 한국 산업 내에는 엄청난 규모의 지하경제가 일종의 범죄수익을 통해 형성되고 있다. 그러나 성매매를 통한 막대한 범죄수익은 많은 경우 정부에서 인정하는 사업장의 합법적 외피 속에서 부분적·음성적으로 형성되고 있기 때문에, 그에 대한 적절한 통제방안을 찾는 일은 그다지 쉽지 않다. 이와 같은 구조적 현실 속에서 성매매 억제와 산업의 건전성을 회복하기 위한 보다 효과적인 정책으로 「성매매특별법」이 제정된 것이다(여성부, 2003).

더구나 이러한 인식의 변화를 가져온 계기는 2000년 9월 군산 윤락가 화재참사 사건이라고 볼 수 있다. 이 사건 이후 "국가가 성매매여성들의 인권보호에 대한 책임을 져야 한다"는 목소리가 힘을 얻기 시작하였고, 결국 2002년 성매매보호법안과 성매매처벌법안을 발의하기에 이르렀다. 이에 따라 「성매매특별법」이 2004년 9월 23일 시행되면서 그동안 부정적인 의미의 '윤락'이라는 개념 자체가 없어지고 '성매매'라는 용어를 전면 사용하게 되었다. 「성매매특별법」이 과거와 다른 점은 무엇보다도 성을 파는 여성들의 '인권보호'를 주요 쟁점으로 하고 있다는 점이다. 즉 성매매를 '규범과 도덕'의 문제나 '윤락'의 문제가 아니라 '인권'의 문제로 전환시켰다는 점이다. 「성매매특별법」에서 달라진 내용은 다음과 같다.

먼저 「윤락행위등방지법」이 폐지되고 「성매매특별법」이 시행되었다. '윤락'이라는 용어가 사라지고 '성매매'로 대체되며, 성매매 목적의 인신매매 개념과 성매매피해자 개념이 도입되고 이들은 형사처벌에서 면제된다. 성매매, 성매매알선이나 광고로 벌어들인 범죄수익은 전액 몰수 추징되며, 성매매관련 범죄에 대한 처벌이 대폭 강화된다. 외국인 피해여성에 대해서는 강제퇴거명령이나 보호집행이 유예된다. 성

표 10-2 윤락행위등방지법과 성매매특별법의 처벌형량 비교

구성요건	윤락행위등방지법	성매매특별법
성매매 강요행위	5년 이하 징역 1,500만 원 이하 벌금	10년 이하 징역 1억 원 이하 벌금
강요 및 대가 수수 등	7년 이하 징역 2,000만 원 이하 벌금	1년 이상 유기징역
미성년자에 대한 성매매 강요	10년 이하 징역	청소년보호법에 의함
감금, 낙태 강요, 인신매매 등	-	3년 이상 유기징역
마약 이용 성매매 강요 등	-	5년 이상 유기징역
성매매 유인 · 권고	• 영업 : 3년 이하 징역 1,000만 원 이하 벌금 • 일반 : 2년 이하 징역 500만 원 이하 벌금	-
성매매 알선 등 영업	5년 이하 징역 1,500만 원 이하 벌금	7년 이하 징역 7,000만 원 이하 벌금
성매매 알선 등 행위, 모집, 직업소개, 알선, 광고행위	-	3년 이하 징역 3,000만 원 이하 벌금
광고 제작 · 공급	-	2년 이하 징역 2,000만 원 이하 벌금
광고물 배포	-	1년 이하 징역 1,000만 원 이하 벌금
성매매 행위자	1년 이하 징역 300만 원 이하 벌금, 구류, 과료	동일
신고자, 피해자 정보 누설	-	500만 원 이하 벌금

출처: 한국여성정책연구원(2007).

매매여성에 대한 긴급구조, 법률 및 의료지원, 직업훈련, 자립에 이르는 전 과정을 국가에서 지원한다(여성부, 2004). 이와 함께 정부는 비자발적으로 성매매를 하게 된 여성들을 성매매피해자로 보고 각종 보호조치를 취하게 된다.

이러한 조치는 성매매여성들을 피해자로 보며, 이들이 처한 현실을 감안해서 그 동안 이들의 재활에 걸림돌이 되어 온 요소들을 제거해 주고, 사회적으로 재활할 수 있도록 국가적 지원을 해 주는 것을 그 내용으로 하고 있다.

2) 성매매특별법의 문제점

(1) 성구매행위에 대한 범죄인식 미흡

성구매행위가 「성매매특별법」에 금지되어 있음에도 불구하고 성구매자는 물론이고 수사기관조차도 이러한 인식이 미흡하고, 경우에 따라서는 동정심을 가지고 관대하게 처리하려는 경향이 많다. 이는 성구매자를 비롯한 사회일반인들의 인식의 저변에 성구매는 남성중심의 놀이문화이므로 범죄로 단속하는 것은 문제가 있다는 식의 생각이 깔려 있기 때문이다. 따라서 성구매자 자신들은 성구매행위에 대한 처벌이나 교육에 대해 쉽게 납득하지 못하게 된다.

(2) 성매매업소 단속 미흡

「성매매특별법」의 입법목적이 성산업 붕괴를 통한 성매매 감소라는 것에 있다면 성산업의 큰 비중을 차지하는 산업형 성매매의 축소를 위한 수사기관의 철저한 법집행이 있어야 할 것이다.

① 성매매 단속, 수사의 어려움

산업형 성매매는 집결지처럼 성매매를 목적으로 만들어진 업소가 아니고 일반적으로 2차로 통하는 방식으로 성매매가 이루어지기 때문에 증거 포착이 어렵다는 특징을 가지고 있다.

한국 성매매시장 최대 37조 원(2015) 세계 암시장 조사기관 "한국은 세계 6위"

한국 성매매 시장의 규모는 얼마나 될까. 암시장(Black Market) 전문 조사업체인 미국 '하보스코프 닷컴(Havocscope)'이 2015년 발표한 결과를 보면, 한국의 성매매 시장은 세계 6위 규모다.

실제로 한국 형사정책연구원(형정원)에서 발간한 '조직범죄 단체의 불법적 지하경제운영 실태(2015)' 보고서는 한국의 성매매 시장 규모를 하보스코프 추산치의 3배 수준인 30조~37조 6천억 원이라고 추정한다.

출처: 네이버.

② 성매매알선업자 처벌 미약

최근 산업형 성매매업소에서 성매매행위가 적발된 경우 업주에 대한 형사처벌이나 업소에 대한 행정처분 등의 규제가 미약한 실정이다. 따라서 성매매업소가 단속된 경우 「성매매특별법」에 의한 실형이나 벌금형을 강력하게 내릴 필요가 있다. 사실 양형과정이 있어 법정형을 그대로 선고하기는 어렵다. 그러나 현실적으로 짧은 기간의 실형이나 낮은 벌금액수로 성매매범죄의 억제효과가 얼마나 있을지는 의문이다.

③ 성매매행위 장소 제공, 건물주 처벌 미흡

성매매특별법상 성매매업소의 건물주나 성매매행위의 장소 제공 행위에 대해서도 처벌규정을 두고 있다. 그런데 휴게텔이나 스포츠마사지 등은 집결지와 별로 차이가 없는 성매매업소이지만, 허가나 등록 없이 세무서 신고만으로 영업이 가능하게 되어 있는 현행 구조에서는 경찰이 아무리 수고해도 영업을 근본적으로 차단시킬 수 없다.

④ 내부고발자 신고 저조

「성매매특별법」이 성매매알선자 단속·처벌을 활성화하기 위해 성매매피해자의 개념을 도입하고, 성매매업소의 내부 사정을 잘 알고 있는 종사자의 고발에 대한 형의 감경, 면제나 보상금 지급 등의 수단을 두고 있다. 법 시행 초기에는 성매매여성들의 신고가 많았으나, 기간이 지날수록 줄어들고 있는 실정이다. 이것은 업주들이 법망을 피하기 위하여 성매매 강요행위를 줄이거나 선불금 형식을 제3자 간의 채권채무관계로 바꾸는 등 표면적으로 폭행, 협박, 위계에 의한 성매매 강요행위가 줄어든 것이 한 가지 원인일 것이다. 그러나 더욱 중요한 원인으로는 성매매여성들이 정보가 부족하거나 정보가 있더라도 향후 당할지도 모르는 보복에 대한 부담감을 들 수 있고, 그에 대한 충분한 안전장치가 부족한 점 등 제도에 관한 신뢰 부족이나 업주와의 인간관계 때문에 업주를 신고하지 못하는 경우를 들 수 있다.

(3) 성판매자에 대한 사후 대책 미흡

성매매특별법은 성을 파는 행위를 금지하고, 성매매행위를 한 사람에 대해서는 처벌 또는 보호처분을 할 수 있도록 하고 있다. 실제로 성판매여성의 경우 초범인 경우는 기소유예를, 재범인 경우는 보호처분을 과한다고 한다. 그런데 성판매자에 대한 기소유예처분의 경우 그 이후에 대한 대책이 사실상 없다. 또한 보호처분의 경우도 그다지 활성화되지 않고 있고, 그런 부분에 대안이 필요하다(한국여성정책연구원, 2007).

3) 성매매 방지대책

(1) 성구매자 재범방지 교육대책(John School)

「성매매특별법」이 제정되었어도 성범죄의 한 유형인 성매매가 음성적이고 변종적인 유사성행위로 다양화되고 있다. 그래서 성매매를 근본적으로 방지하기 위한 대책으로 2005년 8월 '성구매자 재범방지 교육시스템(존스쿨)'을 구축하였다. 이러한 처분실태는 성구매자에 대한 형사처벌이 재범방지에 실효성이 낮고, 교육·사회봉사명령·보호관찰 등이 보다 효과적이라는 전제하에 성매매 특성에 맞는 집중보호관찰을 실시할 수 있도록 하였다. 이에 검찰단계에서 성구매자의 동의를 받아 기소유예를 조건으로 1일 8시간 동안 존스쿨교육을 받도록 하였다. 초기에는 전국 13개 보호관찰소에서 운영되던 존스쿨을 2006년 22개 기관으로 확대·시행함으로써 교육 완료에 소요되는 기간을 단축하고 교육집단을 소규모화하였다. 이러한 성구매 재범방지 교육의 필요성이 부각되면서 이에 대한 인식의 확산과 함께 교육대상자가 증가하였다.

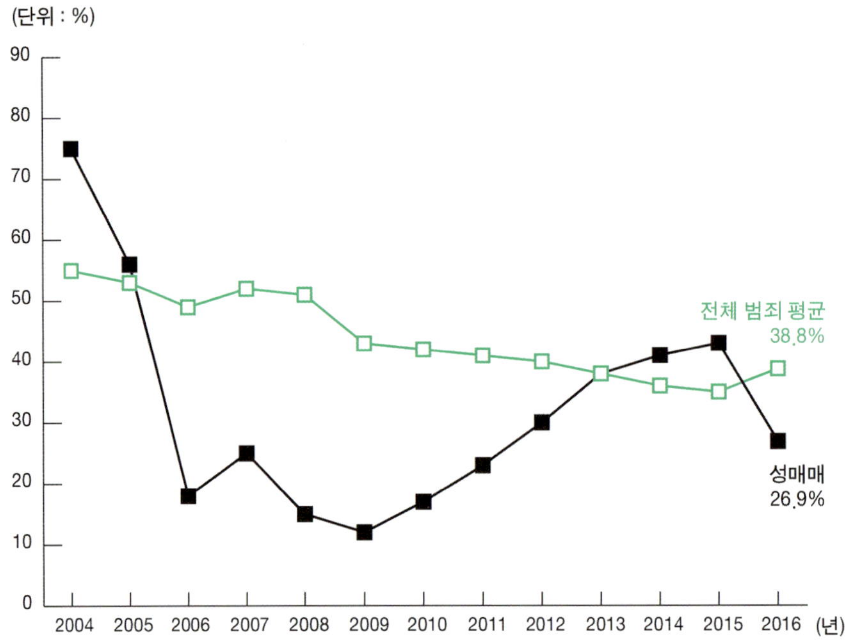

그림 10-1 검찰 성매매 기소율

존스쿨

- 도입연도 : 2005년
- 도입취지 : 처벌이 아닌 교육을 통한 성매매 재범 방지
- 교육대상 : 성인 대상으로 성구매자 중 초범

존스쿨 이수자 현황

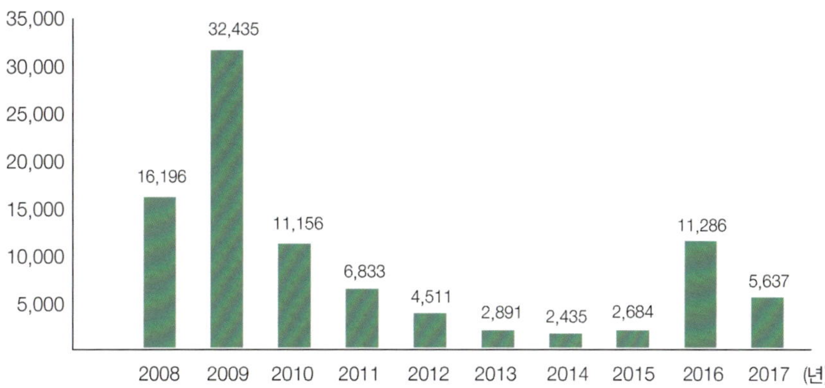

존스쿨 재이수자 현황

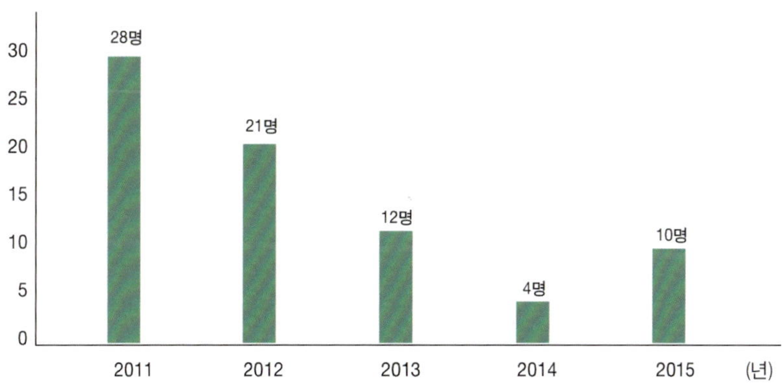

그림 10-2 존스쿨

출처: SBS(2017).

(2) 117 성매매피해여성 긴급지원센터(경찰청)

경찰청은 2004년 6월 '117 성매매피해여성 긴급지원센터'를 개소하여 성매매피해여성을 위한 긴급전화를 확보하였다. 이는 성매매특별법 제정에 따른 성매매피해여성 구조요청 및 신고가 급증될 것으로 예상해 신속한 구조활동 및 신고대응체계를 구축하기 위함이었고, 성인, 인터넷·청소년, 외국인 성매매반으로 구성하였다. 성매매피해여성 조사 시 NGO 입회제 활성화 등으로 성매매피해여성의 인권보호 강화에 주력하고 있다.

Chapter 11

여성과 한부모가족

1 한부모가족의 이해

오늘날 배우자의 사별이나 특히 이혼의 증가로 인해 모자가정이 급증함에 따라 한부모가족에 대한 관심이 더욱더 높아지고 있다. 한부모가족 중 가구주가 여성인 경우 경제적으로 취약한 상태에 놓여 빈곤의 악순환이 만성화될 가능성이 높다.

1) 한부모가족의 정의

(1) 한부모가족

오늘날 현대사회에는 다양한 형태의 가족이 존재한다. 이 다양한 가족 형태를 그 역할 및 구성과 관련하여 분류하면 전통적 가족, 맞벌이가족, 계부모가족, 다문화가족, 한부모가족 등으로 구분할 수 있다. 이와 같은 가족 유형 중에서도 특히 한부모가족은 부모 중 한쪽이 부재하기 때문에 그로 인한 복합적인 문제에 처할 가능성이 높아 사회복지의 일차적 관리대상이 되고 있다.

일반적으로 한부모가족은 부(父)나 모(母) 중의 한 사람이 단독으로 부모의 역할을 수행하는 가족으로 인식되고 있다. 그러나 한부모가족에 대한 정의는 이보다 복잡할 뿐만 아니라 학자에 따라 각기 다른 견해를 갖고 있어 하나의 합의된 정의를 이끌어 내기가 어려운 상태이다.

한부모가족을 구체적으로 어떻게 정의해야 하는가가 중요한 의미를 가지는 것은 특히 이들에 대한 국가의 정책을 수립할 경우이다. 자녀의 연령을 기준으로 할 경우, 자녀의 연령이 특정 연령 이상이면 그 가족이 아무리 어려운 상황일지라도 한부모가족으로서 혜택을 받지 못하게 된다. 그리고 만약 한부모가족이 된 원인에 중점을 두어 사별과 이혼한 가족만을 한부모가족의 범주에 넣는다면, 실질적인 한부모가족 형태인 별거한 가족에 대한 지원은 기대할 수 없다. 또한 가족의 형태에 초점을 두어 한쪽 부모와 자녀로만 구성된 가족을 한부모가족으로 하는 경우, 한쪽 배우자의 장애나 만성질환으로 인한 실질적 한부모가족 등은 국가로부터의 지원을 기대하기 어려울 수 있다. 따라서 한부모가족을 어떻게 정의하느냐 하는 것은 중요한 의미를 가진다.

(2) 모자가정

한부모가족 중 가장 많은 비율을 차지하고 있는 것은 모자가정이다. 모자가정은 일반적으로 사별, 이혼, 유기, 별거, 미혼모 및 기타 사유에 의해 남편이 결손된 상태에서 어머니(편모)가 18세 미만의 아동을 부양하고 있는 가구를 의미한다(한부모가족지원법 제4조). 모자가정을 여성가구주가족, 여성세대주가족, 미망인가족 등과 혼용하기도 하는데, 이들은 서로 공통되는 면도 있지만 반드시 일치되는 개념은 아니다.

저소득모자가정은 보건복지부 여성복지사업지침(1998)에 의한 저소득 모자가족 선정기준에 따라서 지원받을 수 있는 모자가정으로, 이들은 생활보호 선정대상에서는 제외된다. 이 기준은 일반적으로 「모・부자복지법(한부모가족지원법으로 명칭 변경)」에 의한 법정모자가정과 「국민기초생활보장법」 수급권자에 해당하는 경우를 말하며, 정부에서 정한 영세민 기준에 속하면서 여성가구주가 된 원인에 상관없이 욕구가 있는 여성가구주를 지시한다. 그리고 세대주(세대주가 아니더라도 세대원을 사실상 부양하는 자를 포함한다)인 모와 모에 의해서 양육되는 18세 미만의 자녀로 이루어진 가정으로서 모가 ① 배우자와 사별 또는 이혼하거나 배우자로부터 유기된 여성, ② 정신 또는 신체장애로 인하여 장기간 노동능력을 상실한 배우자를 가진 여성, ③ 미혼모(사실혼 관계에 있는 자를 제외한다), ④ 배우자의 생사가 분명하지 않은 여성, ⑤ 배우자 또는 배우자 가족과의 불화 등으로 인하여 가출한 여성, ⑥ 배우자의 해외거주와 장기복역 등으로 인하여 부양받을 수 없는 여성이다.

모자가정을 흔히 편모가족이라는 용어로 사용하였지만 2001년부터 그동안 부정적이고 결손의 의미가 강하게 나타났던 '편부모'를 한 사람으로도 온전하고 가득하다는 의미의 우리말 '한'을 사용함으로써 어느 가정과 똑같이 평등한 가족으로 건강하고 행복할 수 있다는 의미를 나타내기 위해 '한부모'라는 용어를 사용하고 있다.

모자가정 여성은 여성의 경제활동을 통해서 자녀를 양육해야 한다는 점에서 경제적 문제와 함께 모의 역할과중으로 인한 어려움이 따르게 된다. 따라서 경제활동과 가사노동의 이중부담에 의한 신체적 약화로 인한 모자가정 여성들의 건강문제가 제기되며, 여러 가지 사회적 소외와 편견으로 고통받고 있다. 남성가구주와는 달리 여성가구주 가정에 문제가 되는 것은 빈곤으로, 여성가구주의 빈곤은 근본적으로 여성노동의 문제에서 기인한다. 여기에 더해서 여성들의 이중고가 초래하는 여성가구주의 신체적 부담으로 인한 질병 유발로 더욱 빈곤해지는 악순환을 거듭하고 있다. 이들의 문제는 여성만이 아니라 양육 아동에게도 영향을 미치는 것이기 때문에 더욱 많은 사회적 관심이 요구되고 있다.

2) 한부모가족의 분류

한부모가족이 되는 가장 일반적인 원인으로는 배우자와의 이혼, 별거, 사망, 그리고 독신의 입장에서의 입양, 사생아 출산(미혼모) 등인데, 이를 좀 더 체계적으로 분류해 보면 다음과 같다.

첫째, 부모집단 유형에 따라 분류하는 것이다. 즉, 부모가 정식결혼 관계에서 한부모가족이 된 사람인지 아니면 사실혼 관계에서 한부모가족이 된 사람들인지 하는 경우이다. 둘째, 가족해체의 유형에 따라 분류하는 것이다. 예를 들면, 부모 중 한 사람의 사망, 부모의 별거나 이혼, 배우자의 장기입원이나 장기구속 등으로 인한 해체가 여기에 해당된다. 셋째, 아동에 대한 보호를 누가 맡느냐, 즉 부모역할을 누가 맡느냐에 따라 모(母)가 자녀에 대한 보호를 맡고 있는 모자(母子)가족(fatherless family)과 부(父)가 자녀를 보호하고 있는 부자(父子)가족(motherless family)으로 분류될 수 있다.

이처럼 한부모가족을 그 원인에 따라 구체적으로 구분하는 이유는 각 범주에 따라 가족 특성 및 문제가 다를 수 있기 때문이다. 한부모가족을 상대로 일하는 사회복지사에게는 이에 대한 이해가 필요하다. 이 외에 한부모가족을 생활유형에 따라 구분해 보는 것도 이들을 상대로 일하는 사회복지사에게 유용하다.

한부모가족은 생활유형에 따라 구분할 수 있다. 첫째, 부모 중 한쪽이 자녀에 대한 의식주뿐만 아니라 사회화, 그리고 가정경제 등 모든 것을 책임지고 단독으로 부모역할을 수행하는 유형으로서, 이 경우 한부모는 직업과 가사책임 등 다중부담으로 스트레스가 가중되기 쉽다. 둘째, 가족과 함께 살지 않는 보조부모[1](auxiliary)와 함께 부모역할과 책임을 나누는 유형이 있다. 셋째, 가족과는 관련 없는 사람과 부모역할을 함께하는 유형으로서, 자녀가 엄마처럼 느끼는 가정부와 함께 사는 경우나 한부모의 친구나 연인이 부모역할과 책임을 수행하는 경우가 이에 해당한다. 넷째, 아동의 실질적인 부모는 아니지만 부모역할을 수행하는 사람이 혈연관계나 법적인 친척관계에 있는 유형으로, 이 경우 통상 주로 조부모나 사촌, 형제 등이 부모역할을 수행한다. 다섯째, 부모 중 한 명이 알코올이나 약물에 중독되어 있거나 심한 정신적 문제가 있는 경우처럼 사실상 부모역할을 유기한 경우를 들 수 있다.

1) 예를 들어, 이혼의 경우 주로 부(父)가 보조부모의 역할을 한다. 애트킨스와 루빈(Atkins & Rubin)은 이를 'part-time father'로 불렀다.

3) 한부모가족의 증가 원인

현대사회에서 한부모가족이 발생하는 원인은 다양하다.

첫 번째 원인은 배우자의 사별로 인해 모자가정이 되는 경우로, 이는 과거 다른 어떤 원인보다도 가장 많은 비중을 차지한다. 매년 감소하는 추세를 보이고 있지만 그래도 여전히 배우자의 사망은 모자가정이 되는 이유 중 가장 높은 비율을 차지하고 있다. 배우자의 사망이 과거에는 전쟁과 의료기술의 미발달로 인해서 발생했으나 최근에는 교통사고와 재해 등의 증가가 주요인으로 나타나고 있다.

두 번째 원인은 배우자와의 이혼을 들 수 있다. 한부모가정의 발생 원인에서 중요한 변화는 사별 이외에 이혼의 비율이 높아지고 있다는 점이다. 오늘날 사회문제로 여겨지고 있는 이혼은 점차 증가하고 있다. 이혼은 가정문제를 해결하는 하나의 수단이 될 수도 있지만, 그 결과로 한부모가정이 발생하여 가족의 기능과 역할의 변화를 불가피하게 만들고 가족이 경제적 어려움, 가족생활의 문제에 봉착하게 하며, 특히 자녀에게는 사회 · 심리적으로 부정적인 영향을 미치게 된다. 2019년 인구 1천 명당 이혼건수를 말하는 조이혼율은 2.2건으로 전년보다 0.1건 늘었고, 이혼건수는 11만 800건으로 2.0% 증가했다. 연령별 이혼율(해당연령 인구 1천 명당 이혼건수)은 남자는 40대 후반이 8.6건, 여자는 40대 초반이 9.0건으로 가장 높게 나타났다.

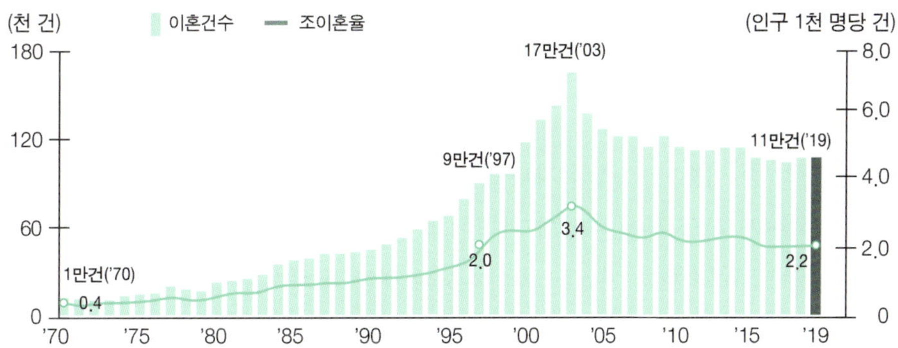

그림 11-1 이혼건수와 조이혼율

출처: 통계청(2020). 2019년 이혼 · 통계.

세 번째 원인은 배우자의 유기로, 한 배우자가 아무런 연락 없이 다른 배우자와 자녀를 고의적으로 떠나버리는 경우를 말한다.

네 번째 원인은 배우자가 범죄행위를 했거나 정신질환 등으로 장기간 혹은 영구적으로 투옥 또는 입원하는 경우이다. 이 경우는 법적으로 배우자가 존재하기는 하나 실제로는 배우자가 없는 것과 같은 상황에 놓이게 된다.

한부모가족의 발생 원인은 다양하며 현대사회의 특성을 심각하게 반영하고 있다. 교통사고의 증가, 산업기술의 발달, 경제수준의 향상, 생활양식과 가치관의 변화 등 개인의 잘못보다는 사회적인 변화로 인해서 야기되는 경우가 많아 사회문제로 간주되고 있다. 따라서 모자가정에 대한 접근 또한 사회적 차원에서 이루어져야 할 것이다.

2 한부모가족의 실태

1) 심리 · 사회적 문제

(1) 역할 갈등

한부모가족의 부모나 자녀 모두 역할에 대한 혼란감을 경험하게 된다. 자녀들은 성장과정에서 부모의 부재로 동일시할 대상이 없어짐으로써 발달장애 또는 역할 동일시에 대한 학습결핍 등이 발생한다.

(2) 자녀의 부적응

한부모가족 중 이혼한 가족의 자녀들에게는 공격적 · 일탈적 행동이 많이 나타난다. 모자가족에서 부의 부재는 부가 자녀에게 행사해 오던 행동에 대한 통제력과 감독권이 갑자기 사라지므로 자녀는 자기자신에 대한 통제력을 상실할 수 있다. 부자가족의 자녀는 모의 부재로 인해 감정이나 애정을 표현하는 등의 표현적 경험을 가질 기회가 박탈되어 가족원을 비롯한 타인과의 긴밀한 관계를 형성하는 데 어려움을 겪는다.

(3) 상실감과 소외감

한부모가족은 변화된 가족생활로 인해서 정서적 · 심리적으로 어려움을 호소하고 있다. 이들에게는 절망감, 책임감, 슬픔, 스트레스 등의 부정적인 정서반응이 지배적으로 나타난다. 한부모가족의 정서적 문제는 사회적 지지체계의 부족에서도 비롯된다. 한부모가족은 실제로 친족 간의 지원이 감소하고 있으며, 특히 부자가족의 경우 배우자 친족과 멀어지는 경향을 보이고 있다.

2) 한부모가족의 실태와 문제

한부모가족 지원 대상 아동은 만 18세 미만이며, 고등학교 또는 대학 등에 재학 중인 경우에는 만 22세 미만을 말한다. 그리고 병역법에 따른 병역의무를 이행하고 취학 중인 경우에는 병역의무를 이행한 기간을 가산한 연령 미만의 자를 말한다.

한부모가족의 가구주들은 삶의 욕구상실 및 낮은 자아존중감, 절망감, 슬픔, 스트레스, 건강문제 등을 경험한다는 보고가 있다. 결손가정이라는 사회적 편견으로 인해 경험하게 되는 심리적 어려움도 있는데 구체적으로 심리적 위축감 등이 있다. 이러한 정서적 문제는 사별보다 이혼인 경우 더 큰 고통으로 경험하게 된다고 한다. 또한 한부모가 자녀들과 함께 공유할 수 있는 시간이 비교적 부족한 경우가 많아 자녀와 불안정한 관계를 형성하기 때문에 자녀들이 학교생활에 적절하게 적응하지 못하거나 비행 및 일탈 등의 문제행동을 나타내기도 하고, 한부모가족은 양부모가족에 비해서 생활 및 복지 상태가 취약한 경향이 있다. 그렇기 때문에 한부모가족을 적극적으로 지원해야 할 필요가 있다.

2015년 한부모가족 실태조사 결과를 보면, 3년 전에 비해 한부모의 상용근로자의 비율이 42%에서 48%로, 소득이 월 172만 원에서 190만 원으로 증가했으나, 일반가구에 비해 낮은 수준이었다(2016년 여성가족부 보도자료). 불안정한 취업과 장시간의 노동, 낮은 임금 등으로 현재의 생활을 겨우 꾸려오고 있는 한부모가족의 여성가구주들은 자신의 노후에 대한 준비를 할 여유가 없다. 그래서 이들은 다시 빈곤여성노인으로 이어지게 된다. 따라서 여성의 가사노동을 일정 소득으로 평가한 자료를 토대로 하거나 모성보호 확대 등 양성평등적 관점으로 연금제도와 사회보험제도, 공공부조제도를 전면적으로 수정 · 보완하지 않고서는 남성부양자가 없는 여성의 빈곤화 현상에 대한 근본적인 대책이 될 수가 없다.

3 한부모가족에 대한 사회복지서비스

1) 한부모가족지원법

한부모가족에 대한 지원은 1989년 「모자복지법」이 제정되면서 비로소 체계를 갖추었다고 볼 수 있다. 「모자복지법」은 '18세 미만의 아동을 양육하는 모'가 세대주인 모자가정의 생활안정과 복지증진, 그리고 자립을 이룰 수 있도록 1989년 4월 1일 제정되었고, 같은 해 12월 13일 공포했으며, 1991년부터 본격적으로 시행되었다. 1998년에 1차 개정에 이루어졌으나, IMF 이후 급증된 부자가정의 복지를 도모하고자 이를 확대하여 2002년 12월 18일 「모 · 부자복지법」으로 개정하게 되었다. 이후 65세 이상 고령자들과 손자녀로 구성된 조손가정까지 보호대상자로 확대하면서, 생활안정 및 복지증진 도모를 위하여 2007년 10월 17일 「한부모가족지원법」으로 다시 개정하게 되었다. 즉, 「모 · 부자복지법」을 「한부모가족지원법」으로 법명을 변경하게 된 것이다.

2019년 5월 21일 한부모가족지원법 시행령이 일부 개정되어 미혼모 등의 건강관리 및 의료비 지원 기준 등이 신설되었다(여성가족부〈가족지원과〉).

표 11-1 미혼모의 개념과 현황

전국 연령별	2017		2016		2015	
	미혼모	미혼부	미혼모	미혼부	미혼모	미혼부
계	22,065	8,424	23,936	9,172	24,487	10,601
20세 미만	377	10	435	28	350	84
20~24세	1,724	284	1,979	355	1,929	414
25~29세	2,507	395	2,942	434	3,013	494
30~34세	3,296	719	3,960	903	4,078	1,219
35~39세	4,672	1,437	4,853	1,613	4,761	1,931
40~44세	4,010	1,813	4,126	2,041	4,454	2,398
45~49세	3,147	1,964	3,166	2,016	3,233	2,193
50세 이상	2,342	1,802	2,475	1,782	2,699	1,868

출처: 통계청.

2) 실천적 대안

한부모가족에 대한 개입을 위한 실천적(social work practice) 차원의 대안으로 부모 교육 및 훈련, 가족상담 및 치료, 지지적 관계망 형성(support networking), 동년배(peer support group) 개입 등이 있다.

(1) 부모교육 및 훈련

대부분의 한부모가족은 한쪽 부모의 부재로 인해 부모역할(parenting)의 문제를 가진다. 부모역할은 한부모가족의 가장 큰 관심사인 자녀양육과 교육에 가장 중요한 영향을 미치는 부분이기도 하다. 따라서 이들에게 바람직한 부모역할이 무엇이며, 부모역할을 하기 위해서는 어떻게 하는 것이 바람직한지에 대한 교육과 함께, 그러한 역할을 할 수 있도록 역할연습(role play)을 비롯한 다양한 기술을 통해 훈련시킴으로써 부모역할의 능력을 길러주어야 한다.

(2) 가족상담 및 가족치료

가족상담과 가족치료는 한부모가족의 부모와 자녀 간의 관계상의 문제에 대한 주요 접근방법으로 사용될 수 있다. 특히 이 과정에서 한부모가족의 강점을 강조하고 한부모와 자녀 간의 의사소통을 원활히 하도록 하여 가족 간의 결속력을 강화할 필요가 있다. 한부모가족에 대한 가족상담과 치료는 많은 난관에 부딪치고 있다. 예컨대 편모나 편부가 직업에 종사하기 때문에 자녀와 함께 모일 수 있는 시간적 여유가 대단히 부족함은 물론 일부러 복지관에 가족치료를 받으러 나오기도 어려운 상태이다. 따라서 이들 가족이 집에 있는 상태에서 사회복지사가 직접 방문하여 가족상담이나 가족치료를 하는 방안이 모색되어야 한다. 또한 가족원 모두가 모이기 어려운 경우 자녀나 편모(혹은 편부)만을 대상으로 단기가족치료(brief family therapy)를 실시함으로써 가족의 문제에 도움을 줄 수도 있다.

(3) 지지적 관계망의 형성

지지적 관계망의 형성(support networking)이란 한부모가족에게 잠재적으로 지지가 될 수 있는 공식적·비공식적 지지망을 확인하여 이들을 한부모가족에게 연결해 주는 것이다. 즉, 친척이나 친구, 이웃 혹은 사회기관 중 한부모가족에 지지가 될 만한 자원을 찾아내어 한부모가족과 연계시키는 것이다. 이를 위해서는 사정 단계에서 생태도나 사회적 관계망을 이용해 지지적 자원을 구체적으로 파악해야 한다.

(4) 동년배 지지집단

동년배 지지집단(peer support group)은 동년배의 편모(혹은 편부)를 대상으로 10~12명 정도의 규모로 구성된다. 이 집단의 운영은 매주 2~3시간씩 6~10주 정도의 모임을 가지면서 한부모가족의 편모나 편부에게 문제를 해결할 수 있는 지지를 제공한다. 동년배 지지집단을 통해 한부모에게 제공되는 내용은 다음과 같다. 첫째, 비슷한 처지에 있는 편모(혹은 편부)끼리 자신들의 문제와 관심사를 논의함으로써 따뜻하고 지지적인 장을 제공하고, 둘째, 한부모가족이 자녀에 미치는 영향은 물론 시간관리기술 등에 대한 재정관리, 부모역할기술 등에 대한 교육을 제공하고, 셋째, 집단구성원 각자의 삶에서 가장 관심이 되는 이슈를 논의함으로써 개인에게 문제해결의 실마리를 제공하고, 넷째, 편모(혹은 편부)가 공식적 모임이 끝난 뒤에도 동년배 지지집단을 계속할 수 있도록 훈련함으로써 계속적인 상호 원조가 있을 수 있게 한다.

3) 한부모가족에 대한 정책적 대안

한부모가족을 위한 사회적 대응으로 한부모가족에 대한 편견을 극복하고 수용적인 문화를 조성하고, 한부모가족에 대해 적극적으로 이해하고 한부모가족을 정상화하기 위한 적극적 정책개입 노력이 필요하다.

한부모가족은 다른 어떤 유형의 가족보다 활용할 수 있는 자원이 부족하기 때문에, 생계곤란과 같은 일차적 욕구 해결 문제에 부딪치고 있다. 가족단위를 고려하여 정부 차원의 정책적 대책을 제안하면 다음과 같다.

첫째, 한부모가족을 위한 대책은 한부모가족 단위를 고려한 정책적 측면에서 특히 가족정책적인 개념의 범주 안에서 이루어져야 한다. 그래서 '한부모가족을 위한 가족정책(single parent family policy)이 독립적인 영역으로 정립되어야 한다.

둘째, 공공부조제도 내에 한부모가족을 위한 수당제도를 마련한다. 한부모가족에서 가장 큰 관심의 대상은 역시 자녀문제이다. 따라서 한부모가족의 자녀양육을 위한 아동수당제도를 마련하고, 미취학아동이 있는 경우 탁아수당제도도 마련해야 한다. 아울러 편모나 편부에 대한 수당 또한 지급되어야 한다.

셋째, 기존의 국민연금제도 내에 유족연금 외에 자녀를 위한 유족자녀 연금이나 편모와 편부를 위한 편모연금, 편부연금 등이 제도화되어야 한다. 특히 사별로 인한 한부모가족뿐만 아니라 이혼이나 별거 그리고 실질적 의미의 한부모가족까지를 포함하는 경우도 사회적 위험(social risk)으로 보고, 이에 대한 대책을 세워야 한다.

넷째, 한부모가족의 주거안정화 지원 사업으로 한부모가족의 경제문제에서 큰 부분을 차지하는 주택문제의 해결을 위해 공영주택의 임대나 우선 분양 그리고 주택

구입을 위한 융자금을 저리로 제공하는 등의 특별 배려와 함께 주택수당 지급을 위한 대책이 마련되어야 한다.

다섯째, 장기적인 의료비 지출은 한부모가족을 빈곤 상황으로 떨어뜨리는 또 하나의 주요 요인이라는 점에서 이들에 대한 의료보호제도가 확대되어야 한다.

여섯째, 앞에서도 언급했듯이 한부모가족은 편모·편부 당사자의 심리·사회적 문제뿐만 아니라 자녀들의 심리·사회적 문제 또한 우리가 관심을 가져야 할 대상이다. 따라서 한부모가족의 가족결속력 강화를 위한 사회교육 프로그램을 정기적으로 실시하고, 편모 혹은 편부가족으로 구성된 자조집단을 형성하여 긴장과 압박감을 완화할 수 있도록 제도적·정책적 차원에서 제반 지원이 이루어져야 한다. 또한 한부모가족의 편모·편부와 자녀들에게 전문적 상담이 제공될 수 있도록 정책적 지원이 마련되어야 한다.

Chapter 12

다문화가족의 여성과 사회복지서비스

1 다문화가족의 이해

1) 다문화가족의 개념

최근 우리는 세계화와 개방화의 물결에 따라 언어와 문화적 배경이 다양한 구성원들로 이루어진 다문화사회에 살고 있다. 다문화사회로의 진행과 함께 다문화가족 수 역시 매년 증가하고 있다. 그러나 이들에 대한 잔재된 사회적인 편견으로, 다문화가족의 인권보호 및 사회통합을 위한 제도와 서비스가 절실히 요구되고 있는 실정이다.

세계화는 지구촌이라는 하나의 통합된 마을을 형성하여 노동시장뿐만 아니라 결혼시장까지 편입시키고 있다. 이렇게 한국인과 외국인이 결혼하여 만들어진 가족 형태가 '다문화가족'이다.

협의의 개념으로 다문화가족이란 예전에 통용되던 '국제결혼'의 의미가 내포된, 내국인이 아닌 서로 다른 민족의 상대를 만나 결합한 가족을 뜻한다. 국제결혼이란 국적이 다른 사람과의 결혼으로 여기에는 결혼당사자만 해당되는 반면, 다문화가족이란 그 사이에서 태어난 자녀 및 가족구성원을 포괄하는 개념으로 사용된다.

일반적으로 '혼혈가정'과 통용하고 있지만, 혼혈이라는 용어 자체에 내포된 특수성과 상징적인 차별성 때문에 혼혈가정을 주로 부정시하며 낙인화시키고 있다. 이를 쇄신시키기 위한 차원에서 다문화가족이라는 용어가 더 적절하며, 세계화의 추세에도 더 적합하다(도미향 외, 2009). 광의의 개념으로 다문화가족이란 우리 사회에 거주하고 있는 외국인노동자, 국제결혼이주자, 북한이탈주민(새터민), 그 밖에 외국인거주자, 외국인과의 사이에서 태어난 자녀들을 비차별적으로 부르는 용어이다(김범수 외, 2008).

2) 다문화가족의 형성과정

다문화가족의 시초는 한국전쟁 이후 미군과 한국인 여성의 결혼에서 찾을 수 있다(최협 외, 2005). 이 당시 결혼은 주로 기지촌을 중심으로 이루어졌고, 사회적으로 단일민족을 고수하는 전통관념의 잔재로 인하여, 국제결혼으로 형성된 가족들은 편견과 차별을 당하기 일쑤였다. 특히 미군 사이에 태어난 자녀들은 혼혈인이라는 멍에와 함께 양색시 엄마의 불결한 이미지에서 벗어날 수 없었으며, 이런 역사적이고 사회적인 배경으로 인해 초기 다문화가족을 바라보는 시각은 매우 부정적일 수밖에 없었다(도미향 외, 2009).

국제결혼이 촉발된 계기는 1990년 통일교에서 주선하는 국제결혼을 통해 619명이 입국하면서부터이다. 1995년부터는 중국동포 여성들이 한국의 농촌총각과 결혼을 통해 들어오기 시작하면서 1만 명대를 넘어섰고, 2000년 이후에는 이주노동자와 한국인 여성 또는 동남아 여성들이 한국 남성과 국제결혼을 통해 한국에 유입되기 시작했다. 즉 '코리안 드림(Korean-dream)'을 꿈꾸며 우리나라를 찾는 이주노동자가 단시간 내에 증가하면서 국제결혼이 꾸준히 늘기 시작하였다.

3) 다문화가족의 범주

다문화가족의 범주는 연구자들의 목적에 따라 다양하고 유연하게 범주화되고 있다(한국보건사회연구원, 2008). 다문화가족을 한편에서는 국제결혼을 통해 형성된 가족으로 지칭하기도 하고, 다른 한편에서는 한 가족 내에 다양한 문화가 공존하고 있다는 의미로 해석하기도 한다.

이 용어의 출현은 국제결혼가정, 혼혈인가정 등에게 가지는 사회적인 차별성을 해소하기 위해서 가장 근본적인 용어를 개선하고자 건강가정시민연대(2004)가 '다문화가정'이라는 용어의 사용을 권장하면서 시작되었다. 이러한 배타성은 국제적으로도 감지되는데, 매년 발표되는 스위스 국제경영개발원(IMD)의 국가 간 경쟁력 보고서에 한국인들의 문화 간 폐쇄성을 세계 49개국 중 44위권에 머무를 만큼 외국인들에 대한 호감 정도가 다소 미온적이라고 평가되었다.

이는 정책에서도 나타나는데, 다문화의 주체를 결혼이민자가정에 국한하여 결혼이주여성을 중심으로 다문화정책의 방향이 설계되어 있다. 이에 따라 다문화가족의 법률적 정의 역시 결혼이민자(귀화자)와 한국인으로 이루어진 가족으로 규정하고 있는 것이다(다문화가족지원법, 2008).

일반적으로 다문화가족의 범주는 '국제결혼가정'과 '외국인근로자가정'을 포함하고 있으며, 경우에 따라서 '북한이탈주민가정'을 포함시키기도 한다. 2008년 3월 「다문화가족지원법」이 만들어지면서 동 법에서 규정하는 다문화가족의 범주는 '결혼이민자와 한국인으로 이루어진 가족', '국적법에 의해 귀화 허가를 받은 자와 한국인으로 이루어진 가족'으로 정의하고 있다(한국보건사회연구원, 2008).

따라서 이 장에서도 다문화가족의 범위를 결혼이민자가족으로 규정하고 가족형태는 한국인 배우자와 결혼이민자로 결합된 가족으로 한정하여, 그 안에서 살고 있는 여성들의 문제를 살펴본다.

2 다문화가족의 실태[1]

1) 가구 현황

(1) 다문화가족의 현황

2015년 전국 다문화가족은 278,036가구로 추정되며, 2012년에 비해 4.3% 증가하였다. 지역별로는 경기도 27.8%, 서울 21.6%, 인천 6.1% 등 수도권에 전국 다문화가족의 55.5%가 거주한 것으로 미루어보아 수도권에 집중되어 있음을 알 수 있다.

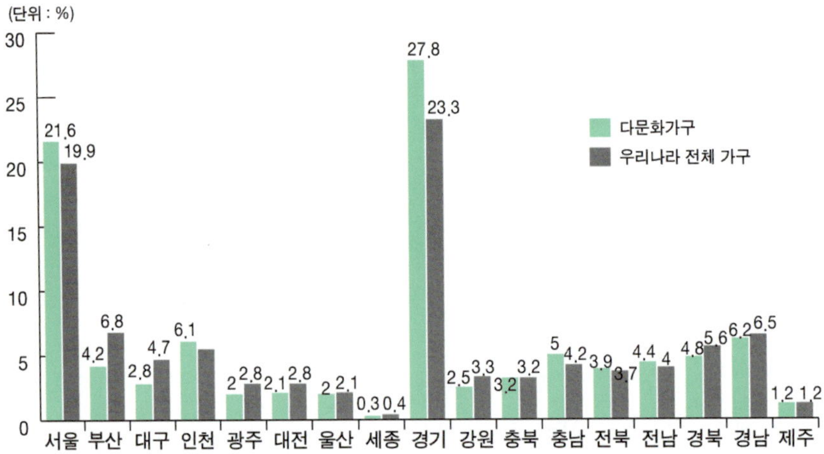

그림 12-1 2015 전국 다문화가구의 지역별 분포

출처: 행정자치부(2015). 주민등록 인구통계.

평균 가구원수는 3.16명으로 전체 국민의 평균 가구원수 2.8명보다 많다. 부부와 자녀로 이루어진 핵가족이 46.0%, 부부+자녀+결혼이민자/귀화자 및 배우자의 부

1) 이는 여성가족부 『2015년 전국 다문화가족 실태조사』에 의거한 자료이며, 이 조사는 혼인상태, 부부간 문화적 차이, 의사결정, 한국어 능력, 한국생활의 어려움, 사회적 관계, 사회적 차별 경험, 경제활동상태, 생활만족도, 학교생활, 자녀의 자아존중감, 고민과 상담 등 다문화가족에 대한 현황 및 실태를 파악하여 다문화가족지원정책의 기초자료를 마련하기 위한 조사이다.

모·형제로 이루어진 대가족이 12.7%로 나타나 2012년에 비해 대가족 세대가 증가하고 부부세대 및 부부+자녀세대 가구 비중은 감소하였다. 평균 자녀수는 1.02명으로 2012년(0.9명)에 비해 증가하였다

(2) 국적별 체류 현황

결혼이주여성과 귀화자의 출신국적을 보면, 중국(한국계)이 30.8%로 가장 많고, 다음으로 중국 22.4%, 베트남 20.8% 순으로 나타났다.

표 12-1 결혼이민자귀화자의 출신국적 (단위: %)

중국(한국계)	중국	베트남	필리핀	일본	미주 유럽 대양주	그 외 동남 아시아	몽골 러시아 중앙아시아	대만 홍콩	남부 아시아	기타
30.8	22.4	20.8	6	4.5	4.1	3.9	3.6	1.5	1.4	1

(3) 부부유형별 현황

유배우 다문화가구의 부부유형별로는 외국출신 아내+한국출신 남편 66.7%, 부부 모두 외국출신 25,6%, 외국출신 남편+한국출신 아내 7.7%이다.

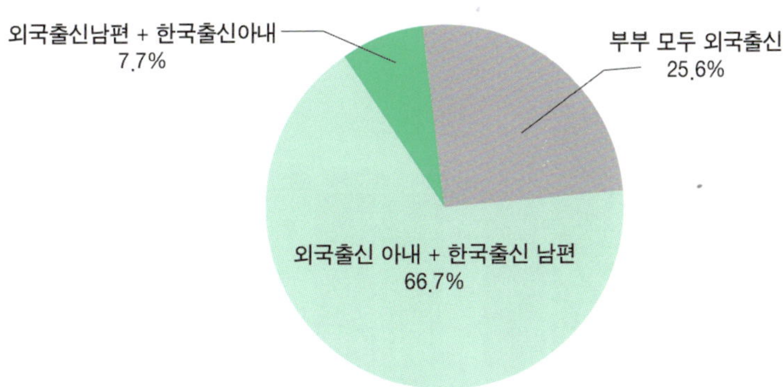

그림 12-2 유배우 다문화가구의 부부유형별 분포

2) 결혼이민자 · 귀화자의 일반 특성

(1) 규모와 국적 취득

전국에 총 304,516명의 결혼이민자 · 귀화자가 거주하는 것으로 추정되며, 이 중 여성이 81.5%, 남성이 18.5%를 차지하고 있으며, 이는 2012년 대비 7.5% 증가하였다. 결혼이민자의 40.9%가 국적을 취득하였으며, 미취득자 중 54.8%가 취득계획을 가지고 있으며 21.2%는 영주권만 취득할 예정으로 조사되었다.

표 12-2 국적 미취득 결혼이민자의 향후 한국국적 취득 계획 (단위 : %)

한국국적을 받을 것이다	영주권만 받을 것이다	한국국적 혹은 영주권 받을 계획 없다	모르겠다
54.8	21.2	7.0	16.9

(2) 연령

30대 32.6%, 40대 24.3%, 20대 이하 23.0%, 50대 이상 20.0%를 차지하고 있다. 이는 2012년에 비해 20대 이하는 감소한 반면, 50세 이상과 30대는 증가하였다. 배우자의 연령은 40대 43.9%, 50대 25.3%로 중장년층이 전체의 70% 가량을 차지하고 있다.

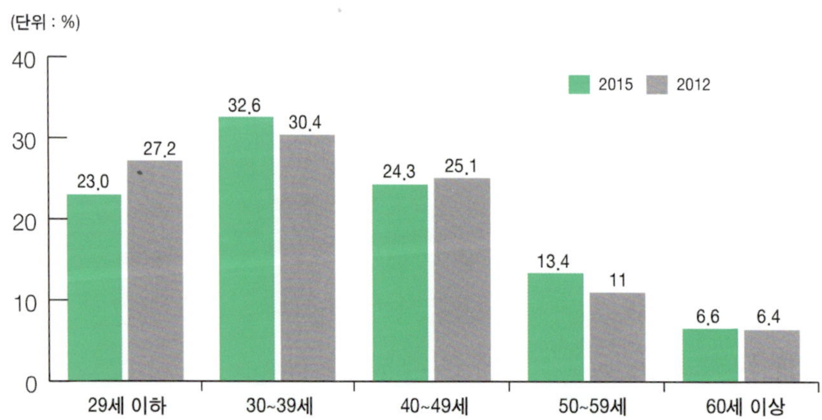

그림 12-3 결혼이민자 · 귀화자의 연령

결혼이민자 연령대별 인구구성 변화 추이를 보면 [그림 12-4]와 같다.

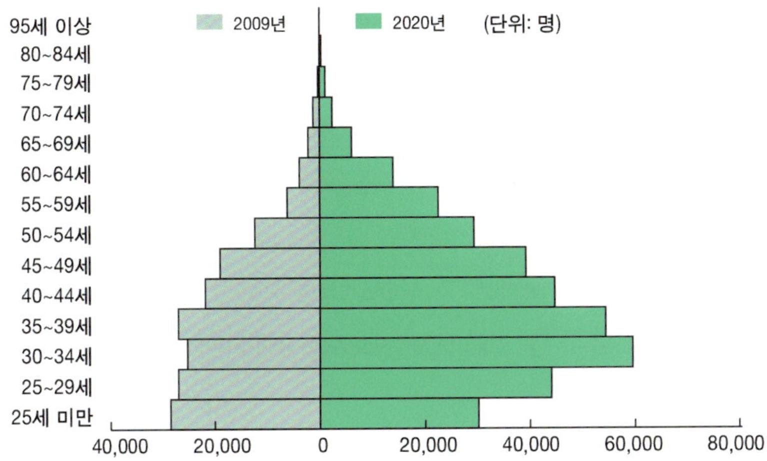

그림 12-4 **결혼이민자 연령대별 인구구성 변화(2009~2020)**

자료: 설동훈 외(2009). 다문화가족의 중장기 전망 및 대책 연구. 여성가족부.

(3) 결혼경로

현재 배우자가 있는 결혼이민자·귀화자의 27.4%가 친구나 동료의 소개로 배우자를 만났으며, 스스로 배우자를 선택한 경우는 25.0%, 가족이나 친척의 소개는 21.1%, 결혼중개업체를 통한 경우는 20.8% 순으로 2012년과 비슷한 양상을 보이고 있다.

(4) 거주기간

한국에서 5년 이상 거주자는 84%, 10년 이상 거주자는 47.9%에 달하였다.

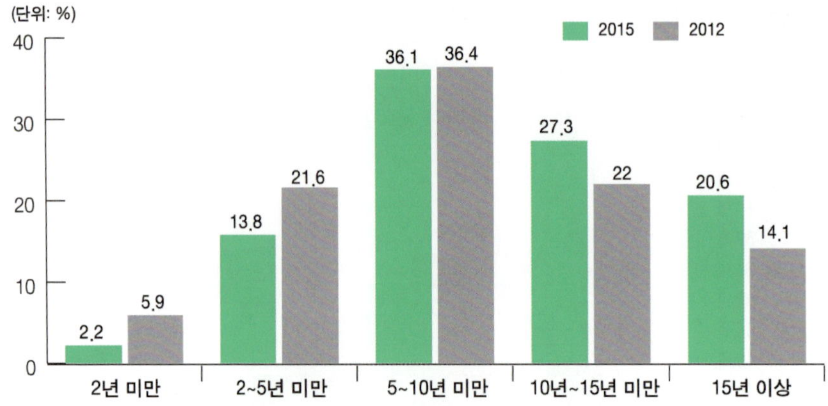

그림 12-5 결혼이민자 · 귀화자의 국내 거주기간

3) 경제상태

(1) 소득

월평균 가구소득 200~300만 원 미만이 30.4%로 가장 많고, 100~200만 원 미만이 23.8%, 300~400만 원 미만이 20.5% 순으로 나타났다. 2012년에 비해, 300만 원 미만 소득구간의 비중은 10.3%p 감소하였고, 400만 원 이상 가구 비중은 5.6%p 증가한 것으로 조사되었다.

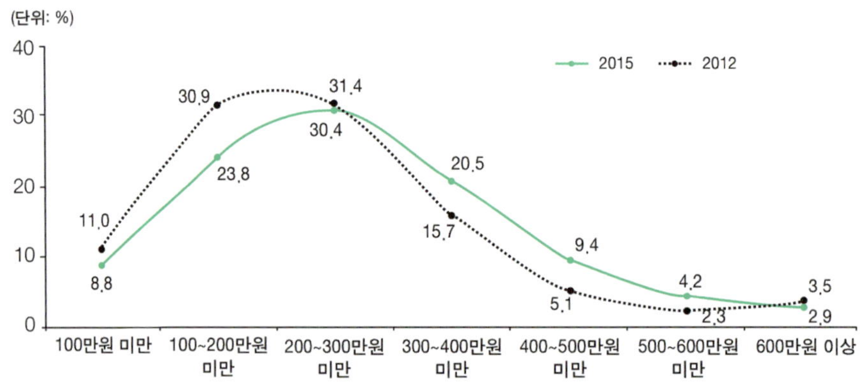

그림 12-6 결혼이민자 · 귀화자의 소득

(2) 고용률

결혼이민자 중 취업자 비율은 63.9%(여성 59.5%, 남성 83.4%)로 우리나라 전체 고용률(60.3%)보다 높게 나타났다.

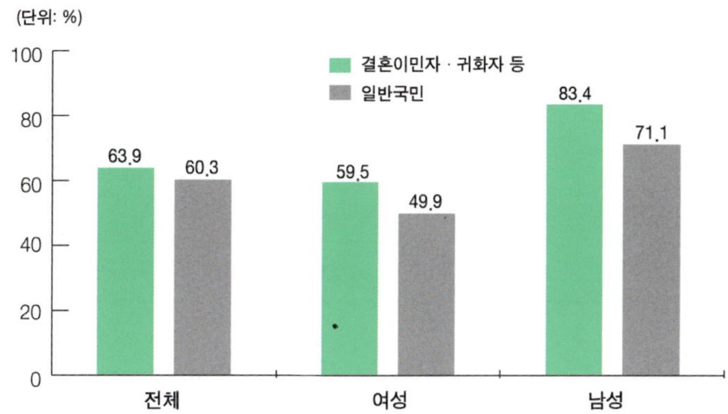

그림 12-7 결혼이민자 · 귀화자의 고용률

출처: 통계청(2015). 2015년 경제활동인구조사.

(3) 직종(직업)

직종은 단순노무직이 29.0%로 가장 많고, 서비스직 18.7%, 장치 · 기계조작 및 조립종사자 14.6%, 전문가 및 관련종사자 12.2% 순으로 나타났다.

표 12-3 결혼이민자 · 귀화자의 직업 (단위 : %)

관리자	전문가 및 관련종사자	사무 종사자	서비스 종사자	판매 종사자	농림어업 숙련종사자	기능원 및 관련종사자	장치 · 기계조작 및 조립종사자	단순노무 종사자
0.1	12.2	4.6	18.7	7.6	2.9	10.2	14.6	29.0

이처럼 결혼이주여성들의 직종은 단순노무직, 일용직 등 질 낮은 일자리에 집중되어 있다. 이처럼 소위 3C 직종인 돌봄(caring), 조리(catering), 청소(cleaning) 업무에 종사하는 있는데, 이러한 직업영역은 사회경제적 지위 향상을 위한 전문성을 인정받기 어렵다(공미혜 외, 2015).

(4) 직장에서의 어려움

결혼이민자 · 귀화자가 한국에서 일하면서 느낀 어려움을 보면, 별 어려움이 없다는 응답이 39.6%로 가장 많고, 적은 급여 14.7%, 장시간 근로 11.0%, 언어소통문제 10.1%의 순으로 나타났다.

표 12-4 결혼이민자·귀화자가 한국에서 일하면서 느끼는 어려움 (단위 : %)

별로 어려움 없음	한국어 대화 어려움	힘들고 위험한 일	긴 노동 시간	돈을 조금 받음	직장상사, 동료와의 문제	외국사람에 대한 차별	자녀양육 어려움	집안일 병행 어려움	기타
39.6	10.1	6.8	11.0	14.7	2.0	3.9	5.2	5.7	1.1

4) 가정생활

(1) 혼인 특성

현재 배우자가 있는 결혼이민자 · 귀화자 중 79.2%는 초혼이고, 20.8%는 재혼으로 나타났다. 이는 2012년 조사에 비해 초혼이 2.7%p 증가한 수치이다.

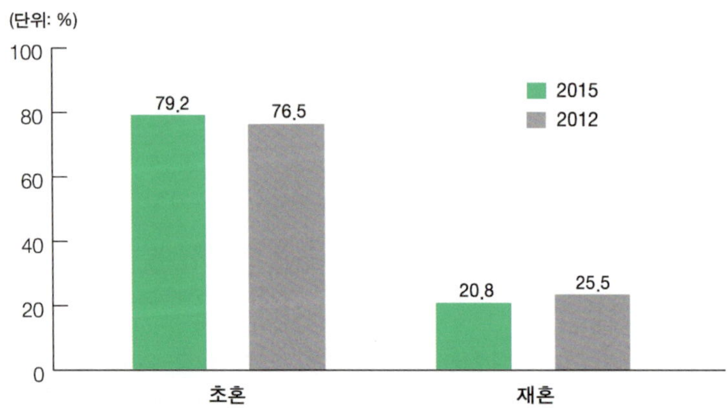

그림 12-8 결혼이민자 · 귀화자의 초혼 여부

(2) 문화적 차이

부부간 문화적 차이를 경험했다는 응답은 59.2%로 2012년(50.6%)보다 증가한 것으로 나타났다. 특히 도시(56.1%)보다 농어촌 지역(69.3%) 거주자가, 국내 거주기간이 짧을수록, 연령이 낮을수록, 문화적 차이를 경험하는 비율이 더 높아지는 경향을 보였다. 주로 식습관(36.9%), 가족행사(23.0%), 자녀양육방식(19.0%)에서 배우자와 문화적 차이를 경험한 것으로 조사되었다.

부부간 문화적 차이는 배우자 쌍방이 가지고 있는 서로 다른 기대에서 갈등의 소지가 될 수 있다. 전통적인 아내상을 외국인 아내에게서 찾으려 하거나, 외국인 아내가 한국인 여성과 비슷해 보이거나 행동하기를 원하고, 심지어는 2세가 한국인과 유사하기를 원하는 가부장적인 남성의 기대와 우려가 반영되었다고 볼 수 있다. 물론 여기에는 언어로 인한 의사소통의 어려움 때문에 부부간의 대화와 합의를 이끌어내지 못하는 이유도 있다.

(3) 부부 다툼

결혼이주여성은 모국에서의 경제적인 어려움 때문에 자발적으로 결혼이주를 결심하는 경우가 많다(공미혜 외, 2015).

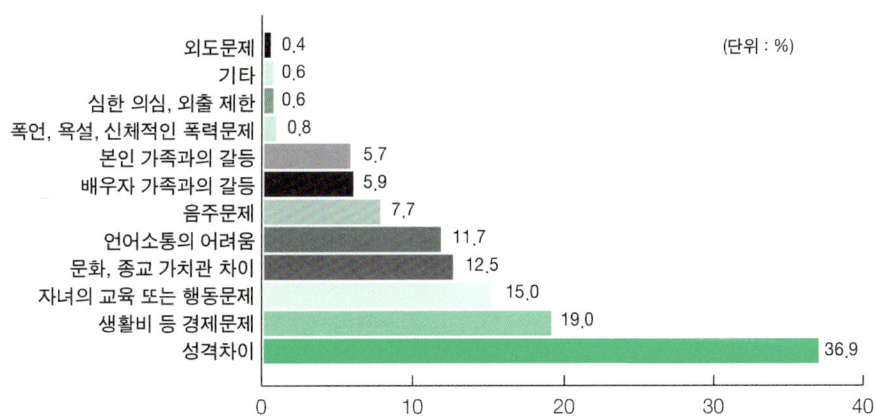

그림 12-9 배우자와 지난 1년 동안 다툼 이유(복수응답)

더군다나 한국인 남편이 음성적인 결혼중계업소에 금전적인 대가를 지불하면서 결혼을 감행하는 경우에는 결혼이주여성을 자신의 사유재산으로 취급하는 경우가 있는데,[2] 여기서 가정폭력이 발생되기도 한다.

1년간 결혼이민자·귀화자인 배우자와 다툰 경험이 있는 배우자는 64.8%로, 주로 성격차이(34.7%), 생활비 등 경제문제(18.9%), 자녀교육 및 행동문제(16.1%)가 부부 갈등의 주된 원인으로 나타났다.

(4) 역할 인식

부모의 자녀양육에 대한 동등한 책임의식은 전체 국민에 비해 다소 높고, 집안일의 동등한 분담에 대해서는 전체 국민과 비슷한 수준으로 나타났다.

표 12-5 가족 내 역할에 대한 인식 (단위 : 점)

구분	아버지도 어머니와 똑같이 자녀를 돌볼 책임이 있다	맞벌이 부부는 집안일도 똑같이 나누어서 해야 한다
다문화가족	4.28	3.67
전체 가족	4.07	3.70

출처: 여성가족부(2015b). 2015년 가족실태조사.

5) 사회적 관계

(1) 사회적 차별

사회적 차별을 경험한 비율은 40.7%로 2012년에 조사(41.3%)에 비해 감소한 것으로 나타났다.

2) 2011년 미국무부의 국제인신매매보고서(Trafficking in Persons Report)는 한국의 국제결혼의 일부를 인인매매의 형태로 인식하였다. http://www.state.gov/j/tip/ris/tiprpt/2011/index.htm

표 12-6 결혼이민자·귀화자의 사회적 차별 경험

(단위 : %)

	전체	성별		혼인 상태				거주지역	
		여성	남성	유배우	이혼/별거	사별	미혼	동부[3]	읍면부
있었음	40.7	40.1	43.3	40.3	48.4	35.9	37.0	41.7	37.2
없었음	59.3	59.5	56.7	59.7	51.6	64.1	63.0	58.3	62.8

(2) 관계 맺음

결혼이민자·귀화자의 30% 이상이 필요로 하는 사회적 관계가 부족한 것으로 나타났다. 2012년 조사에 비해, 자신이나 집안에 어려움이 있거나 도움이 필요할 때 의논하거나 도움을 요청할 사람이 없다는 응답이 증가하였다. 가족 간 위계적 권력관계와 누적된 갈등, 불충분한 의사소통과 문화적 차이 등으로 인해 자신들을 지지해 주는 인적·사회적 연계망을 가질 수 없는 어려움이 그들을 외롭게 한다.

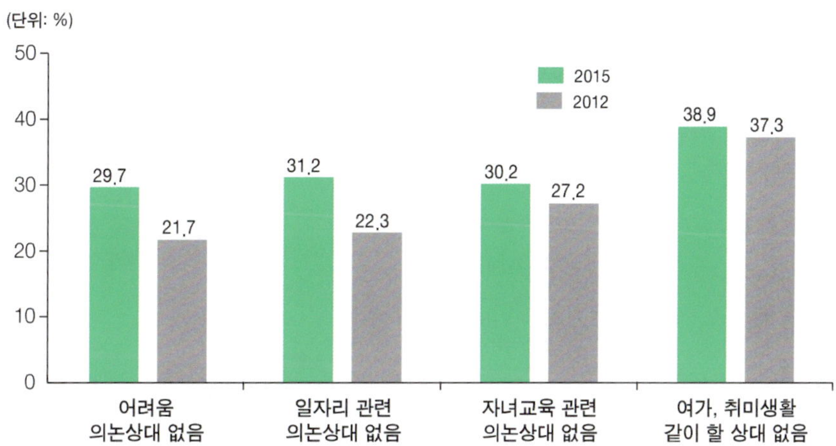

그림 12-10 결혼이민자·귀화자 중 '의논 같이 할 상대 없음' 비율

3) 지역구분 시, 읍면부는 농어촌지역을, 동부는 도시지역을, 이외 특별광역시로 층화한다.

6) 지원서비스

(1) 결혼이민자·귀화자의 지원서비스 이용률 및 서비스 요구

결혼이민자 · 귀화자의 지원서비스 이용 경험 비율은 54.9%로, 2012년(46.2%)에 비해 8.7%p 증가하였으며, 60.6%의 여성과 29.5%의 남성이 서비스 이용 경험이 있는 것으로 조사되었다.

결혼이민자 · 귀화자가 지원을 원하는 서비스는 일자리 교육과 일자리 소개가 5점 만점에 3.30점으로 가장 높고, 자녀생활 및 학습 지원이 3.13점, 그리고 가정방문 교육이 3.11점 순으로 나타났다. 가정방문을 통한 각종 교육과 한국어 교육 및 한국사회적응교육에 대한 요구는 국내거주기간 5년 미만 집단에서, 일자리 교육과 일자리 소개에 대한 요구는 거주기간 10년 이상 집단에서 높은 것으로 나타났다.

(2) 자녀의 지원서비스 수혜율 및 서비스 요구

다문화가족 자녀의 지원서비스 수혜율은 49.4%로 2012년 조사(35.2%)에 비해 14.2%p 높은 수치로 나타났다.

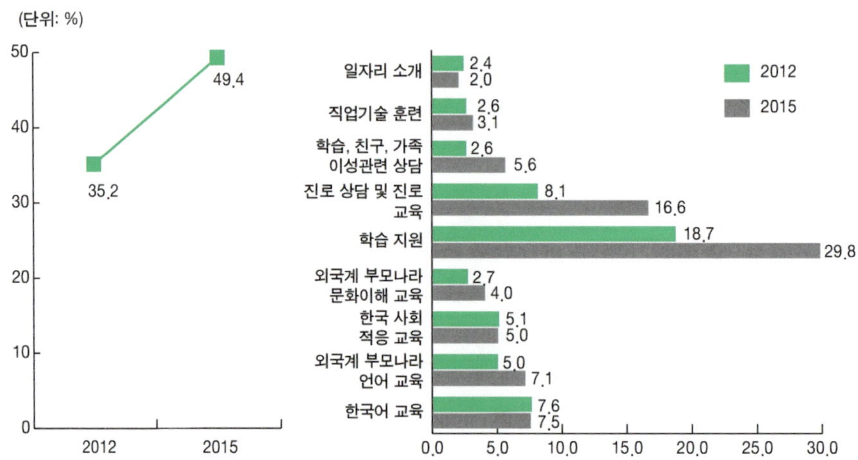

그림 12-11 다문화가족 자녀의 서비스 수혜율

서비스 수혜내용으로 학습지원(29.8%)이 가장 높고, 진로상담 및 진로교육(16.6%), 한국어교육(7.5%), 외국계 부모나라 언어교육(7.1%), 학습 · 친구 · 가족 · 이성 관련상담(5.6%), 한국사회적응교육(5.0%)으로 나타났다.

다문화가족 자녀들이 요구하는 서비스로는 진로상담 및 진로교육(53.7%), 직업기술훈련(42.0%), 학습지원(41.5%), 일자리소개(39.0%), 외국계 부모나라 언어교육(36.2%)으로 나타났다. 2012년 조사에 비해 외국계 부모나라 언어교육(6.9%p)과 진로상담 및 진로교육(4.6%p)에 대한 요구가 높아졌다.

7) 한국생활 적응

(1) 한국어 능력 및 모국어 사용

결혼이민자 · 귀화자의 한국어 능력에 대한 자신감이 상승한 것으로 조사되었는데, 주관적 한국어 능력은 3.81점으로 보통보다 잘하는 편으로 인식하고 있으며, 2012년(3.7점)에 비해 향상되었다.

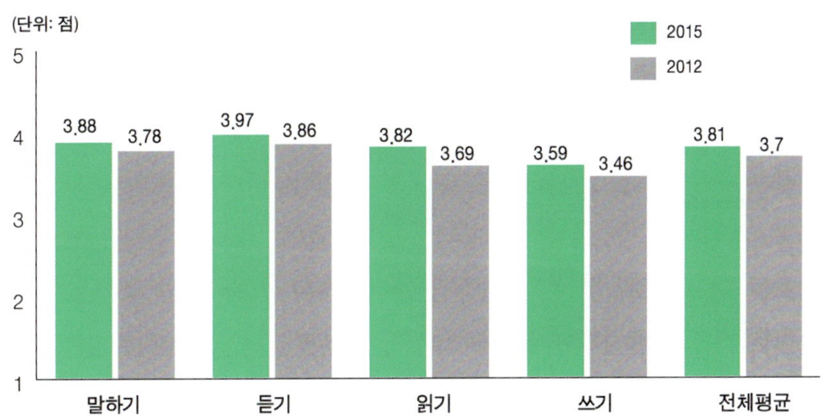

그림 12-12 결혼이민자·귀화자의 한국어 능력

결혼이민자 · 귀화자가 자녀에게 모국어를 가르치는 비율은 40.7%에 달해 2012년(25.0%) 대비 큰 폭으로 증가하였다. 또한 결혼이민자 · 귀화자의 한국출신 아내가 한국출신 남편보다 배우자의 모국어 사용에 대한 격려나 배우려는 노력을 월등히 많이 하는 것으로 조사되었다.

(2) 한국생활 적응 상태

결혼이민자 · 귀화자는 언어문제, 외로움, 경제적 어려움, 자녀양육 및 교육문제를 주된 어려움으로 답하였다. 2012년 조사에 비해 경제적 어려움, 언어문제, 문화차이, 편견과 차별 등은 감소한 반면, 외로움, 자녀양육 및 교육은 증가하였다.

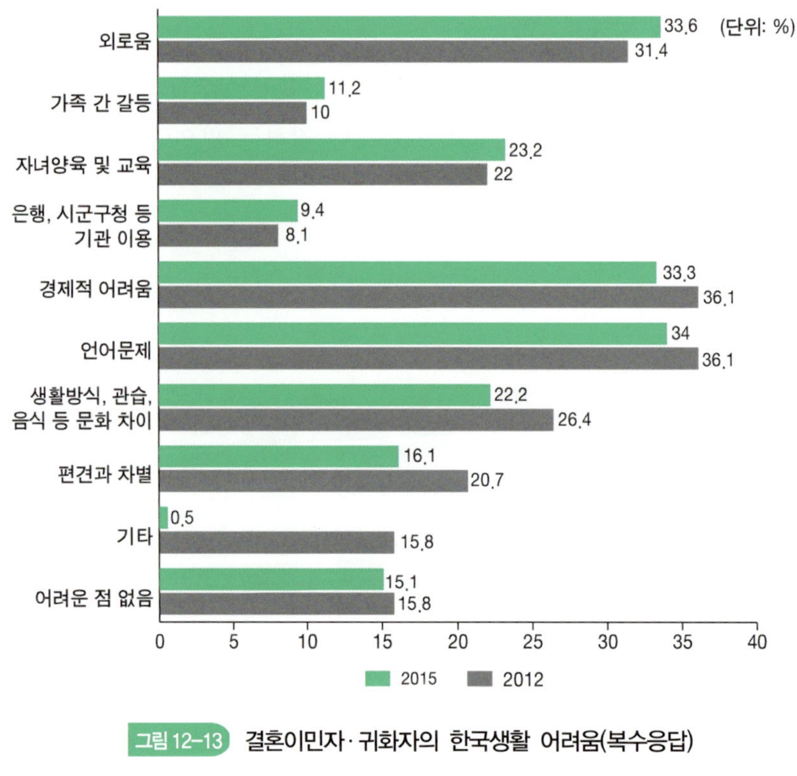

그림 12-13 결혼이민자 · 귀화자의 한국생활 어려움(복수응답)

그럼에도 불구하고 이들의 한국생활 적응에 있어서 가장 많이 지원하는 사람은 한국출신 남편으로 나타났다. 나이가 젊을수록 참는 경우가 많으며, 한국체류기간이 긴 국적취득자의 경우는 남편을 설득하거나 싸워서 해결하는 빈도가 높다고 한다(송다영 외, 2011).

3 다문화가족에 대한 사회복지서비스

1) 서비스 전달체계

(1) 다문화가족지원법

다문화가족지원사업은 2006년 4월 대통령 자문기구인 '빈부격차 · 차별시정위원회'와 여성가족부 등 12개 부처가 공동으로 '여성결혼이민자 가족의 사회통합지원' 대책을 마련한 것을 필두로 본격적으로 실시되었으며, 이는 2008년 3월 21일 '다문화가족지원법'이 제정되면서 법적 근거와 제도적 기반을 갖추게 되었다(강복정, 2012). 이렇게 다문화가족 서비스의 법적 근거는 '다문화가족지원법'으로 5년마다 수립된다. 이 법은 다문화가족 구성원이 안정적인 가족생활을 영위할 수 있도록 삶의 질 향상과 사회통합에 이바지함을 목적으로 한다.

이후 다문화가족의 확산과 함께 다문화사회 담론이 사회적 이슈가 되면서 급기야 2009년에는 국무총리실에 '다문화가족정책위원회'를 설치하여 다문화가족지원사업을 총괄하였으며(주 정, 2015), 다음해인 2010년에 '제1차 다문화가족지원정책 기본계획'과 2012년에 '제2차 다문화가족지원정책 기본계획'을 수립하기에 이른다.

표 12-7 다문화가족서비스 전달체계에 관한 정책[4)]

구분	다문화가족지원정책(1차) 2010~2012(3년간)	다문화가족지원정책(2차) 2013~2017(5년간)
법	다문화가족지원법	
비전	열린 다문화사회로 성숙한 세계국가 구현	활기찬 다문화가족, 함께 하는 사회
목표	• 다문화가족의 삶의 질 향상 및 안정적인 정착 지원 • 다문화가족 자녀에 대한 지원 강화 및 글로벌 인재 육성	• 사회발전 동력으로서의 다문화가족 역량 강화 • 다양성이 존중되는 다문화사회 구현
과제구성	5대 영역 61개 세부과제	6대 영역 86개 세부과제
기본계획 추진과제	① 다문화가족 정책추진체계 정비	① 다양한 문화가 있는 다문화가족 구현
	② 결혼이민자 안정적 정착 및 자립역량 강화	② 다문화가족 자녀의 성장과 발달 지원
	③ 다문화가족 자녀의 건강한 성장환경 조성	③ 안전한 가족생활 기반 구축
	④ 다문화가족에 대한 사회적 이해 제고	④ 결혼이민자 사회경제적 진출 확대
	⑤ 국제결혼중개관리 및 입국 전 검증시스템 강화	⑤ 다문화가족에 대한 사회적 수용성 제고
		⑥ 정책추진체계 정비

(2) 다문화가족지원센터

2006년 범부처 차원에서 '여성결혼이민자가족의 사회통합 지원방안'을 마련하여 결혼이민자가족의 사회문화적 적응 지원체계 구축을 위하여 시 · 군 · 구별로 '결혼이민자가족지원센터' 21개소를 지정 · 운영하였다. 2년 후 다문화가족지원법이 제정되면서 '결혼이민자가족지원센터'는 '다문화가족지원센터'로 명칭이 변경되었으며, 2017년 현재 전국에 217개소가 운영되고 있다.[5)] 최근에는 다문화가족지원센터 일반형이 아닌 확대형이라는 건강가정 · 다문화가족지원 통합서비스 운영기관이 2017년 현재 101개소로, 점차 건강가정지원센터와 다문화가족지원센터가 통합 추세에 있다.

4) 여성가족부 2010년, 2012년 '다문화가족지원 사업안내' 자료집을 인용하여 본 집필자가 표로 정리한 것이다.
5) 다문화가족지원센터는 다누리콜센터(☎ 1577-1366), 다문화가족지원 포털사이트(다누리 http://liveinkorea.kr), 다누리앱 등을 통해 확인할 수 있다.

표 12-8 다문화가족지원센터 현황(2017. 01)

지역	서울	부산	대구	인천	광주	대전	울산	세종	경기	강원	충북	충남	전북	전북	전남	경북	경남	제주	합계
계	24	9	7	9	4	5	5	1	30	18	12	14	14	21	21	23	19	2	217

출처: 여성가족부. 2017년 다문화가족지원 사업안내.

① 사업목적

다문화가족의 안정적인 정착과 가족생활을 지원하기 위해 가족 및 자녀교육 및 상담, 통번역 및 정보제공, 역량강화지원 등 종합적인 서비스를 제공하여 다문화가족의 한국사회 조기적응 및 사회경제적 자립지원을 도모한다.

② 기본사업[6)]

2015년 개발된 영역별(가족, 성평등, 인권, 사회통합, 상담영역) 사업을 기본으로 추진하되, 지역 사정에 맞게 변형하거나 센터별로 특화사업을 추진하는 것을 가능하게 하였다. 그리고 다문화가족지원센터의 핵심사업이었던 한국어교육 프로그램이 2014년도부터 제외되면서 '방문교육' 사업에 한국어교육서비스만 남아 있는 상태이다(주 정, 2015).

6) 이하 기본사업 프로그램 표 출처는 여성가족부(2017b)의 '2017년 다문화가족지원 사업안내' 자료집을 인용하여 본 집필자가 정리한 것이다.

• **가족**

표 12-9 가족

<table>
<tr><th>항목</th><th colspan="3">내용</th></tr>
<tr><td>내용</td><td colspan="3">• 가족 간의 소통을 통한 믿음과 사랑 증진
• 올바른 부모역할에 대한 이해 증진
• 가족 내 이중언어 사용 활성화로 소통 증진 및 다문화 정체성 함양</td></tr>
<tr><td>주요
키워드</td><td colspan="3">• 소통, 화합, 사랑, 이해</td></tr>
<tr><td rowspan="2">세부내용</td><td>공통필수</td><td>선택(예시)</td><td>비고</td></tr>
<tr><td>• 다문화가족 이중언어 환경조성프로그램

• 다문화가족 학령기 자녀 입학 및 입시정보 제공 (부모 대상)</td><td>• 가족의사소통프로그램
• 가족관계향상프로그램
• 결혼과 가족의 이해
• 가족의 의미와 역할
• 아버지교육
• 부모-자녀관계 및 자긍심 향상 프로그램
• 자녀교육프로그램
• 부모역할교육, 자녀건강지도
• 자녀생활지도 등</td><td>연간
필수 24시간
선택 26시간 이상</td></tr>
<tr><td>방법</td><td colspan="3">• 교육과 체험 등을 센터 및 지역특성에 맞추어 적합하게 실시
• 교육내용 및 운영방법에 있어 단기성 또는 행사성 사업 지양
• 자녀와 부모 함께 적극적으로 참여하는 기회 증진
• 학생관련 프로그램 기획 시 교육청 사업과 중복 사업 지양
• 대상에 맞는 주제 및 진행방법 선정</td></tr>
</table>

가족 프로그램 운영 시 유의할 점은 일회성 또는 행사성 사업을 지양하고 학생관련 프로그램은 교육청 사업과 중복하여 실시되지 않도록 주의하여야 한다.

- **성평등**

표 12-10 성평등

<table>
<tr><th>항목</th><th colspan="3">내용</th></tr>
<tr><td>내용</td><td colspan="3">• 부부 간 성평등 인식 고취
• 가족 간 성평등 인식 고취
• 가족 간 이해와 믿음 쌓기</td></tr>
<tr><td>주요 키워드</td><td colspan="3">• 성평등, 이해, 믿음</td></tr>
<tr><td rowspan="2">세부내용</td><td>공통필수</td><td>선택(예시)</td><td>비고</td></tr>
<tr><td>• 배우자·부부교육</td><td>• 이주여성 대상 프로그램
• 이주여성과 한국인 배우자 대상 프로그램 등</td><td>10시간 이상 실시</td></tr>
<tr><td>방법</td><td colspan="3">• 서로를 이해하기 프로그램에 당사자 적극 참여하는 방안 마련
• 역할 바꾸어 하기 등 다양한 방법 활용</td></tr>
<tr><td>참고</td><td colspan="3">• 민주적이고 양성평등한 부부관계 확립에 기여할 수 있는 프로그램으로 구성해야 함</td></tr>
</table>

- **인권**

표 12-11 인권

<table>
<tr><th>항목</th><th colspan="3">내용</th></tr>
<tr><td>내용</td><td colspan="3">• 인권의식 함양
• 인권침해 문제 발생 시 보호 및 구제방법 숙지</td></tr>
<tr><td>주요 키워드</td><td colspan="3">• 인권, 차별금지</td></tr>
<tr><td rowspan="2">세부내용</td><td>공통필수</td><td>선택(예시)</td><td>비고</td></tr>
<tr><td>• 다문화이해교육
• 인권감수성 향상교육</td><td>• 다문화가족 관련법과 제도
• 이주민과 인권</td><td>10시간 이상 실시</td></tr>
<tr><td>방법</td><td colspan="3">• 여성가족부와 국가인권위원회의 연계 방안
• 인권 관련 NGO 등 단체, 전문가 활용</td></tr>
</table>

- **사회통합**

표 12-12 사회통합

<table>
<tr><th>항목</th><th colspan="3">내용</th></tr>
<tr><td>내용</td><td colspan="3">• 사회통합을 위한 사회구성원으로서의 권리와 의무, 책임에 대한 지식과 소양 함양</td></tr>
<tr><td>주요 키워드</td><td colspan="3">• 취업연계, 협업</td></tr>
<tr><td rowspan="3">세부내용</td><td>공통필수</td><td>선택(예시)</td><td>비고</td></tr>
<tr><td>• 취업기초소양교육
• 구직자 발굴 시 e새일시스템과 연계된 워크넷 등록 및 새일센터로 적극 연계
• 새일센터의 결혼이민자 대상 직업교육훈련 개설 시 적극 협조(교육과정 설계 및 모집 등)</td><td></td><td>e새일시스템과 연계된 워크넷 등록 및 새일센터 연계(10건 이상)</td></tr>
<tr><td>• 다문화가족 나눔봉사단 소양교육(4시간 이상)
• 다문화가족 나눔봉사단 활동</td><td>• 한국사회적응교육
• 소비자·경제교육
• 학업지원반(검정고시반 등) 운영 및 연계
• 다문화가족 자조모임
• 다문화인식개선
• 결혼이민자 멘토링프로그램
• 결혼이민자 정착단계별 지원 패키지 프로그램
• 건/다가 통합서비스 운영기관은 공통필수사업으로 실시</td><td>15시간 이상 실시(봉사자 소양교육 필수 4시간 포함)</td></tr>
<tr><td>방법</td><td colspan="3">• 여성가족부와 고용노동부의 연계 방안
• 학업지원반(검정고시반 등) 희망자가 있는 경우, 반 운영 및 전문기관으로 연계 가능
• 취업을 위한 자격증, 면허증 등 운영 방안
• 취업관련 기관 간 연계: 직원 중 1명을 반드시 취업지원 담당자로 지정</td></tr>
<tr><td>참고</td><td colspan="3">• 워크넷, 새일센터, 연계의 연구 구직희망자 등록하는 것도 1건으로 인정
• 새일센터, 취업훈련 전문기관에 대상자 연결
※ 다문화가족지원센터에서는 취업연계 중심으로 운영하고 새일센터에서 결혼이민자의 체계적인 직업훈련을 지원하도록 여성가족부에서 역할을 조정하여 2011년부터 운영 중임</td></tr>
</table>

• **상담**

표 12-13 **상담**

<table>
<tr><th>항목</th><th colspan="3">내용</th></tr>
<tr><td>내용</td><td colspan="3">• 다문화가족 부부, 부모, 자녀관계 개선 및 가족갈등 등 관련 상담을 통해 다문화가족의 내부 스트레스 완화 및 가족의 건강성 증진
• 상담을 통해 가정해체 예방
• 갈등해소를 통해 이해 강조
• 사례관리하기</td></tr>
<tr><td rowspan="2">세부 내용</td><td>영역</td><td>공통필수</td><td>선택(예시)</td></tr>
<tr><td>상담(연80회기 이상)</td><td>가족상담</td><td>• 개인상담
• 집단상담
• 사례관리
• 심리검사
• 위기가족 긴급지원
• 외부상담기관 연계</td></tr>
<tr><td>상담</td><td colspan="3">• 친인척문제: 문화차이, 의사소통, 부모와의 갈등, 형제자매와의 갈등 등
• 부부문제: 외도, 배우자의 가출, 별거, 폭력, 이혼 등 부부갈등 및 가족해체 문제
• 자녀문제: 자녀와의 갈등, 이성/친구관계, 학교폭력, 임신, 비행(약물, 알코올중독, 가출 등), 폭력
• 사회문제: 사회부적응, 이웃관계 갈등, 사회적 차별 및 소외 등
• 성문제: 성폭력, 성추행, 성병, 성에 대한 정보 등
• 경제문제: 경제적 어려움, 채권/채무, 경제상담 등
• 취업상담: 취업기관 추천 상담, 직장 내 갈등 및 스트레스 등
• 법률상담: 이혼상담, 혼인신고 절차상담, 체류상담, 국적취득(귀화)상담, 중도입국자녀 입양절차
• 중독상담: 알코올중독, 도박중독, 약물중독, 인터넷중독 등
• 장애상담: 신체질환 및 장애 등
• 기타: 개인관련문제, 기타 등</td></tr>
<tr><td>사례 관리</td><td colspan="3">다문화가족의 정착을 위해서 국제결혼가정의 특성을 고려한 가족형성 초기 적응과 집중적 맞춤 지원, 복합적이고 장기적이며 만성적인 문제로 가족갈등이 심화된 다문화가족 구성원이 스스로 삶을 계획하고 실천할 수 있는 역량을 갖출 수 있도록 다양한 서비스를 지원하는 것</td></tr>
<tr><td>방법</td><td colspan="3">• 센터에 배치된 상담전문인력 활용, 상담전문인력 미배치 센터의 경우 동등한 자격을 갖춘 객원상담원, 자원봉사자 등 활용 가능. 필요 시 관련 전문기관과의 연계 실시
※ 단, 다문화가족지원 사례관리사업센터의 경우, 사례관리업무는 다문화가족사례관리사가 담당
• 내방, 방문, 전화, 온라인 상담 등 다양한 경로로 상담 제공 및 적절한 서비스 연계 추진</td></tr>
</table>

③ 별도지원사업

이 사업은 기존 특성화로 운영되던 사업으로, 결혼이주여성과 다문화가족의 역량과 체질을 개선하여 지역사회의 수요와 특성에 맞는 강점중심 분야에 특성화하도록 추진하는 것이다. 최근에 별도지원사업으로 명칭이 변경되었다.

- **방문교육사업**

 방문교육사업은 크게 한국어교육, 부모교육서비스와 자녀생활서비스로 구분한다. 즉 생활언어를 익히고 문화를 이해할 수 있도록 체계적 · 단계별 한국어교육서비스를 제공한다. 그리고 언어와 문화차이 등으로 자녀양육에 어려움을 겪고 있는 결혼이민자에게 부모교육서비스를 제공한다. 이런 교육서비스 외에 학업성취가 낮고 자아, 정서, 사회성 발달에서 어려움을 겪고 있는 다문화가족 자녀에게 자녀생활서비스를 제공한다. 이러한 방문교육서비스를 직접 제공하는 인력을 '방문교육지도사'라 한다.

- **자녀 언어발달지원사업**

 다문화가족 자녀의 성장단계별 언어발달 정도를 진단평가하고 언어 향상을 위해 교육프로그램을 제공하는 서비스이다. 즉 체계적이고 전문적인 언어발달 지원서비스 제공을 통해 다문화가족 자녀들이 건강한 사회구성원으로, 나아가 글로벌 인재로 성장할 수 있는 초석을 마련한다. 이 사업은 다문화가족 자녀의 언어발달 상태를 평가하고, 의사소통에 어려움을 가진 아동에게 적절한 언어교육을 실시함으로써 원만한 발달이 이루어지도록 한다. 그리고 다문화가족 자녀의 언어교육과 더불어 다문화부모에게 상담 및 교육방법을 제공함으로써 일상생활에서도 아동의 언어발달 촉진을 도모한다.

 - 다문화가족 자녀 언어평가
 - 다문화가족 자녀 언어교육
 - 부모상담 및 교육

- **결혼이민자 통번역서비스사업**

결혼이민자 및 그 가족의 초기 생활적응에 필요한 의사소통을 지원하기 위해 제공하는 통역 및 번역서비스이다. 구체적으로 살펴보면, 첫째, 입국 초기 결혼이민자의 초기 정착 단계에서 경험하는 의사소통 문제해결을 위한 통번역서비스 지원으로 한국사회 조기적응에 기여한다. 둘째, 한국말이 서툰 결혼이민자의 가족/사회생활에 필요한 의사소통을 지원하기 위한 통번역서비스를 제공한다. 셋째, 통번역사 인력채용 등 사회적 일자리 확대로 결혼이민자의 자립능력과 주체적 역량을 강화시킨다.

- **다문화가족 사례관리사업**

입국 초기 결혼이민자 등의 한국어 능력, 가족관계, 자녀 유무, 경제적 여건 등을 고려한 대상자별 특성에 따른 개인별 맞춤지원을 위한 사업이다. 즉 다문화가족의 복잡하고 다양한 문제해결 및 욕구해소를 위한 심리·정서적 안정 및 자립역량강화 지원 등 맞춤형 종합서비스를 제공한다. 또한 체계적인 실적관리를 통한 사례관리사업의 지원체계 구축 및 안정화를 이룬다. 이렇게 양질의 사례관리서비스를 제공함으로써 결혼이민자 및 다문화가족의 안정적인 사회정착의 기반을 마련한다.

- **결혼이민자 멘토링사업**

초기 정착단계의 결혼이민자에게 정서적 지지와 돌봄 등 1:1 멘토링 서비스 제공을 통해 한국사회에서의 안정적인 정착 및 사회통합에 기여한다.

- **자녀성장지원사업**

다문화가족 자녀에 대한 정체성 회복 및 사회성과 리더십 개발을 위한 프로그램 제공으로 다문화가족 자녀의 건강한 성장 지원 및 부모-자녀관계 향상에 기여한다.

2) 생애주기별 맞춤형 서비스

여성가족부는 이민단계를 5단계로 나누어 서비스를 제공하고 있다.[7)]

(1) 1단계: 입국 전 결혼준비기

이 단계에서는 국제결혼 과정의 인권보호와 교육프로그램이 가장 중요하다. 그렇기 때문에 중개과정에서의 인권침해나 사전정보 부족 등으로 인해 발생하는 문제를 예방하기 위한 조치가 필요하다. 따라서 국제결혼중개업체의 관리가 시급하며,[8)] 한국생활 정보를 제공하고 상담할 수 있게 창구를 만들어야 한다. 즉 한국생활에 대한 정확한 정보를 습득할 수 있도록 국제결혼이민관의 상담과 사전정보 제공 활동을 강화하는 한편, 한국인 배우자 교육도 중요하다. 몇 해 전부터 국제결혼이 증가하고 있는 국가 현지에 콜센터 및 입국 전 교육프로그램을 운영하고 있다.

(2) 2단계: 입국 초 가족관계 형성기

이 단계는 다문화가족의 안정적 정착과 안정적 생활이 필요한 시기이다. 따라서 이를 위한 한국어 교육, 위기개입 및 가족통합 교육이 중요하다. 한국어 교육의 접근성을 높이기 위한 매체의 다각화뿐만 아니라 임신과 출산을 지원하는 종합정보, 그리고 가족위기 개입, 가족통합교육 등 가족의 안정적 정착을 위한 다양한 사업을 제공할 필요가 있다.

(3) 3단계: 자녀양육 및 정착기

이 단계에서는 다문화가족 자녀의 양육 및 교육 지원이 필요하다. 다문화가족의

7) 여성가족부 홈페이지(http://www.mogef.go.kr/index.jsp)

8) 2008년 6월 '결혼중개업의 관리에 관한 법률' 시행과 함께 국제결혼중개업에 대해 등록 · 관리제도가 도입되어, 결혼중개 과정에서 이용자를 보호할 수 있는 조치들이 취해진다. 국제결혼중개업자들은 등록 전에 윤리의식 교육을 받고 손해배상책임을 보장하기 위한 보증보험 등에 가입해야 하며, 허위과장광고 금지, 외국 현지법령 준수, 해외이주알선업 등과의 겸업금지 등 의무가 주어지고, 이를 위반할 경우 등록취소나 과태료 처분 등 제재를 받게 된다.

아동양육을 지원하기 위한 방문교육이라는 별도지원사업을 통해, 자녀에게 한국어와 생활서비스를, 부모에게 자녀양육방법 등을 교육시킨다. 이를 up-grade하기 위해서 다문화가족 아동보육지원 프로그램을 개발하는 한편, 다문화특성화 보육시설을 지정하여 시설미이용 아동에게 보육교사를 파견하는 일이 필요하다. 그리고 결혼이민자의 정착을 위한 취업역량 개발을 위해 취업 임파워먼트로 영농기술교육, 취업교육, 정보화교육 등이 이루어져야 한다.

(4) 4단계 : 역량강화기

이 단계는 결혼이민자의 경제적 · 사회적 자립을 위한 역량강화기로, 이들에게는 무엇보다 일자리 분야가 필요하다. 따라서 결혼이민자의 취업역량을 강화하기 위해서, 농촌지역에 영농기술교육을 비롯한 정보화교육 등 다양한 취업능력 향상교육을 실시하든지, 결혼이민자들에게 적합한 전문인력(다문화강사, 외국어강사, 통번역사 등)이 배출되도록 지원하는 것이 필요하다.

그리고 결혼이주여성들의 역량을 강화하기 위한 기반으로 자조모임 및 정책모니터링제도 운영 등을 통해 다문화가족 구성원이 다문화사회 통합의 선도적 역할을 수행할 수 있도록 활성화시킨다.

(5) 전 단계 : 다문화 역량강화

전 단계에서는 대국민 인식개선 및 홍보를 할 수 있는 다문화사회 통합지도자를 육성하는 것이다. 그렇기 위해서 다문화가족 실태조사를 실시(다문화가족지원법 제4조)하여 다문화가족-활동가-지역사회가 함께 할 수 있는 지역사회 협력네트워크를 구축하고, 대국민 다문화 인식개선을 위한 교육 및 홍보 등 다문화역량을 강화하기 위한 노력이 필요하다. 즉 중앙-지방-NGO 간 유기적 연계 및 추진체계를 구축하고, 기업과 지역사회 등이 함께 하는 '다문화봉사대'를 결성하여 다문화가족의 정착을 돕는 것도 중요하다.

• **가정폭력으로 사망한 이주여성 피해 사례**

2007년 7월 4일, 결혼이주해 온 베트남 여성 '후안마이(19세)'는 갈비뼈 18개가 부러진 채 시체로 발견되었다. 2007년 1월 결혼중개업체의 소개로 건설일용노동자인 장모(46세)씨를 만나 결혼해서 5월 16일 한국으로 입국한 그녀를 기다린 것은 결혼중개업자였으며, 남편이 말했던 장밋빛 결혼생활이 아니었다. 27세 연상인 남편은 일정한 직업이 없었고, 거주지는 월세 18만 원의 지하 단칸방이었다. 남편은 "한국어 학원에 다니고 싶다"는 후안마이의 요청을 외면하였고, 바깥출입조차 허용하지 않았다. 한 달 후 고향으로 돌아가겠다고 말한 후안마이에게 되돌아온 것은 남편의 무자비한 폭행이었고, 그로 인해 후안마이는 사망하였다. 범인으로 검거된 남편은 수사과정에서 "돈 들여 아내를 데려왔는데 자꾸 돌아간다고 해 홧김에 때렸다"고 진술했다. 이 사건 담당 재판부는 사망피해자 이주여성 당사자의 목소리를 재판에 반영하기 위해 고인이 남긴 편지글을 인용하며 남편의 우발적인 아내살인 사건에 대하여 이례적으로 징역 12년형의 판결을 선고하였다.

출처: 한국일보, 2007. 8. 20.

• **국제결혼금지국으로 지정된 한국!**

몇 해 전 캄보디아 정부가 자국민의 한국인과의 결혼을 전면 금지시켰다. 인신매매적 형태와 신부학대 등이 실마리가 되었다고 한다. 남편의 구타로 베트남 신부의 늑골이 18개나 부러진 채 숨진 사건이 있었다. 대한민국 이미지를 먹칠하는 불미스러운 사건이 끊이지 않는 것은 인터넷이나 휴대전화 등을 이용한 무등록 영세 국제결혼 알선업체가 난립한 것도 한 원인이다. 경쟁이 심화하다 보니 불법이 횡행하고, 심지어는 국제 인신매매 조직과 연계해 알선하는 일도 벌어지고 있다고 한다.

출처: 경향신문, 2010. 3. 22.

• **의사소통 곤란과 문화차이로 인한 인권침해**

일본 출신 40대 이주여성: 한국에 시집와서 가장 어려웠던 점은 언어문제였다. 한국사람들은 말이 빠르고 목소리가 커서 이야기를 할 때에도 서로 싸우는 것처럼 들리고, 상대방의 특징을 농담삼아 이야기하는 것도 서로 상처가 된다. 문화적 차이와 생활습관 등에서 오는 갈등도 힘들었다.

중국 출신 30대 이주여성: 조선족이어서 처음 왔을 때는 언어적인 어려움은 없었으나, 문화적인 차이에서 오는 오해가 있었다. 중국에서는 모르는 사람에게는 인사를 하지 않는데, 한국에서는 어른을 보면 무조건 인사해야 한다는 문화에 익숙해지기 힘들었다.

출처: 이형하, 2010.

Chapter 13

여성노인과 사회복지서비스

1 여성노인에 대한 이해

1) 노인에 대한 이해

노인의 범위는 법규에 따라 상이하며 현대사회는 경제활동인구의 노령화 증가와 의료복지, 건강제도의 발달, 여성의 출산 감소 등의 여러 가지 사회적 영향으로 전체 인구 중 노령인구가 차지하는 비율이 점점 높아지고 있다. 특히 여성노인은 남성노인에 비해 평균수명이 길며, 경제적으로나 신체적으로 더 열악한 위치에 놓여 있어 빈곤율도 높다. 따라서 여성노인들을 위한 사회복지정책 및 서비스가 마련될 필요가 있다

- **고령자고용촉진법** : 고령자는 55세 이상, 준고령자는 50세 이상 55세 미만인 자
- **노인복지법** : 65세 이상인 자를 노인으로 규정
- **국민연금법** : 60세부터 노령연금 급여대상자로서 노인으로 규정

UN은 고령인구 비율에 따라 다음과 같이 분류한다.

- 고령화사회(aging society) : 전체 인구 중 65세 이상 고령인구비율이 7% 이상~14% 미만인 사회
- 고령사회(aged society) : 전체 인구 중 65세 이상 고령인구비율이 14% 이상~20% 미만인 사회
- 초고령사회(super-aged society) : 전체 인구 중 65세 이상 고령인구비율이 20% 이상인 사회

이 분류에 따르면 <표 13-1>에서 보는 바와 같이 우리나라는 이미 지난 2000년에 65세 이상 인구비율이 7.2%에 이르러 '고령화사회'에 들어섰으며, 2018년에는 이 비율이 14.3%가 되어 '고령사회'에 진입이 예측되며, 2026년에는 20.8%가 되어 '초(超)고령사회'에 도달할 것으로 전망되었다.

표 13-1 연령계층별 인구 및 구성비 (단위 : 천 명, %)

구 분	1980	1990	1998	2000	2008	2010	2018	2026
총인구	38,124	42,869	46,287	47,008	48,607	48,875	49,340	49,039
0~14세	12,951	10,974	10,092	9,911	8,458	7,907	6,286	5,721
15~64세	23,717	29,701	33,126	33,702	35,133	35,611	35,979	33,099
65세 이상	1,456	2,195	3,069	3,395	5,016	5,357	7,075	10,218
구성비	100.0	100.0	100.0	100.0	100.0	100.0	100.0	100.0
0~14세	34.0	25.6	21.8	21.1	17.4	16.2	12.7	11.7
15~64세	62.2	69.3	71.6	71.7	72.3	72.9	72.9	67.5
65세 이상	3.8	5.1	6.6	7.2	10.3	11.0	14.3	20.8

출처: 통계청(2006b). 장래인구추계.

노인이란 일반적으로 발달단계의 마지막 단계에 있는 사람이라고 하지만, 이 마지막 단계에 대한 범위를 정확히 정할 수는 없다. 왜냐하면 사람마다 노화의 정도가 다르며, 학자와 나라, 시대마다 노화를 개념화하는 방식에 다소 차이가 있기 때문이다.

생물학적인 연령을 기준으로 할 때 55세를 노년기의 시작으로 보는 경우도 있지만, 60세나 65세를 노인의 기준 연령으로 보는 경우도 있다. 이는 한 나라 안에서

적용되는 법이나 사회서비스의 적용대상을 나눌 경우 통일되지 않은 기준이 나타남에서도 알 수 있다. 우리나라에서도 법에 따라 60세를 기준으로 삼거나 65세를 기준연령으로 삼지만, 「노인복지법」상으로는 65세 이상을 노인으로 규정하고 있다. 그러나 노인을 단지 생물학적 연령만으로 규정하는 데는 무리가 있다. 건강상태나 소득수준, 문화, 가치관, 거주지역 등 다양한 상황들이 노인을 규정하는 데 영향을 미치고 있기 때문에 일괄적으로 몇 세부터 노인이라고 정의하는 것 자체가 무리이다. 그러므로 본 글에서도 노인복지법에 나타나는 65세 이상을 '노인'으로 규정하고, 65세 이상의 여성을 '여성노인'으로 규정하기로 한다.

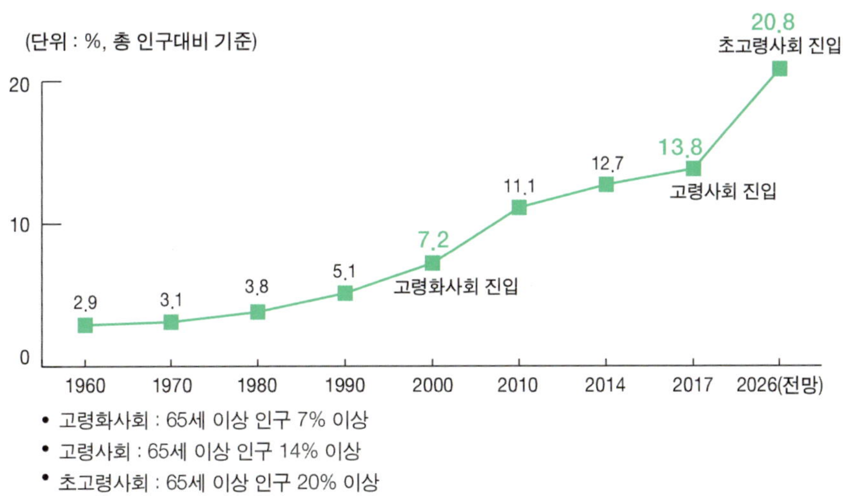

그림 13-1 65세 이상 고령인구 비중 추이

2) 노인문제에 대한 이론적 관점

현대사회의 노인문제에 대한 이론적 관점은 기능주의, 갈등주의, 상호작용주의, 교환주의, 현대화 이론이 있다. 그러나 여성노인의 경우는 성차별에 의한 문제가 있어 여기에 성차별주의를 더한다.

(1) 기능주의

기능주의 이론에서 보는 노인문제는 노인이 사회의 변화속도를 따라가지 못해서 적절한 기능을 찾지 못하는 경우와 빠르게 변화되어 가는 사회적 가치나 규범에 노인이 적응하지 못하는 경우와 같이 노인의 사회적 기능이 역기능적으로 작용하여 발생한다고 본다. 그리고 노년기의 문제는 이전의 생산 활동에 대한 보상이라는 의미에서 사회의 분배기능의 실패로 노인에게 적절한 보상을 제공하지 못해서 일어나는 것으로 본다.

(2) 갈등주의

갈등주의 이론에서 노인문제는 연령계층 간의 갈등에서 찾을 수 있다. 즉, 희소가치를 더 많이 소유한 중년층에게 희소가치에 접근할 수 있는 기회를 상실한 노인층이 불만을 가지고 분배방식에 변경을 요구할 경우 중년층이 이를 문제라고 인식하는 데에서 발생한다. 이 관점에서 보는 노인문제는 급속한 사회변동으로 노인에게 합당한 새로운 문화, 규범, 가치관이 정립되지 못한 상황에서 발생하는 가치갈등과 새로운 환경에 대한 부적응의 결과로 본다.

(3) 상호작용주의

상호작용주의적 관점에서 보면, 노인문제는 사회가 노인을 병들고 가난하며 쓸모없는 존재로 보는 데서 발생한다. 사회적으로 노인을 이렇게 보면 노인 스스로 쓸모없고 수동적이고 의존적인 존재로 만들게 된다. 이렇게 노인문제는 노인에 대한 사회의 부정적인 낙인에 따라 행동하는 노인과 노인에게 그러한 낙인을 찍는 사회제도와 잘못된 일반적인 인식에서 발생한다고 본다.

(4) 교환주의

교환주의에서 보는 노인문제는 노인이 갖는 경험이나 기술이 교환가치를 지닌 자원으로 인정되고, 이로 말미암아 권위자로 평가받아 왔던 전통사회와는 달리 현대

사회에서는 산업화와 과학기술의 발달로 노인이 사회에서 효용가치, 즉 교환가치를 상실한 결과로 발생한다고 본다. 즉, 현대화의 요인들이 산업사회에서의 노인의 지위를 하락시켜 문제를 발생시킨다고 보는 관점이다.

(5) 성차별주의

성차별주의에서는 노인들 모두의 문제에 더해서 여성노인들이 더욱 빈곤해지는 이유를 여성들이 일생을 통해서 받아 온 성차별에 의해서 발생한다고 본다.

2 여성노인의 실태

1) 여성노인의 상황

(1) 생리 · 신체적 측면

여성노인은 신체적 측면에서 여성의 성 및 성역할과 관련된 문제를 안고 있다. 또한 자녀의 출산과 육아 및 가사노동으로 인해서 여성 특유의 건강문제를 안고 있으며, 유병률이 남성노인보다 높다. 일상생활에서 약간이라도 도움이 필요한 여성노인의 비율이 남성노인에 비해 높은 것으로 나타나고 있다.

만성질환의 경우 전체 여성노인의 유병률이 월등히 높은 것으로 나타나고 있다. 특히 관절통과 만성요통의 경우는 여성노인의 상병률이 2배에 달한다. 또한 만성질환으로 인한 일상생활 지장률이 높고 전체 여성노인의 절대다수가 만성질환으로 인해 일상생활에서 고통받고 있음을 알 수 있다.

(2) 사회 · 심리적 측면

사회 · 심리적으로 여성은 삶의 공간이 '가족중심적'인 좁은 생활환경에 국한되어 왔기 때문에 사회적 연결망이 좁으며, 그로 인해 노후 적응, 고독감 해소 등의 이점을 제공받을 수 있는 여러 가지 사회적 활동이 제한되어 있어 남성보다 고독, 우울감을 더 심각하게 경험한다. 따라서 여성노인은 생활의 만족도 면에서도 남성노인에 비해 낮으며, 우울도도 여성노인이 심한 것으로 나타났다(최선화, 1999). 여성노인은 사회적 기회의 상실뿐 아니라 배우자 상실과 고독을 경험하는 동시에 빈곤과 질병으로 인한 스트레스가 가중된 탓으로 이해되고 있다.

여성노인의 노화 경험과 적응은 여러 면에서 남성노인과 상당한 차이가 있다. 평균수명, 교육수준, 취업여건, 연금혜택, 은퇴시기, 건강상태, 유배우자율, 결혼의 기회, 사회적 관계와 도움, 홀로됨의 적응, 그리고 은퇴의 경험에 대해서 남성과 다른 노년생활을 경험한다. 따라서 노년연구의 대부분이 여성이고 앞으로도 여성노인이 상당히 늘어날 것으로 예측된다. 여성노인은 어느 인구층보다 경제적으로 가장 혜택받지 못하고 불리한 집단으로 남성보다 노화 경험에서 훨씬 많은 문제를 가지고 있다고 볼 수 있다.

(3) 인구사회학적 측면

일반적으로 노인문제를 조명해 보려면 문제의 단초를 제공하는 인구학적 특성을 살펴보아야 하고, 특히 여성노인의 인구사회학적 특성은 여성노인문제의 근본원인이 된다. 여기서는 여성노인문제에 보다 직접적인 영향을 미치는 요소로서 평균수명의 연장과 남녀 간 격차, 노인의 성비 불균형 및 남녀 노인 간의 유배우자율 차이 등에 대해 살펴보기로 하자.

① 평균수명의 성별 격차

우리나라의 평균수명은 보건의료수준의 향상, 국민들의 영양상태 양호 및 건강에 대한 관심 제고 등에 힘입어 광복 이후 지속적으로 증가해 왔다.

사망률과 출생률의 감소는 노인인구를 이전 사회보다 급증시켰고, 이러한 노인인구의 증가와 사회구조 및 가치관의 변화로 인해 노인문제가 보다 심각해졌다고 할 수 있다.

성별로 보면, 기대여명은 65세 남자 80.8세까지, 여자 84.9세까지로 여자가 남자보다 4.1세 더 오래 사는 것으로 나타났다. 우리나라의 남녀 간 평균수명 차이는 여성노인복지와 관련된 많은 문제를 양산하는 원인이 된다.

② 성비 및 유배우율의 불균형

남녀 간의 평균수명 차이로 인해 전체 노인인구 중 여성노인이 차지하는 비율도 압도적으로 높게 나타나 고령노인의 대다수를 여성노인들이 차지하고 있다. 따라서 여성노인은 남성노인과 비교해 볼 때 고령으로 갈수록 홀로 될 가능성이 더 높고 배우자 없이 홀로 사는 기간은 평균 10년 가량이 된다.

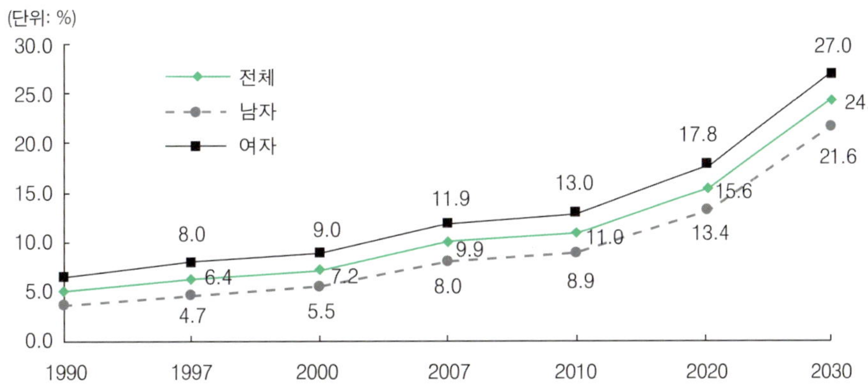

그림 13-2 성별 고령인구 구성비 추이

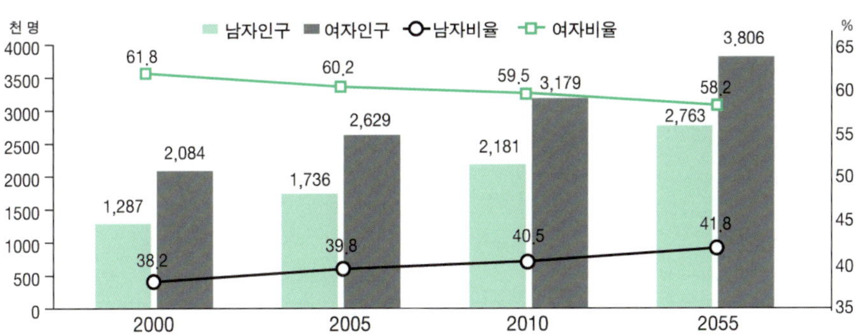

그림 13-3 고령인구 및 남녀비율

출처: 통계청(2016).

그러므로 성별에 따른 유배우율의 차이는 평균수명의 차이에서 주로 기인하는 것이지만 결혼연령이나 재혼율의 차이에서도 부분적으로 기인하는 것으로 볼 수 있다. 이러한 무배우 여성노인의 증가는 생활보장문제, 장기보호문제, 자녀와의 갈등, 심리적 고독감, 성 및 재혼문제 등 제반 영역에 걸쳐 해결되거나 예방해야 할 많은 과제들을 시사해 주고 있다. 따라서 우리나라의 노인문제는 상당 부분 후기 고령기에 있는 여성노인의 문제라고 해도 과언이 아니다.

③ 경제적 특성

한국의 노인빈곤율은 OECD 회원국 중 가장 높은 수준이다. 중위가구소득 절반 미만의 소득자 비율로 측정되는 상대빈곤의 개념에 기초할 때, 한국노인의 45%가 빈곤상태로 나타났다. 빈곤율은 남성노인에 비하여 여성노인이 높아 남성노인이 OECD 평균 10%임에 비해 여성노인은 15%이다. 한국 노인빈곤율의 남녀차이가 큰 국가군에 속하여 뚜렷한 빈곤의 여성화 현상을 보여주고 있다(정경희, 2011).

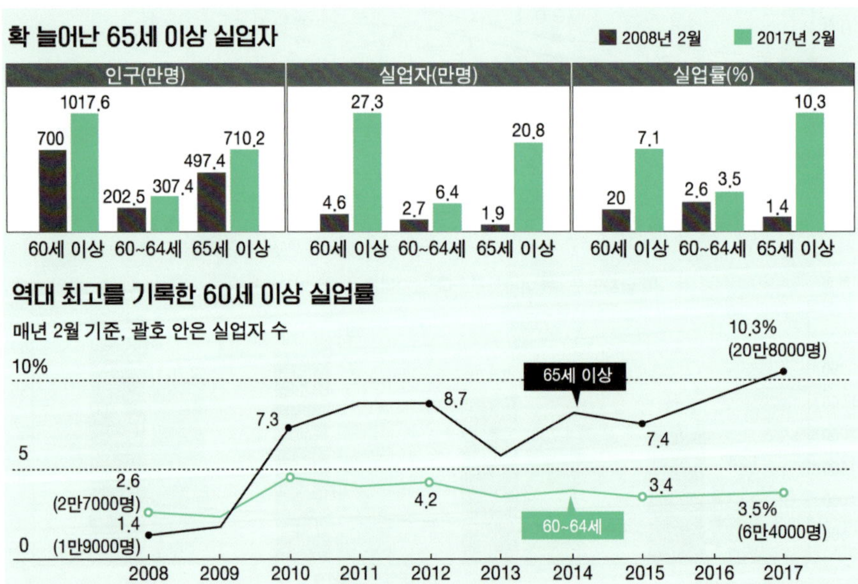

그림 13-4 노인 실업률

출처: 통계청.

노인의 생활비 마련방법은 '본인 및 배우자 부담'이 55.2%로 가장 많았고, '자녀 또는 친척 지원'이 35.4%, '정부 및 사회단체 지원'이 9.3% 순으로 나타났다. 성별로 보면 남성과 여성 모두 본인 및 배우자 부담이 69.2%, 45.3%로 나타났고, 그 방법은 근로소득 및 사업소득이 46.8%, 연금 및 퇴직금이 28.0%, 재산소득이 14.1% 순이었다(2013년).

노인의 34.0%가 경제활동을 하고 있으며, 56.7%는 과거 경제활동을 하였으나 지금은 하고 있지 않고, 9.3%만이 평생 일을 한 경험이 없는 것으로 파악되었다. 성별에 따른 노인의 경제활동 실태를 살펴보면, 남성의 43.0%가 현재에도 일을 하고 있는 반면 여성의 경우 그 비율이 27.2%에 불과하다. 노인의 경제활동 사유를 보면 남성이 여성에 비해 생계비 마련을 위한 목적의 경제활동 응답비율이 높았다(박옥임 외, 2015: 303-304).

표 13-2 취업 상태 통계자료 (단위: 천 명. %. %p)

구분	2017.5				2018.5						
	55~79세 인구	구성비	남자	여자	55~79세 인구	구성비	증감	남자	구성비	여자	구성비
〈전 체〉	12,929	100.0	6,122	6,807	13,441	100.0	-	6,395	100.0	7,046	100.0
• 취업자(고용률)	7,117	(55.0)	4,121	2,996	7,421	(55.2)	0.2	4,296	(67.2)	3,126	(44.4)
• 미취업자	5,813	45.0	2,001	3,812	6,020	44.8	-0.2	2,100	32.8	3,920	55.6
- 취업경험이 있으나 현재 미취업	5,308	41.1	1,977	3,332	5,501	40.9	-0.2	2,076	32.5	3,425	48.6
- 생애동안 취업 경험 전혀 없음	505	3.9	24	480	519	3.9	0.0	21	0.4	495	7.0

고령층 남자의 고용률은 67.2%로 여자(44.4%)보다 **22.8% 높았음**
생애동안 **취업경험이 전혀 없는** 경우는 3.9%(51만 9천 명)로 이 중 **여자가 95.4%**(49만 5천 명)를 차지

2014년 고령층(55~70세) 인구 중 연금 수령자는 45.7%(519만 8천 명)로 남자는 50.1%, 여자는 41.8%가 연금을 수령한 것으로 나타났으며, 월평균 연금수령액은 42만 원으로 남자는 60만 원, 여자는 23만 원을 수령하고, 150만 원 이상 수령자의 비율은 남자 12.3%, 여자 2.6%를 차지하였다(박옥임 외, 2015: 302; 통계청, 2014).

이와 같이 빈곤한 여성노인은 태어나면서부터 모든 여성들이 받아 왔던 교육기회의 차별, 가정 내의 권력불평등, 노동시장불평등, 연금제도 등에서의 불이익 등 모든 측면에서 생애 동안 불평등한 대우를 받았고, 따라서 노년기에도 가난에서 벗어날 수 없는 형편에 처하게 된 것이다.

④ 여성노인 질병

관절통과 만성요통의 경우 여성노인의 상병률이 매우 높은 것으로 나타났는데, 이는 여성이 자녀출산 및 육아와 가사노동 등 가정 내 재생산활동으로 인해 여성 특유의 건강상의 문제를 지니며, 이러한 건강문제는 그동안 가정 안팎에서 남성에 비해 상대적으로 경시되었음을 보여준다. 그리고 여성노인의 우울증 등과 같은 정신건강상의 문제도 역시 소홀히 다루어졌다.

⑤ 여성노인학대

노인학대는 1980년대에 처음 일반인들에게 인식된 후 현재는 심각한 노인문제로 나타나고 있다. 최근 우리나라에서도 그 위험수위를 넘어서고 있다.

이에 정부는 노인보호 및 노인학대예방을 위하여 은폐되어 있는 노인학대사례를 보다 적극적으로 발굴하기 위해서 지방노인보호전문기관을 확대하고, 노인학대신고 및 상담전용전화(1577-1389) 홍보를 강화하는 한편 노인학대를 예방하기 위한 사회적 환경조성을 위한 인식개선사업을 적극적으로 펼쳐나갈 것이라고 하였다. 또한 기초노령연금제도 및 장기요양보험법을 통하여 지역사회 가족에 의한 노인부양부담을 줄여 노인학대를 예방할 수 있는 안전망 역할을 할 것으로 기대하고 있다.

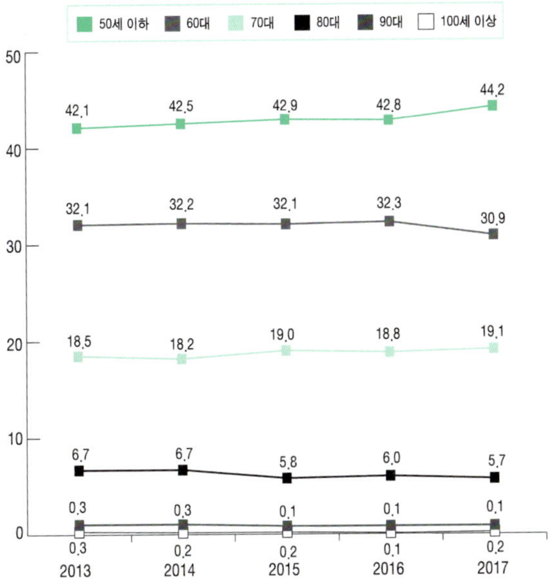

그림 13-5 연도별 학대피해노인 연령대

표 13-3 연도별 학대피해노인 연령대(단위: 건, %)

구분	2013년	2014년	2015년	2016년	2017년
59세 이하	12	9	3	5	4
	0.3	0.3	0.1	0.1	0.1
60~64세	189	191	204	213	141
	5.4	5.4	5.3	5.0	3.1
65~69세	462	452	524	589	740
	13.1	12.8	13.7	13.8	16.0
70~74세	728	654	771	852	969
	20.7	18.5	20.2	19.9	21.0
75~79세	753	846	865	978	1,071
	21.4	24.0	22.7	22.9	23.2
80~84세	712	716	770	881	900
	20.2	20.3	20.0	20.6	19.5
85~89세	420	421	456	499	525
	11.9	11.9	11.9	11.7	11.4
90~94세	193	191	163	206	204
	5.5	5.4	4.3	4.8	4.4
95~99세	42	46	56	53	58
	1.2	1.3	1.5	1.2	1.3
100세 이상	9	6	6	4	10
	0.3	0.2	0.2	0.1	0.2
계	3,520	3,532	3,818	4,280	4,622
	100	100	100	100	100

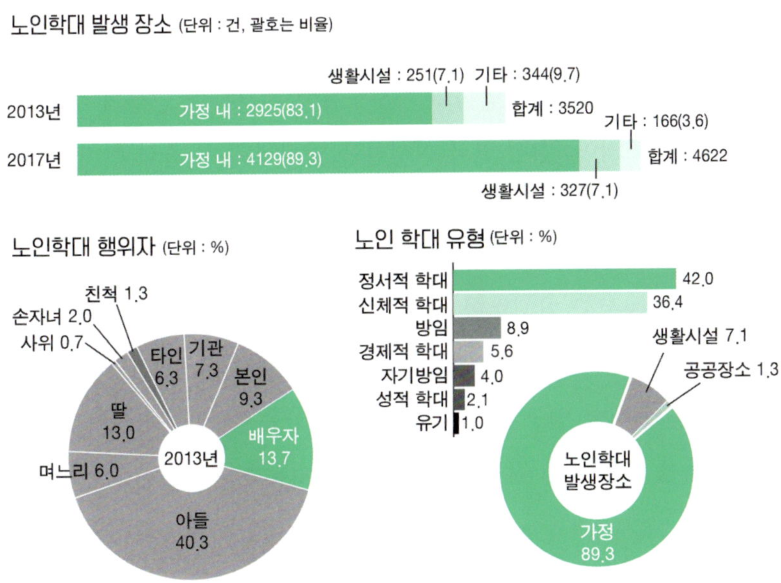

그림 13-6 학대피해노인 현황

2) 여성노인이 직면하는 문제

(1) 여성노인의 빈곤문제

현재 우리나라 사회는 초고령화 사회의 진입단계에 놓여져 있고, 여성노인은 남성노인보다 평균 7~8년 정도를 더 오래 산다. 노후에 여성이 더 오래 살기 때문에 많은 어려움이 따른다. 먼저 경제적 문제로, 여성노인은 생활비와 용돈을 자녀에게 의존하는 비율이 높다. 공적연금에 의존하는 경우에도 본인이 연금을 받기보다 유족연금을 받는 비율이 높기 때문에 액수가 많지 않다. 노후 삶의 질을 결정하는 가장 중요한 변수 중 하나는 경제적 자립이다. 이런 면에서 본다면 자녀의 도움을 받는 노인의 경우에는 자녀의 눈치를 보아야 하고, 심한 경우 이들의 정서적 학대까지 감내해야 한다. 자녀가 도움을 줄 수 없는 경우나 자녀가 없는 경우에는 경제적 어려움에 처할 수밖에 없다.

이렇게 여성이 노후에 빈곤할 수밖에 없는 이유는 여성의 삶이 남편의 수입에 의존하도록 구조화되어 있기 때문이다. 즉, 우리 사회에서 남성에 대한 여성의 경제적 의존을 강화해 온 사회제도적 · 문화적 요인에 그 뿌리를 두고 있다. 따라서 여성은 소득과 직접 연결되지 못하고 무임금의 가사노동에 종사하여 남성의 수입에 의존하도록 구조적으로 분리되어 있다. 결국 여성들은 일생에 걸쳐 출산과 자녀양육 및 가족 내 약자를 돌보는 역할을 딸이나 배우자로서, 어머니 또한 며느리로서 수행하지만, 이러한 노동에 대한 보수는 전혀 없다.

통계청에 따르면 여성의 기대수명(85.2세)은 남성보다 6.2세 많고, 남녀 간 결혼연령의 격차가 3~5세임을 감안하면 한국 여성은 10년에 가까운 기간을 노후에 홀로 생활해야 한다. 60세 이상 인구 중 독신 여성의 비율은 71.5%(2015년 기준)이다. 여성 1인 가구의 소득은 월 100만 원 미만이 절반 이상(56.9%)에 달하고 있다.

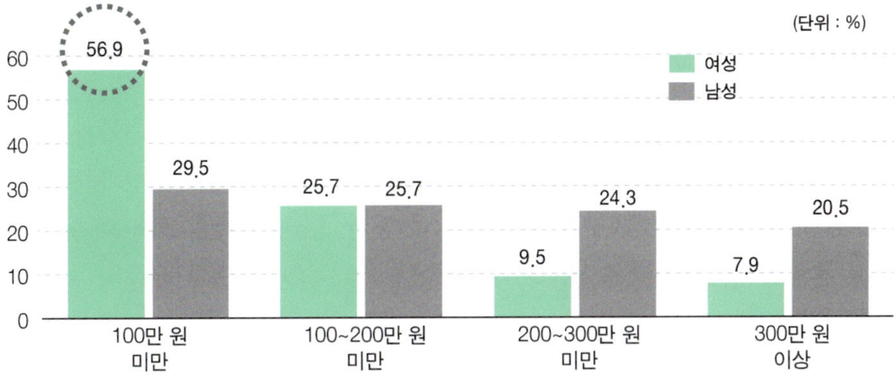

그림 13-7 1인 가구 소득(2016년 기준)

출처: 한국일보(2017. 6. 27).

노인여성이 경제활동에 참여하는 경우에도 여성직종이라는 저임금노동과 불완전 고용이 대부분을 차지하기 때문에 고용과 승진에서 구조적인 불이익을 받을 수밖에 없다. 더구나 출산과 육아문제로 20년 이상 한 직종에 종사하기가 어려운 구조적 문제를 내포하고 있으며, 가사노동과 자녀양육 등의 사회적 노동도 무임금으로 처리된다. 이는 근본적으로 여성노동에 대한 구조적 문제와 사회보장제도의 모순이 만들어낸 결과라고 할 수 있다.

여성노인의 빈곤은 생애의 한 시기에 발생한 현상이기보다 전 생애에 걸친 여성에 대한 성차별에 의해서 나타난 현상이다. 다시 말하면, 남성에 대한 여성의 경제적 의존체계, 직접적인 소득획득 과정에서의 여성 배제, 성차별적 고용구조 등이 근본적인 원인이다. 이렇게 여성의 노후빈곤은 자원확보에 실패한 개인의 문제가 아니라 성차별적 사회구조, 여성의 남성에 대한 의존과 간접적인 자원접근의 한계에서 나오며, 남성중심적 자원분배의 결과이다.

이와 같이 전 생애를 통한 여성들의 가정과 양육에의 경제적 기여는 축소평가되고 있으며, 오히려 일의 대가로 주어지는 경제적인 보상체계에서 여성 자신의 경제적 안정과 자립을 위협하는 모순된 결과를 가져온다.

(2) 결혼관계의 해체

여성에게 결혼의 해체는 가정 내의 의존적 자녀를 책임지고 남편의 수입에서 차단되므로 소득절감을 겪게 되어 빈곤해지는 원인이 된다. 따라서 결혼관계의 유지는 여성 노후의 경제적 안정에 직접적으로 영향을 미친다. 여성은 남성과 결혼관계를 유지하고 있을 때 가계수입에서 간접적인 경제적 혜택을 입을 수 있어 빈곤으로부터 보호되며, 여성의 노후 수입을 결정하는 중요한 변수가 된다. 이렇게 결혼관계는 여성의 경제적인 안정에 직접적으로 연결되기 때문에 여성이 이혼하거나 사별할 경우에는 수입의 원천을 상실하게 되어 경제적인 어려움에 직면하게 된다. 여성노인들은 남편과의 사별 이전에 수입이 많을수록 빈곤으로부터 보호받는 경향이 있으나, 대부분의 미망인들은 노후보장이 마련되지 않은 상태에서 배우자의 죽음을 맞게 된다. 무배우자 여성노인은 이전에 남편에게 직접 지급되던 수입원을 그의 죽음과 함께 상실하게 된다. 또한 국민연금제도에서도 남편에게 직접 지급되는 노령연금액과 그의 미망인에게 지급되는 유족연금 간에는 혜택 면에서 상당한 차이가 나도록 규정되어 있다.

(3) 여성노인의 건강문제

여성노인의 건강문제는 퇴행성 또는 노쇠로 인한 만성진행성 질환으로, 장기적인 치료와 지속적인 관리가 요구되므로 해당 가족의 정신적·경제적 부담이 크다. 왜냐하면 노화현상은 발생과 진행이 대단히 느리고, 증상이 급변하지 않는 데 반하여 노인병이 발생하면 건강상태나 증상이 급격히 악화되기 때문이다. 따라서 비교적 저렴한 노인 건강서비스의 확대를 위해 간병인, 가정봉사원, 가정간호사, 임시요양시설 등을 양성화해야 한다. 그러나 우리나라의 경우 경제적 어려움과 맞물려 다가오는 고령사회에 대한 대책이 매우 미비한 실정이다.

(4) 시설보호의 문제

현재 시설보호는 많은 노인들이 시설에 들어갈 수 있는 자격에서 제외된다는 것에서 문제점이 있다. 그러므로 차상위계층 노인들에게도 혜택이 돌아갈 수 있도록 자격기준이 완화되어야 하며 무료요양원과 양로원의 수와 시설이 확충되어야 한다. 반면, 유료양로원과 요양원은 재정적 부담과 함께 사회적 인식 때문에 노인 자신과 자녀 모두가 꺼리고 있다.

(5) 사회복지제도의 모순

한국의 연금제도는 개인 자격으로 주어지는 것이 아니기 때문에 여성은 남편에 종속된 존재로 가급연금이 부여된다. 따라서 남편 사망 시에 유족연금이 지급된다. 이와 같은 연금제도는 결혼이 평생 지속될 것이라는 전제하에, 그리고 남편은 경제적인 부양자로, 부인은 전업주부라는 가정하에 이루어졌다. 그러나 현대사회에서 이혼이 증가하고 여성의 취업이 늘어나면서부터 이러한 제도의 문제점이 드러나고 있다. 여성이 이혼을 하는 경우는 연금분할 신청을 해야 하며, 취업을 하는 경우에도 여성취업의 특성상 연금혜택을 받기에 불리한 경우가 대부분이다. 여성이 취업한 경우에는 10년 이상을 근무해야 연금을 받을 수 있기 때문에 단기적이고 간헐적인 취업이 특징인 여성들에게는 불리하다(최숙희, 1992: 98). 또한 여성들이 연금이 지급되는 핵심산업에 종사한다고 해도 직장 내의 성차별로 인해서 남성보다 승진이 늦고 임금이 낮아서 연금 혜택도 적다(최선화 외, 2011: 277-278 참고).

3 여성노인에 대한 사회복지서비스

1) 연금제도와 관련된 대책

최근 들어 노후생계대책은 자녀에게 의존하기보다 주로 연금제도에 의존한다. 노후소득보장정책의 강화로서 기초연금제도는 노후보장과 복지향상을 위해 65세 이상의 소득인정액 기준 하위 70% 어르신에게 일정금액을 지급하는 제도로, 2014년

7월부터 시행되고 있다.

또한 여성들 대부분이 취업해 있는 불완전고용에 대해서도 연금이 주어질 수 있는 제도적 장치가 요구되며, 여성의 가사노동도 연금에 포함될 수 있어야 할 것이다. 여성들의 경우에는 취업의 단절과 저임금 직종에 불완전고용되는 경우가 많기 때문에, 핵심산업에 20년 이상 취업해서 연금수급권을 갖는다는 것은 쉬운 일이 아니다. 그러므로 여성근로자들이 대부분 취업해 있는 비정규직 노동에 대한 연금수급제도가 마련되어야 할 것이다. 국내 여성의 노후빈곤 문제가 남성보다 심각하고, 이를 위해 연금제도 개편이 필요하다.

2) 사회적 일자리 창출

노인들의 경제적 문제를 해결해 주기 위한 취업은 만성질환 등으로 인해서 취업률이 낮고, 신체적 약화로 인해 지속적으로 일하기가 어려운 경우가 많다. 여성노인을 위한 일자리는 자립이라는 측면보다 사회참여와 노동권 보장이라는 측면에서 제공되어야 할 것이다. 건강하고 젊은 노인들이 나이 든 와상노인을 돌보는 시스템을 구축하는 것도 한 방안이 될 것이다. 이러한 방법은 우애방문 차원에서의 자원봉사와 함께 유료화하는 것도 생각해 볼 수 있다. 특히 차상위계층의 젊은 노인들이 이러한 일자리를 가짐으로써 사회적 일자리 창출의 효과도 가지며 삶의 보람과 함께 자긍심도 키우는 역할을 하게 될 것이다. 이러한 측면에서 본다면 공동모금회에서 특화사업의 일환으로 실시하는 여성가장들을 위한 노인가정 홈헬퍼 파견사업이 좋은 예라 할 수 있다. 즉, 사회공익적 차원에서 요구되는 사회적 일자리를 노동 가능한 노인들에게 지속적으로 제공해 줌으로써 이들의 사회적 참여와 함께 경제적 도움을 제공하는 이중의 목표를 달성할 수 있을 것이다.

노인의 수입을 늘리는 또 다른 예는 텃밭을 임대해서 노인들에게 분양하여 소일거리로 텃밭을 가꾸게 하는 것을 들 수 있다. 그곳에서 생산되는 무공해 채소를 시장가격으로 매입해 줌으로써 약간의 용돈을 마련할 수 있도록 돕고 있다. 이러한 방식은 노인들에게 원예치료라는 치료적 효과와 함께 수입을 가져다주기 때문에 큰 인기를 끌고 있다. 이 외에 노인자활센터에서 하고 있는 일자리창출사업으로 빨래방, 떡 방앗간, 비누 만들기 등이 있다.

여성노인들의 수입을 늘려 주는 직접적인 방법 외에 간접적으로 노인들에게 혜택을 주는 방법도 여러 가지가 있다. 요즘 유행하고 있는 청소년 할인혜택과 같이 노인들이 자주 이용하는 서비스요금을 할인해 주는 제도를 기존에 실시하고 있는 범위를 훨씬 넘어서서 파격적으로 확대해 나가는 것도 좋은 방법이 될 수 있다. 이러한 제도는 인구의 고령화와 함께 산업 전반에 걸쳐서 확대될 수 있다.

3) 노인부양 촉진과 관련된 대책

노인을 수발하고 부양하는 데는 여러 가지 경제적 부담이 따르지만 가장 큰 부담은 의료비이다. 노년기의 특성상 노인들의 의료비 부담을 경감시키기 위한 대책이 요구된다. 특히 여성노인들은 남성노인에 비해 만성적인 퇴행성 질환을 더 많이 갖고 있지만 제한된 의료보험 때문에 건강을 유지하는 데 많은 문제가 있다. 또한 여성노인들은 관절염, 신경통, 고혈압, 중풍, 당뇨병, 요도질환, 요실금, 골반골절, 시력장애 등에 시달리고 있다. 따라서 여성노인 특유의 질병에 대한 관심이 요구되며 여성노인의 의료적 수요를 충족시켜 주기 위한 대책이 요구된다. 그러므로 65세 이상 저소득층의 전체 노인 또는 일정 기간 노인을 모시고 있는 세대에게는 경로우대 공제액수를 대폭 인상하거나 보험수가를 낮추는 등의 더 많은 의료혜택을 주도록 배려해야 할 것이다.

또한 노인을 수발하는 데는 경제적 문제뿐만 아니라 장기간의 수발에 따른 가족원의 만성피로와 가족생활의 어려움이 발생하게 된다. 노인수발을 위해서 여성이 직장을 그만두어야 한다거나, 지나친 노동으로 인한 신체적 부담과 정신적 피로가 누적되기 쉽다. 이러한 현상을 막을 수 있도록 배려해 주는 것 자체가 노인학대를 미연에 방지하는 문제와 직결된다.

그러기 위해서는 노인부양수당, 노인간호수당 등을 제공하고 가정간호사제도를 도입하는 등의 실질적이고 획기적인 방안이 마련되어야 할 것이다. 또한 노인수발을 쉽게 할 수 있도록 보조해 주는 사회적 편의시설, 이용시설과 수용시설 등이 늘어나서 수발에 따른 문제가 분담되어야 할 것이며, 재가노인들을 위한 주야간보호서비스, 단기보호서비스, 방문요양서비스, 방문목욕서비스, 물리치료 등의 다양한 프로그램들이 제공되어야 할 것이다.

4) 관계망 형성과 관련된 대책

여성노인들은 사회관계망이 부족하고 정서적 부양을 제공할 배우자가 없는 경우가 많다. 그러므로 이들을 위해서 개인적·사회적 고민을 들어주고 조언을 해 주는 전문적인 상담기관과 상담원이 필요하고, 여성노인의 사회적 활동을 보람 있고 다양하게 할 수 있도록 하는 노인정, 노인학교, 지역사회복지기관 등의 프로그램 개발이 시급하다. 대부분의 노인들이 고독을 이겨내고 여가시간을 활용하는 것을 아직까지 TV 시청에 가장 의존하는 것으로 나타나고 있다. 시설에 거주하는 노인들은 실내생활에서 오는 갑갑함을 호소하고 있다. 이들은 바깥 외출과 나들이를 원하고 있지만 시설여건상 자주 할 수 없는 한계가 있다.

노인들의 사회적 소외문제를 해결하는 한 방법으로 청소년 자원봉사자들을 활용할 수 있다. 청소년들을 일정 시간 훈련시켜 독거노인방문과 말벗서비스, 동행서비스 등에 파견하는 방법도 생각해 볼 수 있다.

지금까지 여성계에서는 여성노인을 위한 의식운동이나 복지에 대해서 등한시해 왔다. 점차 여성노인들이 증가함에 따라 이들을 위한 옹호단체를 형성하여 여성노인들의 경제적·사회적 지위를 향상시키기 위해 정치적인 힘을 합쳐 나가는 것이 요구된다. 또한 여성노인문제를 체계적으로 연구하고 여성노인만이 겪는 문제들이 무엇인가를 밝혀내고 여성들의 노년생활이 의존적이고 외롭게 소외된 삶이 아닌 질적인 삶이 되도록 정책적 제안을 할 수 있어야 할 것이다.

5) 노인권리보장 교육

노인들은 신체적 약자라는 점에서 학대의 대상이 되기 쉽다. 그러므로 노인학대를 방지하기 위한 제도적 장치들이 마련되어야 할 것이다. 이러한 예로 외국에서는 옴부즈맨 제도를 두고 있다. 이들은 신고에 의해서 모든 과정을 조사하고 처리해 주는 역할을 하고 있다. 우리나라에도 이러한 제도적 도입의 필요성은 최근에 일어난 일련의 사건들을 통해서 알 수 있다. 부모가 자녀들을 대상으로 생활비를 요구하는 소송, 그리고 재산에 대한 침해를 막기 위한 소송이 늘어나고 있다는 사실 또한 이를 증명하고 있다. 이와 함께 노인들에게 자신의 권리를 주지시키고 대응하는 방법을 알려 주는 교육도 선행되어야 할 것이다. 교육으로는 노후의 삶을 준비하기 위한 노후대비교육, 자신의 삶을 설계할 수 있도록 도와주는 노후준비교육 등이 있다.

6) 노인의 주거문제 개선방안

최근 노인건강 수준의 향상과 가치관의 변화로, 노인들은 가능하다면 자립적인 생활을 원하고 있다. 이런 면에서 노인주택은 중요한 의미를 지닌다. 왜냐하면 노후에는 신체적 약화로 기능이 제한되게 마련이며, 이러한 한계를 보완해 줄 수 있는 주택설비와 여건이 요구되기 때문이다(Hooyman, 2001).

대부분 빈곤노인의 주택은 건축된 지가 오래되었거나 허술하게 건축되어 단열재가 부족한 것이 특징적으로 드러났다. 이러한 문제는 집수리서비스를 통한 단열재의 부착으로 어느 정도 해소될 것으로 조사되었다. 영구임대주택의 경우에는 지리적 여건이 생활근거지로부터 떨어져 있어 접근성의 문제가 있으며, 영세민 밀집지역에서는 급한 사정이 생겼을 때 돈을 변통하거나 도움을 받는 것이 더욱 어려운 것으로 드러났다(신현국, 2004). 시설주거의 경우에는 아직까지 노인들이 살 수 있는 주거 개념이 아니라 시설이라는 이미지를 탈피하지 못하고 있다. 또한 빈곤노인만을 위한 대책이 대부분이라는 것이 문제로 되고 있다. 그러나 차상위계층 노인은 비어 있는 시설에도 입소할 길이 없다. 유로시설의 경우, 빈곤층 노인의 입장에서는 비용이 만만치 않으며 시설운영자의 입장에서는 제때 돈이 들어오지 않아 무료시설보다 더 열악한 실정이다. 현재 시초 단계에 있는 중산층 노인시설에는 종교노인단체에서 운영하는 실비시설과 실버산업의 일환으로 운영되는 유료시설이 있다.

노인수발의 현실적 문제와 사회적 서비스의 부족이라는 간격을 메우는 민간주도의 서비스로는 노인을 위한 그룹홈 또는 노인하숙을 들 수 있다. 노인그룹홈은 일정한 자격을 갖춘 사람들이 주택을 개조해서 소수의 노인들을 돌보고 있는 형태를 말하며, 상당수가 존재하고 있다. 이러한 시설의 장점은 가격이 저렴하고 가정의 연장선에서 돌보아준다는 것이다. 그래서 맞벌이 부부나 자녀들이 여러 가지 이유로 부모를 모실 수 없는 경우에 이러한 시설을 이용하고 있다. 지금은 이 시설들에 대한 등록과 양성화 및 시설기준의 마련 등이 진행되고 있다. 이러한 시설에서의 노인학대 방지와 노인인권 보장을 위한 기준들이 마련되어야 할 것이다.

그림 13-8 **네덜란드 호그벡 마을(중증 치매노인 환자들이 공동체 생활을 하고 있는 주거공간)**

출처: 김향선 외(2019). p. 115.

노인을 위한 주택은 중산층을 위한 시설과 함께 고령사회를 대비해서 건축에서의 보편적 디자인 개념이 도입되는 것이 바람직하다. 즉, 노인과 장애인들이 생활하는 데 지장이 없는 시설과 설비를 모든 공공시설과 주택에 도입하도록 의무화하는 것이다.

그림 13-9 **미국의 시니어 코하우징의 대표 본보기 건물**

출처: 김향선 외(2019). p. 110.

독일, 핀란드 등 복지선진국의 상조주거운동과 미국, 덴마크의 코하우징 등의 입주자들처럼 사생활을 누리면서 공용기관에서 공동체 생활을 하는 협동주거형태를 받아들이는 것도 필요하다고 본다. 거주 빈곤노인을 위한 주택개량사업에 노인들의 욕구가 높으며, 이러한 사업에는 민간단체의 참여를 통한 지원이 가능하다. 예를 들면, 대기업의 봉사단체들이 자신들이 가진 전문인력을 이러한 봉사에 참여하게 함으로써 좋은 효과를 거둘 수 있을 것이다.

7) 생애주기별 위기와 대책

여성들은 성장기에 남성과 동일한 교육기회를 가져야 한다. 여성노인들의 경우 교육이 바로 수입과 연결되지 못하더라도 앞으로는 연결될 가능성이 훨씬 높다. 그러므로 평등한 교육기회가 보장되어야 하며, 자신의 능력을 발휘할 수 있도록 양성평등적으로 사회화되어야 할 것이다. 이렇게 교육받은 여성들이 취업할 수 있는 기회가 보장되어야 하며, 직장 내 불평등이 철폐됨으로써 여성들이 사회에 기여할 수 있는 여건이 마련되어야 할 것이다. 또한 결혼한 여성을 위해서 자녀를 안심하고 맡길 수 있는 아동보육시설들이 확충되어야 할 것이다. 특히 임신과 출산 및 아동양육 후에 재취업을 원하는 여성들을 위해서 직업훈련 기회 제공 및 재취업 기회가 늘어나야 할 것이다.

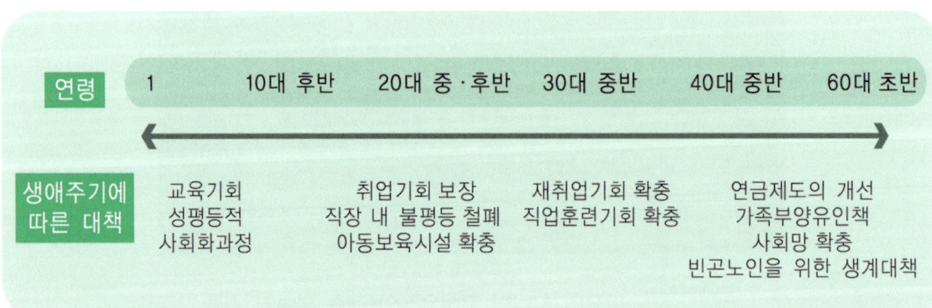

그림 13-10 여성의 생애주기에 따른 대책

✎ "존엄한 죽음"이란 가능한가 : 죽음준비학교

지난 6월 21일 식물인간 상태였던 김모(77) 할머니가 국내 처음으로 대법원의 존엄사 인정 판결을 받고 연명치료를 중단하였다. 인공호흡기를 뗀 후에도 생명을 유지하는 할머니의 모습에 일부에선 "과잉진료였다"는 주장마저 나오고 있다.

죽음에 대한 이야기를 아껴 왔던 대한민국 사회에 어떻게 죽는 것이 바람직한지에 대한 논의가 활발하다. 대법원의 존엄사 판결 이후 사회적 관심의 중심에 있는 존엄사의 의미를 알아보고 삶과 죽음을 이야기하는 다양한 이야기를 만나본다.

김 할머니처럼 인공호흡기를 제거한 후에도 오랫동안 생존한 사례로는 미국인 캐런 앤 퀸런(사고 당시 21세)이 꼽힌다. 1975년 사고로 식물인간이 된 그녀는 6개월간 산소호흡기로 하루하루를 연명했다. 고민하던 어머니는 존엄사를 허락해 달라는 소송을 제기했고 끝내 승소했다. 캐런은 다음 해 산소호흡기를 떼고도 9년을 더 살다가 폐렴으로 사망했다. 30년이 지나 현재 호스피스 센터를 운영하고 있는 캐런의 어머니는 "딸의 생을 우리 손으로 마감토록 한다는 건 결코 쉽지 않은 결정이었지만, 캐런이 원하는 대로 해 주고 싶었다"고 말한다.

서울 한 노인복지관에서 노인들을 위해 마련한 '죽음준비학교'의 수업이 소개되면서, '어떻게 죽는 것이 바람직할까'란 질문이 던져진다.

> "평화로운 죽음에 대한 희망이 의미 있는 삶을 만든다. 죽음준비 프로그램은 그렇게 삶의 중간 점검, 인생의 소중함을 알고 내가 귀한 사람들을 알아가는 과정이기 때문에 그 이후의 삶은 소중한 거죠. 죽음을 생각하면서 결국 지금의 삶을 소중하게 살게 되는 거죠……."

서울의 한 노인복지관에서는 할머니, 할아버지들을 위한 죽음준비학교가 진행되었다. 지나온 삶의 흔적과 추억, 모든 감정들을 정리하고 해소할 수 있는 시간이다. 편안한 마음으로 인생을 마무리 짓고자 하는 어르신들의 휴식처…… 속 편히 둘러앉아 서로의 정서를 공유하는 죽음준비학교에서 어르신들은 죽음에 대한 생각이 현재의 삶을 더욱 풍요롭게 만든다고 말한다.

출처: KBS 1TV, 2009. 8. 2.

그리하여 여성노인들은 짧은 경제활동과 공적연금제도에서의 배제 등으로 노년기에 빈곤한 삶을 영위하는 것을 벗어나야 한다.

이와 같이 여성들이 취업을 함으로써 스스로 노후대책을 마련할 수 있도록 연금제도가 여성들에게 좀 더 유리하게 개선되어야 한다. 또한 노인들을 부양하는 것이 용이할 수 있도록 사회제도적으로 가족부양유인책이 마련되어야 할 것이다. 사회적 관계망이 좁은 여성노인들을 위해서는 사회망 확충을 위한 기회 제공이 필요하다. 여러 겹의 보호막에도 불구하고 노후빈곤에 처한 여성들을 위해서 국가적 보호가 요구된다. 이렇게 여성노인들이 노후빈곤에서 벗어나기 위해서는 여성의 생애주기마다 도사리고 있는 불평등에 대한 개선과 위험에 대한 보장이 요구된다. 이러한 대책을 요구하기 위해서는 여성계에서도 여성노인에 대해서 좀 더 많은 관심을 기울여야 할 것이다.

Chapter 14

여성장애인과 사회복지서비스

1 여성장애인의 이해

1) 장애에 대한 정의

장애인을 어떻게 정의하느냐에 따라 여성장애인에 대한 개념과 정책적 접근도 달라지게 된다. 장애인의 개념은 시대마다 조금씩 변화하여 범위가 확대되어 왔다. 최근 들어 장애의 개념은 개인의 신체적 손상에서 사회적 제한으로 확대되고 있다.

UN은 1981년을 '세계장애인의 해'로 정하고 개인의 신체적 손상(impairment), 능력장애(disability), 사회적 불리(handicap)로 구별해야 할 필요성을 강조하였다. 또한 세계보건기구(WHO)에서 1980년에 국제장애분류(International Classification of Impairments, Disabilities, and Handicaps : ICIDH)를 통해 장애에 대한 개념을 확대하였다.

세계보건기구(WHO)에서는 1997년부터 장애(disablement)의 새로운 개념과 분류기준(ICIDH-2)을 마련하고 있다. 이 분류에서는 기본적으로 환경과 개인 간의 상호작용과 같은 상황적 요인을 장애 개념으로 채택하고 있으며, 손상, 활동장애, 사회적 참여의 장애로 구분하고 있다. 이 구분의 주요한 특징은 장애의 개념이 신체적 기능의 손상을 넘어 환경으로 인해 발생할 수 있는 장애를 포함시키고 있다는 점이다. 이와 같은 장애를 보는 시각의 변화는 장애인에 대한 재활정책이 단순히 개인적 차원의 재활을 넘어 사회환경의 변화까지 포괄할 수 있는 사회정책과의 연계 속에서 이루어져야 함을 의미한다(김윤정 외, 2001: 285).

장애인에 대한 사회적 정의는 소위 '정상'이라고 정의되는 것들과 배치되는 '비정상'으로 내려지고, 여기에는 일탈적이고, 이상하고, 신체적인 문제를 지닌 사회적으로 능숙하지 못한 것들의 개념이 나열되며, 결과적으로 장애인은 규범에서 벗어난 사람이 된다. 그런데 이러한 이데올로기는 생산의 영역과 재생산의 영역에서 똑같이 일어나서 여성장애인에게는 복합적인 차별로 나타나게 된다.

2) 여성장애인에 대한 정의

여성장애인이란 하나 혹은 그 이상의 신체적 · 정신적 장애를 지니면서 사회적 장애를 경험한 여성이다. 여기에는 손상의 심각성, 문화적 배경 또는 지역사회이든 시설이든 생활공간에 상관없이 장애소녀를 비롯한 모든 연령대의 여성이 포함된다. 여성장애인은 제한된 사회적 역할과 성인의 역할을 성취하는 데 필요한 제도적 수단의 부재로 인해 '역할상실(roleless)'을 경험하는 사람으로 개념화하기도 한다(오혜경, 김정애, 2000: 6).

3) 여성장애인의 사회적 맥락

여성장애인의 문제는 단순히 장애인의 문제만이 아니라, 남성우월적인 가부장적 사회에서 여성으로서의 차별을 받는다는 점이 가중되기 때문에 장애차별과 성차별이라는 이중차별의 문제로 정의된다. 일반적으로 성차별 현상은 사회에서의 성계층화로 연결된다. 여성은 남성에 비해 경제적으로나 사회적으로 낮은 지위에 있으므로 남성과 여성 사이에 위계질서가 형성되어 여성이 받는 차별적 대우가 제도적으로 나타나게 된다. 많은 경우 여성은 본인이 지닌 능력이나 기술에 관계없이 여성이라는 이유만으로 역할이 상당 부분 결정되어 왔고 또한 차별적 대우를 받아 왔으므로, 개인의 자질보다는 태어날 때부터 부여된 여성으로서의 귀속된 지위가 언제나 강한 영향을 끼쳐 왔다(오혜경, 2002).

올리버(Oliver, 1990)는 "장애의 사회적 모델"에서 "사회적 구성물로서의 장애" 개념을 제시하며, 개인적 경험으로 보이는 장애는 개인의 특성, 생물학적 조건이 아니라 전적으로 사회적 성격임을 강조한다. 즉, 장애를 사회환경에 의해 만들어지고 재생산되는 복합적인 사회구성물로 정의하고, 특정 사회구조와의 연관 속에서 이해되고, 극복되어야 한다고 주장한다. 또한 장애는 개인, 사회, 역사, 문화, 상황적 제반 요소들을 모두 포함하고 있으며, 성별화된 영역과 도그마, 고정관념, 종속의 과정 등을 구성하게 된다. 예컨대 장애인에 대한 편견에서부터 제도적인 차별, 분리교육, 노동에서의 배제까지를 의미한다.

이처럼 사회는 여성과 장애를 부정적으로 인식하여 부정적 역할을 부여하는 사회적 선택을 함으로써 이 선택이 여성장애인의 자아개념에 영향을 미치게 된다(이선우, 2004). 또한 올리버와 반스(Oliver & Barnes, 1999)는 장애인에 대하여 수동적이며 의존적인 개념으로 사회적 고정관념을 구성함으로써, 복지서비스 역시 고정관념에 기반한 의존성과 수동성의 이데올로기를 재강화하게 되는 모순을 지적하고 있다. 여성장애인의 경우에는 장애에 대한 편견과 여성장애에 대한 편견이 동시에 작용하게 된다. 그러므로 '효율성'과 '속도'를 숭배하는 자본주의 사회에서 장애인이면서 여성으로 살아가는 것은 매우 힘들다(김영화 외, 2007; 169). 장애인들은 자신들의 경험을 일반적인 문화에 드러낼 기회를 거의 가질 수 없기 때문에 장애인들의 소외가 일어나고, 장애 혹은 장애인에 대한 사회적 정의는 대부분이 비장애인들에 의해 이루어지고 있음을 지적한다.

4) 장애차별에 관한 이론[1)]

장애차별(disablism)이란 장애인을 주변화시키는 구조적 권력, 문화적 가치, 개인적 편견 등이 결합된 것으로서 부정적 측면에서 장애인을 묘사함으로써 이들을 억압하고 차별하는 것으로, 이러한 결합은 장애인을 사회주류(mainstream)에 완전히 참여하는 것을 방해하는 결과를 야기한다(권선진, 2006). 장애차별에 대한 일반이론은 사회진화론, 우생학 이론, 편견이론, 낙인이론, 생산성이론, 정책부재이론, 여성장애차별론 등이 있는데, 이 글에서는 중심적인 몇 가지 이론을 언급한다.

(1) 편견이론

편견은 과학적이지 않은 선입견에서 출발하는 바람직하지 못한 인식으로, 장애인은 대표적인 가치절하인 천시, 멸시, 차별의 대상이 되어 체계적으로 지역사회의 주류생활에서 배제되고 장애로 인한 더 큰 장애를 갖게 된다. 따라서 장애인은 신체적·정신적 손상에 의해 장애인이 되는 것이 아니라 편견에 의해 더 큰 장애를 경험하게 된다.

(2) 낙인이론

낙인이란 사회가 범죄자, 무능력자 등 부정적으로 규정하는 것으로 인해 범죄자로 낙인찍힌 사람이 더욱 범죄에 빠지게 되는 것으로 설명하는 이론이다. 이 낙인이

1) 이기량 · 주 정(2007), 「여성장애인 삶의 질 향상을 위한 방안 연구」 자료에서 인용하였다.

론을 적용하면 낙인이 사회적으로 결정된 규범, 즉 장애인에 대한 부정적 가치의 설정에 따라 또는 공식기관에 의한 선별적인 규범 적용을 통해 사회적으로 작용하여 낙인찍힌 개인의 행위를 결정적으로 제한하게 된다. 장애인은 사회적 상호작용에 부정적 또는 동정적 대상으로 간주되기 쉬우며, 건전한 참여나 생산활동에 참여하지 못하는 존재로 인식됨으로써 더욱 참여의 기회를 잃는 악순환을 거듭하게 된다(권선진, 2006).

(3) 생산성이론

현대사회는 생산력 향상을 위하여 양질의 노동과 높은 수익성을 추구하기 때문에 자연스럽게 장애인은 지역사회의 경제적 선(이익)에 기여할 수 없는 비생산적 혹은 무능한 존재로 취급되어 왔다. 특히 신자유주의의 경제적 효용성의 원리하에서는 장애인이 갖고 있는 생산력과 장애인에 대한 상품성은 가치가 평가절하되는 것이 일반적이다. 따라서 장애인을 현대사회에 적응할 수 없는 집단으로 보고 있다. 현대 자본주의 사회구조 속에서 장애인들은 점점 소외되고, 생존을 위해 타인에게 의존할 수밖에 없는 신분으로 전락하게 된다. 결국 대부분의 장애인들은 최후의 고용, 최초의 해고라는 노동시장의 불문율에 적용되고 있다(오혜경, 1998).

(4) 재활이론

재활이론은 장애의 문제가 개인 내부에 있는 것으로 보고, 장애로 인해 발생하는 기능적인 제한이나 심리적 손상으로부터 그 원인을 파악하는 장애의 개인모델(Oliver, 1996), 그리고 장애인은 의료전문가에 의해 의학적 차원에서의 치료와 재활서비스를 제공받게 되며 병자의 역할(sick role)을 기대받는다고 보는 의료모델에 근간을 두고 있다. 장애인을 비정상 상태로 보는 이 견해는 비정상을 가능한 한 교정해야 한다고 보기 때문에, 장애인은 늘 치료의 대상이 되는 완전치 못한 사람으로 인식된다. 따라서 이 이론에서 장애는 개인적 비극이나 수동성, 그리고 의존을 내포한다고 본다.

(5) 여성장애차별론

여성의 차별은 성억압적인 가부장제와 성별노동분업이라는 이데올로기에 의해 차별을 받게 된다. 성억압적인 가부장제는 남성이 여성을 지배하는 형태로, 한 사회에서 성위계적 관계가 형성됨을 의미하며, 성별노동분업은 남성이 생산활동에 적극적이고 직접적인 연관을 가지는 데 반해 여성은 생산과정에 직접적인 관여로부터 배제되어 차별적으로 배치된다는 것을 의미한다.

2 여성장애인의 실태

1) 여성장애인의 일반적 현황

한국보건사회연구원(2020)의 장애인 실태조사에 의하면, 전국 장애인은 261만 8000명으로 이 중 남성장애인이 151만 3000명이고 여성장애인 110만 5000명으로 조사되었다. 2019년 말 기준 장애인 수는 인구대비 5.1%인 것으로 나타났다.

표 14-1 전국 장애인 인구현황(2019년 12월 말) (단위: 명)

구분	전체인구			장애인인구			장애인 인구비율	비고
	계	남	여	계	남	여		
전국	51,849,861	25,864,816	25,985,045	2,618,918	1,513,206	1,105,712	5.05%	

출처: 통계청(2020).

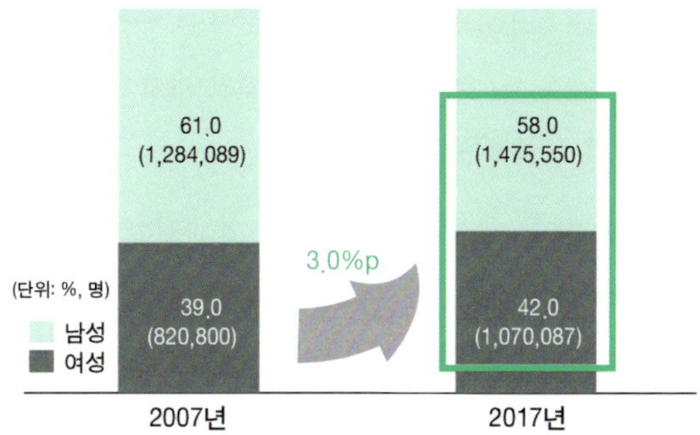

그림 14-1 성별 비율

출처: 한국장애인고용공단. 한눈에 보는 2018년 장애인 통계.

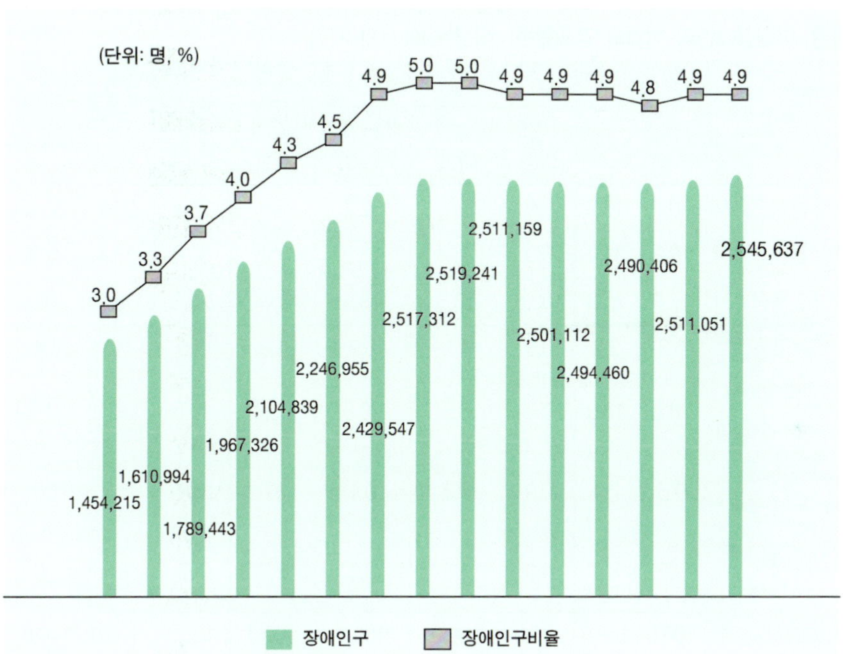

그림 14-2 장애인구 및 장애인구비율

출처: 통계청.

2) 여성장애인의 생활실태와 문제

(1) 경제적 문제 : 취업과 경제활동

여성장애인은 경제활동 등과 관련하여 여성과 장애라는 특성으로 인해 노동시장 진입 자체가 남성에 비해 매우 어렵다. 취업, 임금, 정년 면에서 여성장애인은 성차별과 장애에 대한 편견 때문에 사회적으로 더욱 불리한 처지에 놓일 수밖에 없다.

여성장애인의 취업과 경제활동 중 임금근로자로서 직장(일)에서의 지위는 상용근로자가 16.7%, 임시근로자 31.0%, 일용근로자 25.8%로서 남성장애인의 상용근로자 30.7%와 비교해 거의 절반 수준이다(보건복지부, 2018).

표 14-2 여성장애인의 취업과 경제활동: 직장(일)에서의 지위 (단위: %, 명)

구분		성별		연령별				장애정도			전체
		남자	여자	17세 이하	18~44세 이하	45~64세 이하	65세 이상	중증 (1-3급)	경증 (4-6급)	계	
임금 근로자	상용근로자	30.7	16.7	0.0	39.6	32.7	6.5	21.4	29.1	27.1	26.9
	임시근로자	18.9	31.0	0.0	26.9	18.3	26.3	30.8	19.4	22.3	22.2
	일용근로자	17.6	25.8	100.0	18.5	18.5	23.4	24.8	18.1	19.8	19.8
비임금 근로자	고용주	5.2	2.2	0.0	4.1	5.9	1.8	3.0	5.0	4.4	4.4
	자영자 1 (노점제외)	24.8	13.9	0.0	8.5	20.8	33.4	14.6	24.1	21.7	21.8
	자영자 2 (노점)	0.6	2.4	0.0	0.9	0.1	3.0	0.8	1.1	1.0	1.1
	무급가족 종사자	2.2	8.0	0.0	1.3	3.6	5.7	4.7	3.3	3.6	3.7
	조사자 계	100.0	100.0	100.0	100.0	100.0	100.0	100.0	100.0	100.0	100.0
전국추정수		678.264	253.165	120	184.142	491.990	255.177	235.069	683.674	918.743	931.429

출처: 보건복지부(2018). 2017년 장애인 실태조사 보고서.

여성장애인은 모든 경제활동 면에서 일반적으로 남성보다 낮은 참여율과 높은 실업률을 보이고 있는 실정이다. 장애인 경제활동 실태조사(2016)에 따르면 여성장애인의 경제활동참가율과 고용률은 22.4%, 20.8%로 남성장애인 50.3%, 47.1%와 비교해 절반 이하 수준이고, 보건복지포럼(2018)에 따르면 여성장애인의 경제활동참가율은 24.4%로 남성장애인 49.7%와 비교해 여전히 절반 이하 수준이다.

표 14-3 성별 취업인구 및 취업률 (단위: 명, %)

구분	15세 이상 인구	경제활동인구			비경제 활동인구	경제활동 참가율	취업률	실업률	인구대비 취업자 비율
		계	취업	실업					
남자	1,442,632	717,367	678,264	39,103	725,265	49.7	94.5	5.5	47.0
여자	1,079,961	263,661	253,165	10,496	816,300	24.4	96.0	4.0	23.4
계	2,522,592	981,028	931,429	49,599	1,541,565	38.9	94.9	5.1	36.9

출처: 보건복지포럼(2019). 여성장애인의 실태와 정책과제.

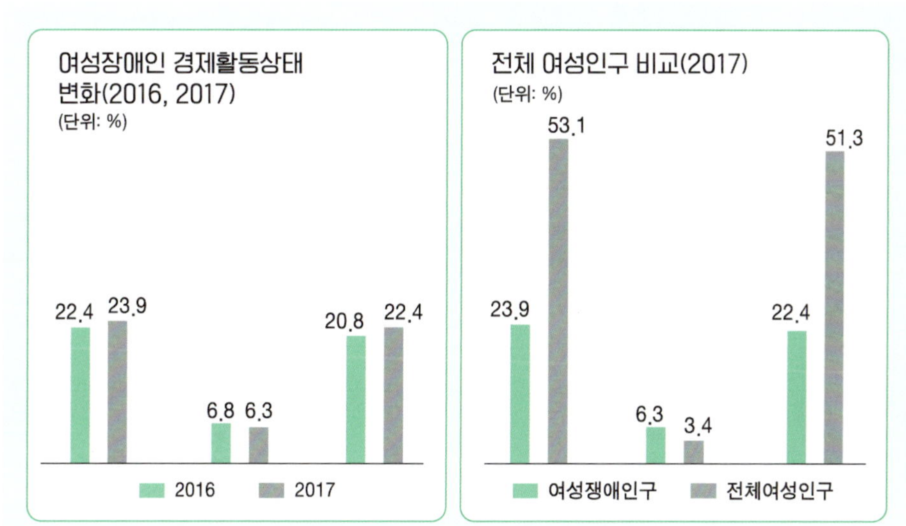

그림 14-3 여성장애인 경제활동상태

출처: 한국장애인고용공단(2018). 한눈에 보는 2018년 장애인통계.

2017년 비경제활동 및 실업장애인 중 현재 일하지 않는 주된 이유로는 〈표 14-4〉에서 보는 바와 같이 전체 응답자의 37.5%가 '장애로 인해 업무를 제대로 수행할 수 없을 것 같아서'로 가장 높게 나타났으며, 여성장애인의 경우 2위는 '장애 이외의 질병이나 사고로(건강문제)'가 20.5%(전체 19.2%), 3위는 '나이가 너무 어리거나 많아서'가 17.1%(전체 15.6%), 4위는 '일하고 싶지 않아서, 일할 필요가 없어서' 11.5%(전체 10.5%)의 순으로 나타났고 여성장애인의 경우는 '육아 또는 가사로 인해' 7.2%라는 항목이 5위이며 남성 장애인이 '이전에 찾아보았지만 일자리가 없어서' 5.8%가 5위로 비율을 차지하고 있다. 이는 장애인 영역마저 성별분업이 반영되어 아직도 여성장애인들이 가사노동과 육아문제로 고통받고 있음을 시사하고 있다.

여성장애인의 취업과 관련한 연구를 살펴보면, 여성장애인은 성차별과 장애인차별이라는 이중의 어려움을 겪기 때문에 취업하기 어려운 계층이라는 것이 드러난다. 이

표 14-4 비경제활동 및 실업장애인 중 현재 일하지 않는 주된 이유 – 성별 (단위 : %, 명)

구 분	남자	여자	전체
장애로 인해 업무를 제대로 수행할 수 없을 것 같아서	41.2	34.0	37.5
일하고 싶지 않아서, 일할 필요가 없어서	9.4	11.5	10.5
원하는 임금수준, 근로조건에 맞는 일거리가 없을 것 같아서	3.8	2.6	3.2
전공, 경력에 맞는 일자리가 없을 것 같아서	0.6	0.3	0.5
교육, 기술, 경험이 부족해서	0.4	0.6	0.5
장애인 차별과 선입견 때문에	1.1	0.7	0.9
이전에 찾아보았지만 일자리가 없어서	5.8	2.4	4.0
일해 본 경험이 없어서(직장생활에 대한 자신감 부족)	0.2	0.3	0.2
현재 취업(창업) 준비 중	1.0	0.7	0.8
나이가 너무 어리거나 많아서	14.1	17.1	15.6
육아 또는 가사로 인해	0.1	7.2	3.7
장애 이외의 질병이나 사고로(건강문제)	17.8	20.5	19.2
현재 학교를 다니고 있어서	3.4	1.5	2.4
취업 이외의 활동 때문에(진학, 결혼 등)	0.2	0.3	0.3
자영업을 하려고 하지만 창업할 능력, 상황이 안 되서	0.5	-	0.2
기타	0.4	0.3	0.4
계	100.0	100.0	100.0
전국추정수	764,367	826,797	1,591,164

출처: 보건복지부(2017). 장애인실태조사.

처럼 여성장애인은 경제적 영역에서 배제되기 때문에 심각한 경제적 불이익을 겪고 있으며, 이는 곧 빈곤으로 귀결될 수밖에 없다. 이것은 아직도 우리 사회가 가부장적 자본주의 체제의 잔재로서 성별노동분업이 여전히 여성장애인을 장애, 여성 그리고 빈곤이라는 삼중의 차별구조 속에 놓이게 하고 있다는 것을 여실히 보여 주고 있다.

실업 및 비경제활동 장애인의 현재 일하지 않는 주된 이유는 '장애로 인해 업무를 제대로 수행할 수 없을 것 같아서'가 37.5%로 가장 높았고, '장애 이외의 질병이나 사고로(건강문제)'이 19.2%, '나이가 너무 어리거나 많아서'가 15.6%, '일하고 싶지 않아서, 일할 필요가 없어서' 10.5%의 순으로 나타났다.

(2) 가정적 문제 : 결혼과 가정

장애는 여성장애인의 남녀관계에 심각한 영향을 미치는 것으로 보고되고 있다(Matthews, 1983; Bonwich, 1985). 여성장애인의 결혼율은 남성장애인 및 전체 국민의 결혼율보다 상대적으로 낮은 편이다.

여성장애인의 차별과 관련하여 주목해야 할 부분은 이혼이다. 여성장애인의 경우 이혼인구의 비율이 전체 여성 이혼율의 2배 이상으로 높다. 그리고 연령이 높아질수록 이혼하는 비율도 매우 높아지고 있어서 여성장애인에게 결혼과 가정의 유지는 매우 어려운 과제가 되고 있다. 이는 곧 장애인의 결혼과 가정생활 유지를 위해 다양한 가족지원서비스 개발이 필요함을 시사하고 있다.

여성장애인의 사별 비율 역시 전체 여성의 비율보다 매우 높다.[2] 일반적으로 남성보다 높은 여성의 평균수명으로 여성노인의 비율이 높을 수밖에 없는 현상과 마찬가지로, 장애인 집단 역시 고령계층의 여성 비율이 높으며, 이에 따라 사별한 여성노인 장애인 수도 많아지는 경향을 보이고 있다.

여성장애인이 어렵게 결혼에 진입하여도 결혼 상태를 유지하는 일 역시 쉽지 않다. 임신에서부터 가정생활 전반적인 삶의 질에 타격을 받는 경우가 많다. 〈표

2) 여성장애인 가운데 사별의 비율이 높은 이유는 최근에 신장이나 심장 등 내부장애와 뇌병변이 새로운 장애유형으로 포함되면서 고령계층의 장애인 수가 많이 증가했기 때문으로 추측되고 있다.

14-5〉에 의하면, 여성장애인의 임신과 관련하여 임신기간 동안 가장 힘들었던 점은 자녀가 장애를 가질 것에 대한 두려움, 장애인 본인의 건강 악화, 집안일 하기가 힘들어서 등의 순으로 나타났다. 이 밖에도 병원 다니기가 힘들어서, 병원비 등 돈이 많이 들어서, 그리고 적은 수의 여성장애인들이 가족들의 출산 반대, 병원의 시설 설치 미비, 주위의 시선 때문에 등의 이유로 임신기간 동안 힘들었다고 대답하였다. 더구나 출산 경험이 있는 20세부터 59세 사이의 여성장애인 중 출산 후 산후조리의 충분 정도는 '별로 못했음' 또는 '전혀 못했음'이 60.6%로 절반 이상이 산후조리를 잘 못한 것으로 나타났다. 특히 나이가 많아질수록 산후조리를 전혀 못했다는 비율이 높은데, 이런 현상은 연령과 장애라는 두 복합요인이 산후지원서비스 혜택 면에서 단절요인으로 작용했음을 알 수 있다.

표 14-5 여성 장애인의 임신기간 중의 애로사항 (단위 : %, 명)

구 분	17세 이하	18~44세 이하	45~64세 이하	65세 이상
병원비 등 돈이 많이 들어서	-	9.1	16.6	-
병원 다니기가 힘들어서	-	0.0	6.0	-
병원의 시설 설치 미비	-	0.0	2.9	-
병원 내 의사의 여성장애인에 대한 차별	-	0.0	0.0	-
출산과정에 대한 두려움	-	6.1	0.7	-
자녀가 장애를 가질까 봐 두려워서	-	20.8	20.4	-
자녀양육 잘할 수 있을지 두려워서	-	12.1	6.0	-
본인의 건강 악화	-	16.3	10.6	-
집안일 하기가 힘들어서	-	4.7	7.9	-
직장에서의 퇴직 권유로	-	0.0	1.3	-
가족들의 출산 반대로	-	4.0	4.5	-
주위의 시선 때문에	-	1.6	2.0	-
임신·출산 관련 정보 부족	-	0.0	2.2	-
어려움 없음	-	25.3	18.0	-
기타	-	0.0	1.0	-
계	-	100.0	100.0	-
전국 추정수	-	30,453	23,342	-

출처: 보건복지부(2018). 2017년 장애인 실태조사 보고서 자료를 재구성.

또한 여성장애인은 장애가 결혼상태에 많은 영향을 미치고 있다는 사실이 나타난다. 이것은 여성장애인이 비장애여성보다 결혼할 가능성이 낮으며, 결혼을 하더라도 늦게 결혼할 가능성이 높고, 이혼할 가능성은 더 높은 것으로 나타났으며 임신, 출산의 어려움, 자녀양육의 어려움, 불충분한 산후조리, 가정학대 등의 문제가 나타나고 있다.

표 14-6 결혼상태 (단위 : %, 명)

구 분	남자	여자	전체
미혼	18.1	11.5	15.3
유배우	65.0	42.5	55.3
사별	5.3	36.6	18.7
이혼	9.9	7.9	9.0
별거	1.6	1.5	1.6
기타(미혼모/부)	0.0	0.1	0.1
계	100.0	100.0	100.0
전국추정수	1,423.388	1,072.332	2,495.720

출처: 보건복지부(2018). 2017년 장애인 실태조사 보고서.

이렇게 여성장애인의 결혼을 어렵게 만드는 요인은 첫째, 우리 사회의 여성의 매력에 대한 인식 문제이고, 둘째, 자본주의가 여성에게 요구하는 전형적인 역할 때문이다. 결과적으로 여성장애인은 자신에게 관심을 가지는 남성을 만나기 어려운 조건으로 인해 혼자 사는 경우가 많아진다. 혼자 생활하는 것은 의료서비스와 사회적 지지에 대한 접근성에 상당한 영향을 미친다(이선우, 2004).

더구나 결혼한 여성장애인은 가정생활에서 임신과 출산, 육아 등과 관련한 어려움을 겪고 있음을 알 수 있었다. 본인이 장애인이기 때문에 장애아를 출산할지 모른다는 두려움을 가지고 있으며, 자녀양육에 대한 주변 식구들의 편견으로 인해 기르는 권리마저 박탈당하는 불안감으로 스스로 자녀출산을 포기하는 경우도 생긴다. 따라서 임신한 여성장애인의 경우에는 신체적 장애를 함께 고려하여 출산과 양육을 도와줄 서비스 지원이 절실한 것으로 나타났다.

표 14-7 출산 전후 산후조리의 충분도 (단위 : %, 명)

구 분	18~28세	29~38세	39~49세	전체
매우 충분하다	-	-	3.6	2.7
충분하다	47.9	62.2	46.2	49.8
부족하다	26.0	27.1	33.5	31.9
매우 부족하다	26.2	10.7	16.7	15.6
계	100.0	100.0	100.0	100.0
전국추정수	1,287	11,285	377,123	50,285

출처: 보건복지부(2018). 2017년 장애인 실태조사 보고서.

특히 여성장애인은 가정 내에서 가정학대에 무방비 상태로 노출되어 있는 실정이다. 최근 가정학대의 개념을 살펴보면 단순한 물리적 폭력뿐만 아니라 무시, 심리적 학대까지도 포함하는 것으로 규정하여 그 범위를 확대하고 인식의 폭을 넓히는 추세이다.

표 14-8 가족 내 차별·폭력의 주가해자 (단위 : %, 명)

구 분	성별		연령별				장애정도			전체
	남자	여자	17세 이하	18~44세 이하	45~64세 이하	65세 이상	중증 (1-3급)	경증 (4-6급)	계	
배우자	26.4	47.7	0.0	9.8	42.8	53.8	27.6	54.0	35.9	36.5
부모	28.7	14.2	51.4	52.4	15.1	4.1	27.7	7.5	21.4	21.8
자녀(며느리, 사위 포함)	8.0	13.3	0.0	0.0	4.8	28.0	5.9	21.5	10.8	10.5
형제·자매	30.5	16.1	38.2	26.6	31.4	7.4	30.0	11.6	24.2	23.6
조부모	2.2	0.2	9.2	1.2	0.6	0.4	1.3	1.2	1.3	1.2
손자녀	-	-	-	-	-	-	-	-	-	-
배우자의 가족	2.1	4.9	0.0	8.0	2.6	2.5	4.1	2.3	3.6	3.5
기타	2.1	3.6	1.1	2.0	2.7	3.9	3.4	1.8	2.9	2.8
계	100.0	100.0	100.0	100.0	100.0	100.0	100.0	100.0	100.0	100.0
전국추정수	71,125	65,057	9,233	27,552	58,169	41,228	90,756	41,178	131.934	136,182

출처: 보건복지부(2017).

(3) 성적 문제 : 성폭력

여성들에 대한 성폭력은 한 인간에 대한 인권침해이다. 특히 여성장애인의 경우에는 성폭력에 쉽게 노출되고 지속적으로 피해를 입을 수 있으므로 그 피해 정도가 심각한 것으로 보고되고 있지만, 정확한 조사는 이루어지지 않고 있다. 우리 사회에서 여성장애인에 대한 성폭력 문제가 제기되기 시작한 것은 1980년대 중반 이후부터이지만 피해사건이 있을 때마다 일회성에 그치는 경우가 대부분이었기 때문에 실태 파악이 정확하지 않았다. 또한 「성폭력 범죄의 처벌 등에 관한 특례법」 제6조 제4항에 의하면 "신체장애 또는 정신상의 장애로 인해 항거불능인 상태에 있음을 이용하여 간음하거나 추행한 자에 대하여는 강간 또는 강제추행으로 가중처벌한다"는 내용이 명시되어 있으나, 여성장애인이 항거불능 상태에 있었다는 것을 증명해야 하는 어려움이 있다.[3)]

여성장애인을 대상으로 하는 성희롱 문제를 연구한 국내 자료 역시 매우 드물다. 공미혜(2006)의 지체장애여성에 대한 연구논문에도 일반적으로 지체장애여성들이 당하는 가벼운 추행이나 성희롱은 장애인이기 때문에 취약한 경우가 많은 것으로 나왔다. 또한 여성장애인 대부분은 정규교육의 기회가 매우 제한되어 있거나 주위의 무관심으로 성교육을 제대로 받지 못하고 있으며, 주로 책이나 음란물을 통해 성행위를 알게 되었다고 언급하였다. 더구나 정규교육 과정에서 성교육을 받은 경우에도 그 내용이 피상적이어서 크게 유용하지 않았다고 지적하고 있다.

보건복지부 조사(2018)에 의하면 전체 장애인 중 0.8%가 성희롱·성추행·성폭력을 당한 경험이 있었고, 지적장애, 자폐성장애, 정신장애와 같은 정신적 장애인의 피해 경험률이 높게 나타났다. 성희롱·성추행·성폭력을 당한 경우 피해 시기는 아동기(35.4%)가 가장 많았고, 주 가해자는 모르는 사람(40.1%)이 가장 많았다. 또한

3) 성폭력방지법의 범죄구성 요건인 '항거불능' 상태는 "심리적 또는 물리적으로 반항이 절대적으로 불가능하거나 현저히 곤란한 경우"로 해석되고 있다. 이는 피해자가 신체장애자인 경우에는 지적 판단력과 의사표현능력이 있으며, 정신지체장애자인 경우에는 지적 능력이 떨어져도 신체가 건강하므로 항거불능 상태가 아니라는 식으로 적용되는 한계점을 지니고 있다. 이에 대해 여성단체 및 장애인단체들은 사회적 약자를 보호하기 위해 제정된 법의 취지에 비판을 가하고 있다.

대처방법으로는 자리를 피하거나 도망쳤다는 응답(23.9%)이 가장 높게 나타났으며, 주 상담자에 대한 질문에서는 상담을 하지 못했다는 응답(51.4%)이 절반을 넘었고 상담을 하지 못한 이유로는 타인에게 알리기 싫어서라 는 응답(64.6%)이 가장 많았다(보건복지부 정책보고서 2017-90: 496).

또한 조사에 따르면 이들의 대처방법은 조사에 따르면 '그냥 있었음' 식의 소극적인 대응이 13.8%였고, '진정 · 고발 등의 조치를 취함' 식의 적극적인 대응은 불과 4.5%인 것으로 나타났다. 또한 상담에 대해서 73.8%가 필요성을 느꼈으며, 이 중 '매우 필요하다'고 생각하는 경우가 50%를 넘는 것으로 나타났다. 이는 상담기관에 대한 필요성과 상담에 대한 서비스 욕구가 강함을 나타낸다.

이처럼 물리적인 강압이나 힘의 동원이 전제되는 성폭력의 경우 여성장애인은 폭력에 대한 항거력이 비장애여성보다 더 낮기 때문에 범행의 대상이 되는 경우가 많다. 더구나 장애와 성폭력에 더해 원치 않는 임신 등의 악순환으로 이중, 삼중의 고통을 겪게 되는 경우가 많다.

표 14-9 여성장애인의 성희롱, 성추행, 성폭력 대처방법

구 분	여자
그냥 있었음	13.8
자리를 피하거나 도망침	25.4
그 자리에서 항의함	25.4
주위에 도움을 요청함	3.7
몰라서 그냥 넘어감	11.5
진정·고발 등의 조치를 취함	15.2
기타	0.9
계	100.0(14,801)

출처: 보건복지부(2018). 2017년 장애인 실태조사 보고서 자료를 재구성.

3 여성장애인에 대한 사회복지서비스

여성장애인은 여성과 장애인이라는 이중의 어려움을 지니고 있기 때문에 사회적인 편견과 차별에서도 이중의 어려움을 겪고 있는 것으로 나타났다. 무엇보다도 심각한 현상은 낮은 교육 수혜로 인해 직업훈련과 취업기회를 가질 수 없다는 것이다. 이로 인해 경제적인 어려움을 겪고 있으며 스스로 독립적인 생활을 유지하기가 힘든 것으로 나타났다. 여성장애인의 상황에 대한 개선점은 다음과 같다.

첫째, 여성장애인 관련 제도와 정책의 정비가 필요하다. 우리나라에는 장애인 혹은 여성의 기본권을 확보할 수 있는 다양한 법안이 있다. 장애인 관련 제도로서 「장애인복지법」, 「장애인고용촉진 및 직업재활법」, 「장애인 등에 대한 특수교육법」, 「노인·장애인·임산부 등의 편의증진보장에 관한 법률」, 「장애인차별금지 및 권리구제 등에 관한 법률」 등이 있다. 이 법들 중 「성폭력범죄의 처벌 등에 관한 특례법」에 신체장애 또는 정신상의 장애로 항거불능인 상태에 있음을 이용하여 여자를 간음하거나 사람에 대하여 추행한 자는 형법 제297조(강간) 또는 제298조(강제추행)에 정한 형으로 처벌한다고 명시되어 있다. 또한, 「장애인차별금지 및 권리구제 등에 관한 법률」에서는 장애여성에 대한 차별금지 조항을 두어 교육기관, 사업장, 복지시설 등의 성폭력 예방교육 책임자는 성폭력 예방교육을 실시함에 있어서 장애여성에 대한 성인식 및 성폭력 예방에 관한 내용을 포함시켜야 하며, 그 내용이 장애여성을 왜곡하여서는 아니 된다(제33조 4항)고 규정하고 있다.

여성관련제도로서 우리나라에서는 1995년 12월 「여성발전기본법」이 제정됨으로써 여성관련법률이 체계적으로 정비되었고, 2008년 4월부터 시행된 「장애인차별금지 및 권리구제 등에 관한 법률」에서 장애여성에 관한 내용이 명시되기에 이르렀다. 그러나 남녀평등, 장애, 비장애인이 평등한 법령체계를 구축하기 위하여 차별적인 법령에 대한 지속적인 발굴과 개정이 추진되어야 할 것이다. 더 나아가서 여성장애인은 우리 사회의 한 구성원으로서 기본적인 권리와 의무를 당연히 가져야 한다. 하지만 여성관련법 혹은 장애인관련기본법 등에 여성장애인의 특별한 욕구를 수렴할 수 있는 내용이 명시되어 있기는 하지만 형식적이어서 여성장애인의 욕구와 문제를 체계적으로 다룰 수 있는 제도 마련이 시급하다.

둘째, 여성의 특성을 고려한 정책 마련이 요구된다. 여성장애인은 장애인이며 동시에 여성이다. 그러나 지금까지의 장애인복지정책은 여성의 특성을 고려한 배려가 크게 부족하다. 여성장애인의 경우 여성으로서 독특하게 경험하게 되는 임신, 출산, 성폭력 분야 등에 대한 서비스 요구가 매우 높음에도 불구하고 이에 대한 관심은 크게 부족한 상태이다. 따라서 여성장애인 복지에서 이들 고유 영역에 대한 관심과 서비스 개발이 이루어져야 할 것이며, 이를 위해서는 복지분야와 여성분야의 공동노력이 필요하다. 특별히 결혼과 관련하여 부부관계나 자녀들의 관계에서 발생할 수 있는 문제해결에 도움을 제공하는 상담 및 산전·후 관리지원서비스와 함께 아이돌보미서비스와 활동보조인서비스 등에서 시간의 연장 등이 요구되고 있다. 그리하여 여성장애인의 임신·출산·양육 지원체계가 구축되어야 한다.

결혼 및 자녀양육 등과 관련해서는 먼저 여성장애인의 특수성을 고려하여 결혼, 임신, 출산, 자녀양육대책 등에 대한 법적·제도적·행정적 지원이 요청된다. 만 49세 이하 여성장애인을 대상으로 여성장애인으로서 가장 필요한 서비스(1순위)는 임신이나 출산관련 교육 및 정보제공, 자녀양육지원 서비스, 활동보조인 등에 높은 욕구를 보였다. 이밖에도 출산비용 지원, 여성장애인 임신 출산 전문병원, 자녀교육도우미, 건강관리 프로그램, 상담(심리정서)서비스, 자조집단(멘토), 학교교육 이외의 학습 및 재능교육 지원 등으로 분석되었다(보건복지부, 2018).

현재 우리나라는 여성장애인의 임신, 출산지원서비스를 전문적으로 하는 의료기관이 전무하여 여성장애인이 임신 및 출산에 따른 어려움이 많이 해소되었음에도 불구하고 아직도 어려움이 산재해 있다. 또한 여성장애인의 경제적인 자립도가 낮아 진료비 부담이 크다. 따라서 여성장애인들의 임신 및 출산비용에 대한 경제적 지원과 전문의료시설이 절실히 요구된다.

이 밖에도 여성장애인은 정보가 취약한 집단으로 지원망이 매우 부족한 실정이다. 따라서 지역사회복지관은 여성장애인들에게 임신 및 출산에 관련된 정보제공,

관련 산부인과 진료의 접근성 보장, 산후조리원과의 자원연결서비스와 모성관련 비용에 대한 후원자 연결서비스, 부모역할에 필요한 정보제공서비스 등 공식적 지지망을 확보해 주는 역할을 수행해야 할 것이다. 또한 장애부모 가정이 건강한 삶을 영위하고, 장애부모를 둔 비장애아동의 심리·정서적 강화 및 탈선방지 등을 위해 자녀들과의 관계에서 발생할 수 있는 문제해결에 도움을 제공하는 상담 및 가족관계 개선을 위한 전문적인 상담지원체계 프로그램 등을 제공해야 할 것이다.

셋째, 개인별로 차별화한 여성장애인 복지서비스가 마련되어야 할 것이다. 여성장애인의 실태조사 결과에 의하면, 당면한 문제나 요구에서 여성장애인 집단에 공통적으로 적용될 수 있는 서비스가 일관성 있게 나타나고 있다. 그와 동시에 여성장애인의 연령, 학력, 장애 유형, 소득수준 등 각 개인의 특성에 따라 실태 및 복지욕구에 차이가 있다. 예를 들면, 연령이 낮을수록 교육, 취업, 결혼 등이 주요 관심사이며, 욕구 또한 높다. 그러나 나이가 많아질수록 건강문제, 생계문제 등을 급한 현안으로 인식하고 있다. 특히 기혼 여성장애인의 경우에는 임신과 출산, 육아문제 등 모성관련 지원서비스를 필요로 하며, 자녀의 성장에 따라 자녀교육에 대한 지원을 필요로 하고 있음을 알 수 있다. 미국, 영국, 캐나다 등의 외국의 장애여성 임신과 출산지원서비스, 산후조리, 영아돌봄과 관련된 의료정보제공 등 포괄적인 정보제공의 제도 및 서비스의 전략적 구축이 필요하다.

이처럼 여성장애인의 개인별 특성에 따라 풀어야 할 문제가 다르며, 제공되어야 할 복지서비스의 내용 또한 차이가 있다. 따라서 여성장애인에 대한 복지서비스는 개인별 차별화 전략으로 대처하여야 할 것이다.

이와 더불어 여성장애인의 복지서비스 이용을 높이기 위해서는 여성장애인이 이용할 수 있는 복지시설이나 여성장애인의 자조모임 등의 프로그램을 개발하는 직접적인 노력이 우선되어야 할 것이다. 그와 동시에 여성장애인들이 이러한 서비스에 대한 접근이 가능하도록 하는 주변 여건을 조성하는 것도 필요하다. 여성장애인이 복지시설이나 서비스를 많이 이용하지 못하는 이유로는 관련 시설이나 서비스 부족을 지적하는 것과 함께, 보행환경이 열악하여 외출이 어렵다거나 본인의 장애로 거동이 불편하다는 등의 물리적인 이동과 접근에 관한 문제가 많았다. 또한 생계를 위해 돈벌이를 하기 때문에 시간이 없다거나 자녀양육이나 가사부담으로 시간이 없는 것 등도 이유로 나타나고 있다(오혜경, 2002). 따라서 여성장애인의 생애주기 관점을 고려한 정책마련이 시급하다.

넷째, 고위험집단의 판별을 통한 우선 지원대상자 선정이 이루어져야 할 것이다. 개인별 실태 및 욕구 편차를 확인함으로써 각 영역별로 우선적인 관심과 보호가 필요한 고위험집단의 판별도 가능하다. 동일한 서비스 공급범위 내에서도 이들 고위험집단에 대한 우선적인 배려가 필요하다. 전반적으로 발견되는 고위험집단은 60세 이상 고령으로 혼자 살고 있는 여성장애인이다. 이들은 대부분 저소득층에 해당되며, 특별한 노후대책도 없는 집단이다. 또한 저소득이면서 저학력인 집단도 대부분의 조사영역에서 열악한 집단으로 나타났다. 장애 유형별로는 정신지체, 발달장애집단이 경제적인 문제에서부터 성폭력에 이르기까지 대부분의 영역에서 요보호집단으로 나타나고 있으며, 정신장애, 뇌병변장애도 상대적으로 문제가 많은 장애 유형이다.

다섯째, 여성장애인에게 고용기회를 균등하게 제공하기 위한 기반의 확립 및 고용촉진의 강화가 필요하다. 여성고용에서 뿌리 깊은 차별의식과 고용관행은 여성장애인의 경우 더욱 심각하다. 남녀고용평등에 대한 의식과 사회적 분위기가 크게 개선되지 않은 환경에서 법 위반에 대한 감독 및 처벌만으로는 암묵적인 성차별 의식을 개선할 수 없다. 따라서 성차별행위에 대한 감독처벌과 병행하여 노·사 및 사회일반의 의식개선을 위한 홍보활동을 강화하여야 할 것이다. 특히 사업주가 자발적으로 고용평등을 실현하는 데 적극적으로 노력할 수 있도록 유도하고 지원해 줄 수 있는 시책들을 추진해야 할 것이다.

여성장애인의 고용촉진을 위해 다양한 지원이 요구되며, 장애유형별로 개별화된 고용정책이 개발되어야 할 것이다. 직업훈련과 취업알선 기능 강화, 여성직업능력개발을 위한 지원 확대, 구직등록에 대한 홍보 확대 및 구직등록 관리의 체계화가 이루어져야 하며, 공공직업 훈련기회가 확대되어야 한다. 또한 여성장애인의 활동성을 보장해 주는 차원에서 고용환경의 개선, 자영업 창업을 위한 지원, 직업기술과

훈련시설의 규모도 확대되어야 한다. 그리고 공기업의 여성장애인 고용우대제도 도입, 여성장애인 고용 인센티브제도의 도입, 여성장애인을 공공기관 등에 할당하는 할당제를 적극 도입함으로써 고용의 일정 비율을 여성장애인에게 배려하도록 해야 할 것이다. 이를 위해서는 일원화된 서비스 전달체계 구축이 필요하다.

여섯째, 의료와 건강관리서비스가 이루어져야 할 것이다. 여성장애인에 대한 의료정보와 건강관리서비스 체계가 구축되어야 하며 여성장애인의 건강권 확보를 위한 생애주기별 건강관리가 필요하다. 이를 위해 지역사회보건소나 보건지소의 여성장애인 건강관리서비스 확대가 이루어져야 한다. 또한 건전한 장애수용을 돕고 자존심 향상을 위한 각종 프로그램이나 여성장애인의 다양한 욕구를 고려한 사회교육 프로그램이 개발 · 실시되어야 할 것이다.

종합적이고 체계적인 의료서비스체계의 확립, 고가의 보장구에 대한 실질적인 지원, 장애인이 정보에 접근할 수 있는 다양한 통로의 마련, 법적 근거를 기반으로 하는 편의시설의 설치에 대한 엄격한 관리가 이루어져야 한다. 구체적으로는 저소득 여성장애인 가정을 위한 상병수당제도를 도입함으로써 치료서비스에 대한 접근성이 강화되어야 할 것이다.

일곱째, 장애여성을 위한 정보체계의 구축이 요구된다. 정보화 사회가 도래함에

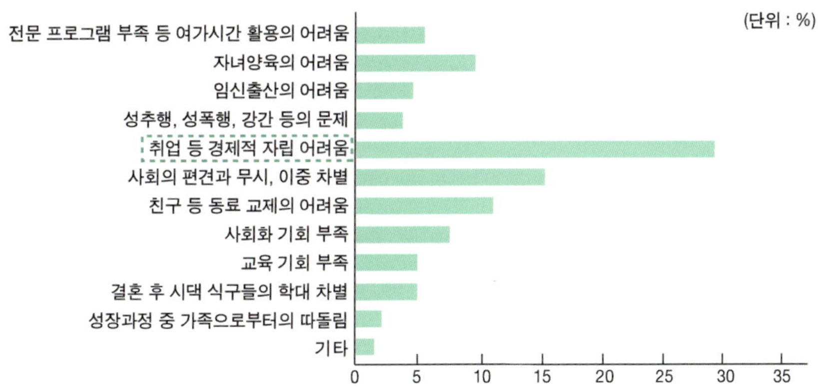

그림 14-4 여성장애인으로서 특히 어려웠던 점

출처: 보건복지포럼(2018) 여성장애인의 실태와 정책과제.

따라 장애여성 관련정보 교류를 확대시키고, 장애여성들이 활동의 영역을 넓히는 데 도움이 되고, 사회활동을 지원하기 위한 장애여성 정보네트워크의 구축이 필요하다. 현재의 장애인 정보체계와 연계하여 여성장애인을 위한 종합정보 데이터베이스를 구축하여 각종 여성정보를 제공받을 수 있도록 하며, 이를 위해 여성장애인을 대상으로 정보화 교육을 실시하여야 한다. 또한 여성장애인을 위한 각종 정보교육 프로그램의 개발이 요구된다.

여성장애인을 위한 통신 정보화 교육, 통신기기 보급, 통신비용의 실질적 감면 등을 통해 각종 사회생활에 대한 정보접근권이 보장되어야 한다. 또한 교통, 건축물, 도로환경 등 편의시설의 확보를 위한 제반 법적 조치를 철저히 수행하고 벌금을 강화해서 이동권을 확보하여야 할 것이다.

여덟째, 여성단체를 비롯한 민간기구 활동의 활성화가 요구된다. 여성장애인 문제해결을 위해 여성장애인들이 집단을 형성해서 조직적으로 문제를 제기할 수 있고 여성장애인의 인권을 옹호하기 위해서는 여성장애인 운동단체에 대한 지원, 여성장애인 지도자 육성 등의 방침이 정책적인 차원에서 추진되어야 한다. 또한 일반 사회시민단체들과의 연대가 여성장애인의 권익옹호를 위한 사회운동 차원에서 다루어져야 할 것이다. 예를 들면, 여성장애인의 권익을 대변하고 세력화시킬 수 있는 기구의 설립과 여성의 자립적인 삶을 위한 전문적인 연구와 상담, 실제적인 서비스 외에도 의료적·정서적인 지지를 제공하는 기관 설립이 추진되어야 한다. 여성장애인을 위한 훈련 프로그램, 일반 여성단체와의 연계 활성화, 자조활동 강화, 적극적인 정치참여가 이루어질 수 있도록 지원해야 할 것이다.

여성장애인의 사회적 이미지 증진과 능력 증진은 서로 긴밀히 연관되어 있다. 사회에서 여성장애인에 대한 이미지를 높이고 능력을 증진시켜 여성장애인이 자신들의 적성과 능력에 맞는 자리에서 사회구성원으로서의 역할을 다할 수 있도록 배려되어야 할 것이다.

✎ 두 팔 없는 화가 오순이 씨, 모교 교수 되다

어릴 적 사고로 두 팔을 잃은 뒤 발로 그림을 그려 온 여성이 학계 처음으로 교수에 임용되었다. 인간 승리의 주인공은 오순이(38) 씨로, 지난 10월 12일 모교인 단국대학교 예술대학 동양화전공 초빙교수로 임용되었다.

오씨는 세 살 때 집 앞 철길에서 놀다가 기차에 치여 두 팔을 잃어 혼자서는 제대로 앉지도 못했고, 화장실에도 갈 수 없었다. 다섯 살 때부터 두 발로 생활하는 훈련을 해야 했던 오씨에게 새로운 삶의 희망을 가져다 준 사람은 초등학교 4학년 때 미술 선생님. 미술 선생님은 그에게 동양화 그리기를 제안했다. 그림을 통해 삶의 희망을 얻은 오씨는 이후 붓의 사용이 자연스럽고 부드러워질 때까지 수없이 화선지와 싸웠고, 발이 퉁퉁 붓고 허리가 끊어질 정도로 연습에 매진했다.

이런 노력 덕분에 그는 1986년 단국대에 입학할 수 있었다. 그리고 4년 후에 학과 수석으로 대학을 졸업했다. 이후 오씨는 중국 최고 수준을 자랑하는 중국미술학원에 한국인으로는 처음으로 입학했다. 장애인에 대한 차별의식이 만연해 힘들 때도 많았지만, 자신을 이해해 준 교수들과 학생들의 도움으로 11년 동안의 공부를 마치고 지난 10월 14일 박사학위를 받았다.

오씨는 "그림이란 손으로 그리든 발로 그리든 마음이 중요하기 때문에, 따뜻하고 깨끗한 마음으로 그림을 그릴 수 있도록 학생들을 가르치고 싶다"고 말했다.

출처: SUCCESS PARTNER, 2004. 12.

부록

양성평등기본법

제1장 총칙

제1조(목적)

이 법은 「대한민국헌법」의 양성평등 이념을 실현하기 위한 국가와 지방자치단체의 책무 등에 관한 기본적인 사항을 규정함으로써 정치 · 경제 · 사회 · 문화의 모든 영역에서 양성평등을 실현하는 것을 목적으로 한다.

제2조(기본이념)

이 법은 개인의 존엄과 인권의 존중을 바탕으로 성차별적 의식과 관행을 해소하고, 여성과 남성이 동등한 참여와 대우를 받고 모든 영역에서 평등한 책임과 권리를 공유함으로써 실질적 양성평등 사회를 이루는 것을 기본이념으로 한다.

제3조(정의)

이 법에서 사용하는 용어의 뜻은 다음과 같다.

1. "양성평등"이란 성별에 따른 차별, 편견, 비하 및 폭력 없이 인권을 동등하게 보장받고 모든 영역에 동등하게 참여하고 대우받는 것을 말한다.
2. "성희롱"이란 업무, 고용, 그 밖의 관계에서 국가기관 · 지방자치단체 또는 대통령령으로 정하는 공공단체(이하 "국가기관 등"이라 한다)의 종사자, 사용자 또는 근로자가 다음 각 목의 어느 하나에 해당하는 행위를 하는 경우를 말한다.
   가. 지위를 이용하거나 업무 등과 관련하여 성적 언동 또는 성적 요구 등으로 상대방에게 성적 굴욕감이나 혐오감을 느끼게 하는 행위
   나. 상대방이 성적 언동 또는 요구에 대한 불응을 이유로 불이익을 주거나 그에 따르는 것을 조건으로 이익 공여의 의사표시를 하는 행위
3. "사용자"란 사업주 또는 사업경영담당자, 그 밖에 사업주를 위하여 근로자에 관한 사항에 대한 업무를 수행하는 자를 말한다.

제4조(국민의 권리와 의무)

① 모든 국민은 가족과 사회 등 모든 영역에서 양성평등한 대우를 받고 양성평등한 생활을 영위할 권리를 가진다.

② 모든 국민은 양성평등의 중요성을 인식하고 이를 실현하기 위하여 노력하여야 한다.

제5조(국가 등의 책무)

① 국가기관등은 양성평등 실현을 위하여 노력하여야 한다.

② 국가와 지방자치단체는 양성평등 실현을 위하여 법적·제도적 장치를 마련하고 이에 필요한 재원을 마련할 책무를 진다.

제6조(다른 법률과의 관계)

양성평등에 관한 다른 법률을 제정하거나 개정할 때에는 이 법의 목적과 기본이념에 맞도록 하여야 한다.

제2장 양성평등정책 기본계획 및 추진체계

제1절 양성평등정책 기본계획의 수립 등

제7조(양성평등정책 기본계획의 수립)

① 여성가족부장관은 양성평등정책 기본계획(이하 "기본계획"이라 한다)을 5년마다 수립하여야 한다.

② 기본계획에는 다음 각 호의 사항이 포함되어야 한다.

1. 양성평등정책의 기본 목표와 추진방향
2. 양성평등정책의 추진과제와 추진방법
3. 양성평등정책 추진과 관련한 재원의 조달 및 운용 방안
4. 그 밖에 양성평등정책을 위하여 필요하다고 대통령령으로 정하는 사항

③ 여성가족부장관은 기본계획을 수립할 때에는 미리 관계 중앙행정기관의 장과 협의하여야 한다.

④ 여성가족부장관은 기본계획을 수립할 때에는 제19조에 따른 국가성평등지표를 활용하여야 한다. [신설 2015.6.22] [시행일 2015.12.23]

⑤ 기본계획은 제11조에 따른 양성평등위원회의 심의를 거쳐 확정된다. 이 경우 여성가족부장관은 확정된 기본계획을 관계 중앙행정기관의 장과 특별시장 · 광역시장 · 특별자치시장 · 도지사 · 특별자치도지사(이하 "시·도지사"라 한다)에게 알려야 한다. [개정 2015.6.22] [시행일 2015.12.23]

⑥ 그 밖에 기본계획의 수립 및 변경 등에 필요한 사항은 대통령령으로 정한다. [개정 2015.6.22] [시행일 2015.12.23]

제8조(연도별 시행계획의 수립)

① 중앙행정기관의 장과 시 · 도지사는 기본계획에 따라 연도별 시행계획(이하 "시행계획"이라 한다)을 각각 수립 · 시행하여야 한다.

② 중앙행정기관의 장과 시 · 도지사는 해당 연도의 시행계획 및 전년도의 추진실적을 대통령령으로 정하는 바에 따라 매년 여성가족부장관에게 제출하여야 하며, 여성가족부장관은 제출된 시행계획을 점검하여 중앙행정기관의 장과 시 · 도지사에게 시행계획의 조정을 요청할 수 있다.

③ 여성가족부장관은 제2항에 따라 제출받은 추진실적을 종합하여 평가하여야 한다. 이 경우 여성가족부장관은 평가에 필요한 조사 · 분석 등을 전문기관에 의뢰할 수 있다.

④ 그 밖에 시행계획의 수립 · 시행 및 추진실적의 평가 등에 필요한 사항은 대통령령으로 정한다.

제9조(계획 수립 및 시행의 협조)

① 여성가족부장관은 기본계획 및 시행계획을 수립 · 시행하기 위하여 필요하면 관계 중앙행정기관, 지방자치단체 또는 공공기관의 장에게 협조를 요청할 수 있다.

② 중앙행정기관의 장과 시 · 도지사는 시행계획을 수립 · 시행하기 위하여 필요하면 관계 중앙행정기관 · 지방자치단체 · 공공기관의 장, 비영리법인 및 비영리민간단체, 관계 전문가 등에게 협조를 요청할 수 있다.

③ 제1항에 따른 협조 요청을 받은 자는 특별한 사유가 없으면 이에 따라야 한다.

제10조(양성평등 실태조사 등)

① 여성가족부장관은 기본계획 수립 등을 위하여 5년마다 양성평등 관련 실태조사를 실시하여야 하며 그 결과를 공표할 수 있다.

② 제1항에 따른 양성평등 관련 실태조사의 내용·방법 등에 필요한 사항은 대통령령으로 정한다.

③ 여성가족부장관은 국민이 양성평등 관련 정보에 보다 쉽게 접근하여 일상적으로 활용할 수 있도록 필요한 조치를 취하여야 한다.

제2절 양성평등정책 추진체계

제11조(양성평등위원회)

① 양성평등정책에 관한 중요사항을 심의·조정하기 위하여 국무총리 소속으로 양성평등위원회(이하 이 조에서 "위원회:라 한다)를 둔다.

② 위원회는 다음 각 호의 사항을 심의·조정한다. [개정 2017.12.12] [시행일 2018.3.13]

1. 기본계획 및 시행계획에 관한 사항
2. 시행계획 등 양성평등정책 추진실적 점검에 관한 사항
3. 양성평등정책 관련 사업의 조정 및 협력에 관한 사항
4. 양성평등정책의 평가 및 제도 개선 등 성 주류화(性主流化)에 관한 사항
5. 제19조에 따른 국가성평등지수에 관한 사항
6. 유엔여성차별철폐협약 등 대한민국이 체결한 여성 관련 국제조약 이행 점검에 관한 사항
7. 여성, 평화와 안보에 관한 유엔 안전보장이사회 결의 1325호에 따라 수립한 국가행동계획의 이행 평가 및 개선방안에 관한 사항
8. 그 밖에 양성평등정책을 위하여 필요하다고 대통령령으로 정하는 사항

③ 위원회는 위원장 1명과 부위원장 1명을 포함한 30명 이내의 위원으로 구성한다.

④ 위원회의 위원장은 국무총리가 되고, 부위원장은 여성가족부장관이 되며, 위원은 다음 각 호의 사람이 된다.

1. 대통령령으로 정하는 관계 중앙행정기관의 장 및 이에 준하는 기관의 장
2. 양성평등에 관한 전문지식과 경험이 풍부한 사람으로서 국무총리가 위촉하는 사람

⑤ 그 밖에 위원회의 구성과 운영 등에 필요한 사항은 대통령령으로 정한다.

제11조의2(시 · 도 양성평등위원회)

특별시 · 광역시 · 특별자치시 · 도 · 특별자치도(이하 "시 · 도"라 한다)는 조례로 정하는 바에 따라 시 · 도의 양성평등정책에 관한 중요사항을 심의 · 조정하기 위하여 양성평등위원회(이하 "시 · 도위원회"라 한다)를 둘 수 있다. 다만, 시 · 도위원회의 기능을 담당하기에 적합한 다른 위원회가 있는 경우에는 해당 지방자치단체의 조례로 정하는 바에 따라 그 위원회가 시 · 도위원회의 기능을 대신하거나 시 · 도위원회의 기능을 포함하여 운영할 수 있다.[본조신설 2020.5.19] [시행일 2020.11.20]

제12조(양성평등실무위원회 등)

① 제11조 제2항 각 호의 사항을 미리 검토하고 양성평등위원회가 위임한 사항을 처리하기 위하여 양성평등위원회에 여성가족부차관을 위원장으로 하는 양성평등실무위원회(이하 "실무위원회"라 한다)를 둔다.

② 양성평등위원회의 소관 사항을 전문적으로 검토하기 위하여 분과위원회를 둘 수 있다.

③ 실무위원회 및 분과위원회의 구성과 운영 등에 필요한 사항은 대통령령으로 정한다.

제13조(양성평등정책책임관의 지정 등)

① 중앙행정기관의 장과 시 · 도지사는 해당 기관의 양성평등정책을 효율적으로 수립 · 시행하기 위하여 소속 공무원 중에서 양성평등정책책임관을 지정하고, 필요한 전담전문인력을 두어야 한다.

② 제1항에 따른 양성평등정책책임관과 전담전문인력의 지정 및 업무 등에 필요한 사항은 대통령령으로 정한다.

제3장 양성평등정책의 기본시책

제1절 양성평등정책 촉진

제14조(성 주류화 조치)

① 국가와 지방자치단체는 법령의 제정·개정 및 적용·해석, 정책의 기획, 예산 편성 및 집행, 그 밖에 법령에 따라 직무를 수행하는 과정에서 성평등 관점을 통합하는 성 주류화 조치를 취하여야 한다.

② 국가와 지방자치단체는 성 주류화 조치의 실효성을 높이기 위하여 다양한 방법과 도구를 적극 개발하여야 한다.

제15조(성별영향평가)

① 국가와 지방자치단체는 제정·개정을 추진하는 법령(법률·대통령령·총리령·부령 및 조례·규칙을 말한다)과 성평등에 중대한 영향을 미칠 수 있는 계획 및 사업 등이 성평등에 미치는 영향을 평가(이하 이 조에서 "성별영향평가"라 한다)하여야 한다. [개정 2018.3.27 제15545호(성별영향평가법)] [시행일 2018.9.28]

② 성별영향평가의 대상·방법·시기 등에 필요한 사항은 따로 법률에서 정한다. [개정 2018.3.27. 제15545호(성별영향평가법)] [시행일 2018.9.28.]

[본조제목개정 2018.3.27. 제15545호(성별영향평가법)] [시행일 2018.9.28]

제16조(성인지 예산)

① 국가와 지방자치단체는 관계 법률에서 정하는 바에 따라 예산이 여성과 남성에게 미치는 영향을 분석하고 이를 국가와 지방자치단체의 재정운용에 반영하는 성인지(性認知) 예산을 실시하여야 한다.

② 여성가족부장관은 기획재정부장관 및 행정안전부장관과 협의하여 제1항에 따른 성인지 예산에 필요한 기준제시, 자문 및 교육훈련 등 지원을 할 수 있다. 이 경우 국가성평등지표 및 지역성평등지표 등을 활용하여야 한다. [개정 2014.11.19 제12844호(정부조직법), 2015.6.22, 2017.7.26 제14839호(정부조직법)]

제17조(성인지 통계)

① 국가와 지방자치단체는 인적(人的) 통계를 작성하는 경우 성별 상황과 특성을 알 수 있도록 성별로 구분한 통계(이하 이 조에서 "성인지 통계"라 한다)를 산출하고, 이를 관련 기관에 보급하여야 한다.

② 여성가족부장관은 통계청장 등 관계 기관의 장과 협의하여 성인지 통계의 개발, 산출, 자문 및 교육훈련 등 필요한 사항을 지원할 수 있다.

제18조(성인지 교육)

① 국가와 지방자치단체는 사회 모든 영역에서 법령, 정책, 관습 및 각종 제도 등이 여성과 남성에게 미치는 영향을 인식하는 능력을 증진시키는 교육(이하 "성인지 교육"이라 한다)을 전체 소속 공무원 등에게 실시하여야 한다. [개정 2018.12.18] [시행일 2019.6.19]

② 국가와 지방자치단체는 성인지 교육을 한국양성평등교육진흥원 또는 대통령령으로 정하는 관련 전문기관에 위탁할 수 있다.

③ 성인지 교육의 내용 · 방법 등에 필요한 사항은 대통령령으로 정한다. [개정 2018.12.18] [시행일 2019.6.19]

제19조(국가성평등지수 등)

① 여성가족부장관은 국가의 성평등수준을 계량적으로 측정할 수 있도록 성평등한 사회참여의 정도, 성평등 의식 · 문화 및 여성의 인권 · 복지 등의 사항이 포함된 국가성평등지표를 개발 · 보급하여야 한다.

② 여성가족부장관은 제1항에 따른 국가성평등지표를 이용하여 국가의 성평등 정도를 지수화한 국가성평등지수를 매년 조사 · 공표하여야 한다.

③ 여성가족부장관은 제1항에 따른 국가성평등지표를 기초로 지역의 특성을 반영한 지역성평등지표를 개발 · 보급하고, 지역성평등지표를 이용하여 지역의 성평등 정도를 지수화한 지역성평등지수를 매년 조사 · 공표하여야 한다.

④ 여성가족부장관은 국가성평등지수 및 지역성평등지수 조사 결과, 성평등 수준이 낮은 지표에 관해서는 관계 기관의 장에게 제8조제2항에 따른 시행계획

수립 시 개선방안을 마련하도록 요청할 수 있다. [신설 2015.6.22] [시행일 2015.12.23]

⑤ 여성가족부장관은 제2항 및 제3항에 따른 국가성평등지표 및 지역성평등지표에 관한 각 지표별 통계와 지표의 특성 등에 관한 정보를 국민들이 편리하게 사용할 수 있도록 필요한 조치를 하여야 한다. [신설 2015.6.22.] [시행일 2015.12.23]

⑥ 제2항에 따른 국가성평등지수, 제3항에 따른 지역성평등지수의 내용 및 조사·공표의 방법 및 제5항에 따른 정보 제공 등에 필요한 사항은 대통령령으로 정한다. [개정 2015.6.22] [시행일 2015.12.23]

제2절 양성평등 참여

제20조(적극적 조치 등)

① 국가와 지방자치단체는 차별로 인하여 특정 성별의 참여가 현저히 부진한 분야에 대하여 합리적인 범위에서 해당 성별의 참여를 촉진하기 위하여 관계 법령에서 정하는 바에 따라 적극적 조치를 취하도록 노력하여야 한다.

② 여성가족부장관은 국가기관 및 지방자치단체의 장에게 제1항에 따른 적극적 조치를 취하도록 권고하고, 그 이행 결과를 점검하여야 한다.

③ 여성가족부장관은 「공공기관의 운영에 관한 법률」 제4조 제1항에 따른 공공기관 및 「자본시장과 금융투자업에 관한 법률」 제159조 제1항에 따른 사업보고서 제출대상법인의 성별 임원 수 및 임금 현황 등에 관하여 조사하고 그 결과를 매년 공표할 수 있다. [신설 2018.3.2]

④ 여성가족부장관은 제3항에 따른 성별 임원 수 및 임금 현황 등을 조사하기 위하여 관계 중앙행정기관의 장이나 그 밖의 관련 기관의 장에게 필요한 자료의 제공을 요청할 수 있다. [신설 2018.3.2]

⑤ 제4항에 따라 자료 제공을 요청받은 기관의 장은 특별한 사유가 없으면 그 요청에 따라야 한다. [신설 2018.3.2][본조제목개정 2018.3.2]

제21조(정책결정과정 참여)

① 국가와 지방자치단체는 정책결정과정에 여성과 남성이 평등하게 참여하기 위한 시책을 마련하여야 한다.

② 국가와 지방자치단체는 위원회(위원회, 심의회, 협의회 등 명칭을 불문하고 행정기관의 소관 사무에 관하여 자문에 응하거나 조정, 협의, 심의 또는 의결 등을 하기 위한 복수의 구성원으로 이루어진 합의제 기관을 말한다. 이하 같다)를 구성할 때 위촉직 위원의 경우에는 특정 성별이 위촉직 위원 수의 10분의 6을 초과하지 아니하도록 하여야 한다. 다만, 해당 분야 특정 성별의 전문인력 부족 등 부득이한 사유가 있다고 인정되어 실무위원회의 의결을 거친 경우에는 그러하지 아니하다.

③ 국가와 지방자치단체는 매년 위원회의 성별 참여현황을 여성가족부장관에게 제출하여야 하고, 여성가족부장관은 위원회의 성별 참여현황을 공표하고 이에 대한 개선을 권고할 수 있다.

④ 국가와 지방자치단체는 관리직위에 여성과 남성이 균형있게 임용될 수 있도록 다음 각 호의 사항을 고려하여 해당 기관의 연도별 임용목표비율을 포함한 중장기 계획(이하 이 조에서 "관리직 목표제"라 한다) 등을 시행하여야 한다. [개정 2018.3.2]

1. 직종·직급·고용형태별 남녀 직원 현황
2. 관리직 남녀 비율 현황
3. 남녀 직원 근속연수 현황
4. 승진 대상자 중 남녀의 승진 비율
5. 남녀 관리직에 대한 연도별 임용 목표 및 달성 시기

⑤ 공공기관의 장은 관리직 목표제 등을 시행하여야 하고, 해당 기관의 임원 임명 시 여성과 남성이 균형있게 임명될 수 있도록 노력하여야 한다.

제22조(공직 참여)

① 국가와 지방자치단체는 공직에 여성과 남성이 평등하게 참여하기 위한 시책을 마련하여야 한다.

② 국가와 지방자치단체는 공무원의 채용·보직관리·승진·포상·교육훈련 등

에서 여성과 남성에게 평등한 기회를 보장하여야 한다.

제23조(정치 참여)

국가와 지방자치단체는 여성과 남성의 동등한 정치 참여를 지원하기 위한 시책을 마련하도록 노력하여야 한다.

제24조(경제활동 참여)

① 국가와 지방자치단체는 관계 법률에서 정하는 바에 따라 근로자의 모집·채용·임금·교육훈련·승진·퇴직 등 고용 전반에 걸쳐 양성평등이 이루어지도록 하여야 한다. [개정 2016.12.20]

② 국가기관등과 사용자는 직장 내의 양성평등한 근무환경 조성을 위하여 필요한 조치를 취하여야 한다.

③ 국가기관등과 사용자는 여성이 승진·전보 등 인사상 처우에서 성별에 따른 차별 없이 그 자질과 능력을 정당하게 평가받을 수 있도록 노력하여야 한다. [신설 2018.3.2]

④ 국가기관등과 사용자는 여성이 임신·출산·육아 등을 이유로 경력이 단절되지 아니하도록 노력하여야 한다. [개정 2018.3.2]

⑤ 국가와 지방자치단체는 관계 법률에서 정하는 바에 따라 경력단절여성 등의 경제활동 참여를 위하여 행정적·재정적 지원 등 필요한 시책을 마련하여야 한다. [개정 2018.3.2]

⑥ 여성가족부장관은 정기적으로 국가기관등과 사용자를 대상으로 근로자의 모집·채용·임금 등에 있어서의 성별을 이유로 한 차별적 내용을 조사·연구하여 법령, 제도 또는 정책 등의 개선이 필요하다고 인정되는 경우 고용노동부 등 관계 기관에 개선을 요청할 수 있다. [신설 2016.12.20, 2018.3.2]

제25조(모·부성의 권리 보장)

① 국가기관등과 사용자는 임신·출산·수유·육아에 관한 모·부성권을 보장하고, 이를 이유로 가정과 직장 및 지역사회에서 불이익을 받지 아니하도록 하여야 한다.

② 국가와 지방자치단체는 제1항에 따른 모·부성권의 보장 등에 관련된 비용에 대하여 「사회보장기본법」에 따른 국가재정이나 사회보험 등을 통한 사회적 부담을 높여 나가야 한다.

제26조(일·가정 양립지원)

① 국가기관등과 사용자는 일과 가정생활의 조화로운 양립을 위한 여건을 마련하기 위하여 노력하여야 한다.

② 국가와 지방자치단체는 일과 가정생활의 양립을 지원하기 위하여 영유아 보육, 유아교육, 방과 후 아동 돌봄, 아이돌봄 등 양질의 양육서비스 확충, 출산 전후휴가와 육아휴직제 확대 및 대체인력 채용·운영의 활성화, 가족친화적인 사회환경 조성 등에 관한 시책을 마련하여야 한다.

제27조(여성 인적자원의 개발)

① 국가와 지방자치단체는 양성평등 사회 실현을 위하여 여성 인적자원 개발에 필요한 시책을 마련하여야 한다.

② 제1항에 따른 시책의 구체적인 내용은 대통령령으로 정한다.

제28조(여성인재의 관리·육성)

① 여성가족부장관은 양성평등 사회 실현을 목적으로 여성인재의 육성 및 사회참여 확대를 지원하기 위하여 공공 및 민간 분야에서 일정한 자격을 갖춘 여성인재(이하 이 조에서 "여성인재"라 한다)에 관한 정보를 수집하여 관리할 수 있다.

② 여성인재에 관한 정보의 수집·관리 등에 관한 사항은 「국가공무원법」 제19조의3 제2항부터 제5항까지의 규정을 준용한다. 이 경우 "인사혁신처장"은 "여성가족부장관"으로 본다. [개정 2017.7.26 제14839호(정부조직법)]

③ 제1항 및 제2항에 따른 정보의 수집 범위·절차 및 수집된 정보의 활용·보호 등에 필요한 사항은 대통령령으로 정한다.

④ 여성가족부장관은 여성인재를 육성하기 위하여 노력하여야 하며, 여성 관리자 역량을 강화하기 위한 프로그램을 운영할 수 있다.

제3절 인권 보호 및 복지 증진 등

제29조(성차별의 금지)

국가와 지방자치단체는 관계 법률에서 정하는 바에 따라 성차별 금지를 위한 시책 마련에 노력하여야 한다.

제30조(성폭력 · 가정폭력 · 성매매 범죄의 예방 및 성희롱 방지)

① 국가와 지방자치단체는 관계 법률에서 정하는 바에 따라 성폭력 · 가정폭력 · 성매매 범죄 및 성희롱을 예방 · 방지하고 피해자를 보호하여야 하며, 이를 위하여 필요한 시책을 마련하여야 한다.

② 국가와 지방자치단체는 관계 법률에서 정하는 바에 따라 성폭력 · 가정폭력 · 성매매 범죄의 예방을 위하여 교육을 실시하여야 하고, 각 교육과 제31조에 따른 성희롱 예방교육을 성평등 관점에서 통합하여 실시할 수 있다.

③ 국가와 지방자치단체는 관계 법률에서 정하는 바에 따라 성폭력 · 가정폭력 · 성매매 · 성희롱 피해자와 상담하고 가해자를 교정(矯正)하기 위하여 필요한 시책을 강구하여야 한다.

제31조(성희롱 예방교육 등 방지조치)

① 국가기관 등의 장과 사용자는 성희롱을 방지하기 위하여 대통령령으로 정하는 바에 따라 성희롱 예방교육의 실시, 자체 예방지침의 마련, 성희롱 사건이 발생한 경우 재발방지대책의 수립 · 시행 등 필요한 조치를 하여야 하고, 국가기관 등의 장은 그 조치 결과를 여성가족부장관 및 주무부처의 장에게 제출하여야 한다. [개정 2018.12.18] [시행일 2019.6.19]

② 여성가족부장관은 제1항에 따른 국가기관 등의 성희롱 방지조치에 대한 점검을 대통령령으로 정하는 바에 따라 매년 실시하여야 한다.

③ 여성가족부장관은 제2항에 따른 점검결과 성희롱 방지조치가 부실하다고 인정되는 국가기관 등에 대하여 대통령령으로 정하는 바에 따라 관리자에 대한 특별교육 등 필요한 조치를 취하여야 하며, 성희롱 방지조치가 부실하다고 인정되는 국가기관 등의 장은 제2항에 따른 점검결과를 반영한 성희롱 방지조

치 개선계획을 대통령령으로 정하는 바에 따라 여성가족부장관에게 제출하여야 한다. [개정 2018.12.18] [시행일 2019.6.19]

④ 여성가족부장관은 제2항에 따른 국가기관 등의 성희롱 방지조치 점검결과를 대통령령으로 정하는 바에 따라 언론 등에 공표하여야 한다. 다만, 다른 법률에서 공표를 제한하고 있는 경우에는 그러하지 아니하다.

⑤ 여성가족부장관은 국가인권위원회 또는 대통령령으로 정하는 기관을 통하여 다음 각 호의 어느 하나에 해당하는 사실이 확인된 경우에는 관련자의 징계 등을 그 관련자가 소속된 국가기관 등의 장에게 요청할 수 있다.

1. 국가기관 등에서 성희롱 사건을 은폐한 사실
2. 성희롱에 관한 국가기관 등의 고충처리 또는 구제과정 등에서 피해자의 학습권·근로권 등에 대한 추가적인 피해가 발생한 사실

⑥ 여성가족부장관은 제2항에 따른 국가기관 등의 성희롱 방지조치 점검결과 및 제5항에 따라 확인된 사실을 다음 각 호의 평가에 반영하도록 해당 기관·단체의 장에게 요구할 수 있다. [개정 2015.6.22] [시행일 2015.12.23]

1. 「정부업무평가 기본법」 제14조 제1항 및 제18조 제1항에 따른 중앙행정기관 및 지방자치단체의 자체평가
2. 「공공기관의 운영에 관한 법률」 제48조 제1항에 따른 공기업·준정부기관의 경영실적 평가
3. 「지방공기업법」 제78조 제1항에 따른 지방공기업의 경영평가
4. 「초·중등교육법」 제9조 제2항에 따른 학교 평가
5. 「고등교육법」 제11조의2 제1항에 따른 학교 평가

⑦ 제1항에 따른 성희롱 예방교육의 내용·방법 등 성희롱 방지조치, 제3항에 따른 성희롱 방지조치가 부실하다고 인정되는 국가기관 등의 기준 및 제5항에 따른 징계 등의 요청 방법·절차 등에 필요한 사항은 대통령령으로 정한다. [개정 2018.12.18] [시행일 2019.6.19]

제32조(성희롱 실태조사)

① 여성가족부장관은 3년마다 성희롱에 대한 실태조사를 실시하여 그 결과를 발표

하고, 이를 성희롱을 방지하기 위한 정책수립의 기초자료로 활용하여야 한다.

② 제1항에 따른 성희롱 실태조사의 내용과 방법 등에 필요한 사항은 대통령령으로 정한다.

제33조(복지증진)

① 국가와 지방자치단체는 지역 · 나이 등에 따른 여성 복지 수요를 충족시키기 위한 시책을 강구하여야 한다.

② 국가와 지방자치단체는 관계 법률에서 정하는 바에 따라 장애인, 한부모, 북한이탈주민, 결혼이민자 등 취약계층 여성과 그 밖에 보호가 필요한 여성의 복지 증진을 위하여 필요한 조치를 하여야 한다.

제34조(건강증진)

① 국가와 지방자치단체는 보건의료에 대한 양성평등한 접근권을 보장하기 위하여 노력하여야 한다.

② 국가와 지방자치단체는 모성건강 등 여성의 생애주기에 따른 건강증진에 관한 시책을 마련하여야 한다.

제4절 양성평등 문화 확산 등

제35조(양성평등한 가족)

① 국가와 지방자치단체는 민주적이고 양성평등한 가족관계를 확립시키기 위하여 노력하여야 한다.

② 국가와 지방자치단체는 가사노동에 대한 경제적 가치를 정당하게 평가하여 이를 법령 · 제도 또는 시책에 반영하도록 노력하여야 한다.

제36조(양성평등 교육)

① 국가와 지방자치단체는 가정에서부터 양성평등에 관한 교육이 이루어지도록 노력하여야 한다.

② 국가와 지방자치단체는 「교육기본법」에 따른 학교교육에서 양성평등 의식을 높이는 교육이 실시되도록 노력하여야 한다.

③ 국가와 지방자치단체는 국공립 연수기관, 「평생교육법」에 따른 평생교육시설의 연수교육 과정과 그 밖의 연수교육 과정에서 양성평등 의식을 높이는 교육이 실시되도록 노력하여야 한다.

제37조(양성평등 문화조성)

① 국가와 지방자치단체는 양성평등한 문화조성을 위한 효과적인 사업을 발굴하고 추진하여야 한다.

② 국가와 지방자치단체는 신문, 방송, 잡지, 인터넷 등 대중매체에서 성별을 이유로 한 차별, 편견, 비하 또는 폭력적 내용이 개선되도록 지원하고, 대중매체를 통하여 양성평등 의식이 확산되도록 노력하여야 한다.

③ 여성가족부장관은 정기적으로 대중매체에서의 성별을 이유로 한 차별, 편견, 비하 또는 폭력적 내용을 점검하여 법령, 제도 또는 정책 등의 개선이 필요하다고 인정되는 경우 방송통신위원회 등 관계 기관에 개선을 요청할 수 있다.

제38조(여성의 날 등과 양성평등주간)

① 범국민적으로 양성평등 실현을 촉진하기 위하여 매년 3월8일을 여성의 날로 하고, 대통령령으로 정하는 바에 따라 1년 중 1주간을 양성평등주간으로 한다.[개정 2018.3.2, 2019.11.26]

② 우리나라 최초의 여성인권선언문이 발표된 날을 기념하기 위하여 매년 9월 1일을 여권통문(女權通文)의 날로 한다. [신설 2019.11.26]

③ 제1항에 따른 양성평등주간 중 하루를 양성평등 임금의 날로 하고, 같은 날에 성별 임금 통계 등을 공표한다. [신설 2020.5.19] [시행일 2020.11.20.] [본조제목개정 2020.5.19] [시행일 2020.11.20]

제39조(여성친화도시)

① 국가와 지방자치단체는 지역정책과 발전과정에 여성과 남성이 평등하게 참여하고 여성의 역량강화, 돌봄 및 안전이 구현되도록 정책을 운영하는 지역(이하 이 조에서 "여성친화도시"라 한다)을 조성하도록 노력하여야 한다.

② 여성가족부장관은 특별자치시·특별자치도 또는 시·군·자치구를 여성친화

도시로 지정하고 이를 지원할 수 있다.

③ 여성친화도시의 지정 기준·절차, 지원 내용 등에 필요한 사항은 대통령령으로 정한다.

제40조(국제협력)

① 국가와 지방자치단체는 양성평등 실현을 위한 국제조약을 체결하거나 이행하기 위하여 노력하여야 한다.

② 국가와 지방자치단체는 국제기구나 국제회의에서 여성과 남성의 평등한 참여를 지원하여야 한다.

③ 국가와 지방자치단체는 국제개발협력을 실시함에 있어서 양성평등 실현을 위한 시책을 마련하여야 하고, 여성가족부장관은 특히 양성평등 실현을 위한 국제개발협력 사업을 추진하여야 한다.

④ 국가와 지방자치단체는 국내외에 거주하는 한인 여성 간의 교류와 연대(連帶) 강화를 위하여 노력하여야 한다.

⑤ 정부는 유엔여성차별철폐협약 이행보고서 등 대한민국이 체결한 여성 관련 국제조약의 이행보고서를 제출하려는 때에는 이를 사전에 국회에 제출하여야 한다.

제41조(평화·통일 과정 참여)

① 국가와 지방자치단체는 국내외 평화 문화 확산과 통일 추진과정에서 여성과 남성이 평등하게 참여할 수 있도록 노력하여야 한다.

② 국가와 지방자치단체는 국내외 여성평화증진 및 통일을 위한 활동을 지원할 수 있다.

③ 정부는 여성, 평화와 안보에 관한 유엔 안전보장이사회 결의 1325호에 따라 국가행동계획을 수립하고 이행하여야 한다. [신설 2017.12.12] [시행일 2018.3.13]

제4장 양성평등기금

제42조(기금의 설치 등)

① 국가는 이 법의 목적을 실현하기 위한 사업 등을 지원하는 데 필요한 재원을 확보하기 위하여 양성평등기금(이하 "기금"이라 한다)을 설치한다.

② 기금은 다음 각 호의 재원으로 조성한다.

1. 국가의 출연금
2. 국가 외의 자의 출연금 또는 기부금
3. 기금의 운용수익금
4. 그 밖에 대통령령으로 정하는 수입금

③ 기금은 여성가족부장관이 운용·관리한다.

④ 여성가족부장관은 대통령령으로 정하는 바에 따라 기금의 운용·관리에 관한 사무의 전부 또는 일부를 「은행법」 제2조 제1항 제2호의 은행에 위탁할 수 있다.

⑤ 지방자치단체는 양성평등 실현을 촉진하기 위하여 지방양성평등기금을 설치할 수 있으며, 이에 필요한 사항은 조례로 정한다.

제43조(기금의 용도)

기금은 다음 각 호의 용도로 사용한다.

1. 양성평등 실현을 위한 사업의 지원
2. 제51조에 따른 비영리법인 및 비영리민간단체의 지원
3. 제40조에 따른 국제협력 관련 사업의 지원
4. 그 밖에 대통령령으로 정하는 사업의 지원

제44조(기금의 회계기관)

① 여성가족부장관은 기금의 수입과 지출에 관한 업무를 수행하기 위하여 소속 공무원 중에서 기금수입징수관, 기금재무관, 기금지출관 및 기금출납공무원을 임명하여야 한다.

② 여성가족부장관은 제42조 제4항에 따라 기금의 운용·관리에 관한 사무의 전

부 또는 일부를 위탁한 경우에는 다음 각 호에 해당하는 자를 임명하여야 하며 그 임명된 자가 각각 수행하여야 할 직무는 다음과 같다.

1. 위탁받은 금융기관의 이사(理事) 중에서 임명하여야 하는 자
    가. 기금수입담당이사: 기금수입징수관의 직무
    나. 기금지출원인행위담당이사: 기금재무관의 직무
2. 위탁받은 금융기관의 직원 중에서 임명하여야 하는 자
    가. 기금지출직원: 기금지출관의 직무
    나. 기금출납직원: 기금출납공무원의 직무

제5장 양성평등정책 관련 기관 및 시설과 단체 등의 지원

제45조(양성평등정책 관련 기관 등)

① 국가와 지방자치단체는 양성평등정책을 연구하거나 교육하기 위한 기관을 설치·운영할 수 있다.

② 국가와 지방자치단체는 양성평등한 사회참여를 촉진하기 위하여 능력개발 및 교육훈련을 위한 양성평등정책 관련 시설을 설치·운영할 수 있다.

③ 국가와 지방자치단체는 제1항 및 제2항에 따른 양성평등정책 관련 기관 및 시설에 대하여 예산의 범위에서 그 경비의 전부 또는 일부를 보조할 수 있다.

제46조(한국양성평등교육진흥원의 설립 등)

① 국가는 양성평등교육 등을 효율적이고 체계적으로 추진하고 진흥시키기 위하여 한국양성평등교육진흥원(이하 이 조에서 "진흥원"이라 한다)을 설립한다.

② 진흥원은 법인으로 한다.

③ 진흥원은 주된 사무소의 소재지에 설립등기를 함으로써 성립한다.

④ 진흥원에는 정관으로 정하는 바에 따라 임원과 필요한 직원을 둔다.

⑤ 진흥원은 다음 각 호의 사업을 한다.

1. 양성평등을 위한 교육 및 진흥 사업

2. 공무원에 대한 성인지 교육
3. 여성과 남성의 지도력 함양 교육
4. 성희롱 예방교육 강사 등 전문인력 양성 사업
5. 공무원 교육훈련기관의 양성평등 교육과정을 강화하기 위한 교류 협력 지원 사업
6. 양성평등 교육 프로그램 개발과 교육 연구 사업
7. 양성평등 교육 관련 자료 출간 사업
8. 제1호부터 제7호까지의 사업에 부수되는 사업 또는 이와 관련하여 국가기관 등으로부터 위탁받은 사업
9. 그 밖에 진흥원의 목적 달성을 위하여 대통령령으로 정하는 사업

⑥ 국가는 예산의 범위에서 진흥원의 운영에 필요한 경비를 출연할 수 있다.

⑦ 진흥원에 관하여 이 법에서 규정된 것을 제외하고는 「민법」 중 재단법인에 관한 규정을 준용한다.

제46조의2(한국여성인권진흥원의 설립 등)

① 국가는 성폭력 · 가정폭력 · 성매매 등을 예방 · 방지하고 그 피해자를 보호 · 지원하기 위하여 한국여성인권진흥원을 설립한다.

② 한국여성인권진흥원은 법인으로 한다.

③ 한국여성인권진흥원은 주된 사무소의 소재지에 설립등기를 함으로써 성립한다.

④ 한국여성인권진흥원에는 정관으로 정하는 바에 따라 임원과 필요한 직원을 둔다.

⑤ 한국여성인권진흥원은 다음 각 호의 사업을 한다.

1. 성폭력 · 가정폭력 · 성매매 등 피해자 보호 · 지원시설 종사자의 양성 및 보수교육
2. 성폭력 · 가정폭력 · 성매매 등 피해자 보호 · 지원시설 간 연계망 구축 및 운영
3. 성폭력 · 가정폭력 · 성매매 등 피해자 보호 · 지원을 위한 관련 기관 간 협력 사업 개발 및 지원
4. 성폭력 · 가정폭력 · 성매매 등 피해자 보호 · 지원시설에 대한 평가지원 및

컨설팅

5. 성폭력 · 가정폭력 · 성매매 등 피해자 보호 · 지원에 관한 종합관리시스템 구축 · 운영
6. 성폭력 · 가정폭력 · 성매매 등 예방 · 방지 및 피해자 보호 · 지원 프로그램 개발과 관련 연구사업
7. 제1호부터 제6호까지의 사업에 부수되는 사업 또는 이와 관련하여 국가기관 등으로부터 위탁받은 사업
8. 그 밖에 한국여성인권진흥원의 목적달성을 위하여 대통령령으로 정하는 사업

⑥ 국가는 예산의 범위에서 한국여성인권진흥원의 운영에 필요한 경비를 출연할 수 있다.

⑦ 한국여성인권진흥원에 관하여 이 법에서 규정된 것을 제외하고는 「민법」 중 재단법인에 관한 규정을 준용한다.

⑧ 이 법에 따른 한국여성인권진흥원이 아닌 자는 한국여성인권진흥원 또는 이와 유사한 명칭을 사용하지 못한다.[본조신설 2018.12.18] [시행일 2019.12.19]

제47조(여성인력개발센터의 설치·운영 등)

① 국가와 지방자치단체는 여성인력 개발을 위한 시설(이하 "여성인력개발센터"라 한다)을 설치 · 운영할 수 있다.

② 국가 또는 지방자치단체 외의 자가 여성인력개발센터를 설치 · 운영하려면 시 · 도지사의 지정을 받아야 한다.

③ 지방자치단체는 제2항에 따른 여성인력개발센터에 대하여 예산의 범위에서 운영에 필요한 경비의 전부 또는 일부를 보조할 수 있다.

④ 여성인력개발센터의 지정 기준 · 절차 등에 필요한 사항은 대통령령으로 정한다.

제48조(여성인력개발센터의 지정취소 등)

① 시 · 도지사는 제47조제2항에 따라 지정받은 여성인력개발센터가 다음 각 호의 어느 하나에 해당하는 경우에는 그 지정을 취소하거나 그 시정을 명할 수

있다. 다만, 제1호에 해당하는 경우에는 그 지정을 취소하여야 한다.

1. 거짓이나 그 밖의 부정한 방법으로 지정받은 경우
2. 제47조제4항에 따른 지정기준에 적합하지 아니한 경우
3. 사업실적 부진 등 대통령령으로 정하는 사유에 해당하는 경우

② 제1항에 따른 지정취소 또는 시정명령의 기준은 그 처분의 사유와 위반의 정도 등을 고려하여 대통령령으로 정한다.

제49조(청문)

시 · 도지사는 제48조에 따라 여성인력개발센터의 지정을 취소하려면 청문을 하여야 한다.

제50조(여성사박물관의 설립·운영)

① 여성가족부장관은 역사 속 여성의 역할과 역사발전에 기여한 인물을 조명하고, 여성을 위한 교육과 국민의 양성평등의식 고양을 위한 장으로 활용하기 위하여 여성사박물관을 설립 · 운영할 수 있다.

② 여성사박물관은 다음 각 호의 사업을 한다.

1. 여성 관련 문화유산의 수집 · 보존 · 연구 · 전시 · 교육
2. 여성사의 발굴 및 역사 속 여성의 역할과 경험 · 가치에 대한 연구
3. 역사발전 · 사회변화를 일구어 낸 여성인물과 업적 발굴
4. 여성문화 · 지역여성 · 여성운동 · 여성단체 · 여성정책의 역사에 대한 자료 발굴 · 보존 · 연구 · 교육
5. 미술 · 음악 · 문학 등 여성문화 활동
6. 그 밖에 여성사박물관의 설립 목적을 달성하기 위하여 필요한 사업

③ 제1항 및 제2항에 따른 여성사박물관의 설립과 운영에 필요한 사항은 대통령령으로 정한다.

④ 여성사박물관에 관하여 이 법에서 규정한 것을 제외하고는 「박물관 및 미술관 진흥법」 중 국립중앙박물관에 관한 규정을 준용한다.

제51조(비영리법인 · 비영리민간단체의 지원)

국가와 지방자치단체는 양성평등 참여 확대, 양성평등 문화 확산, 양성평등 촉진과 여성 인권보호 및 복지 증진 등을 위하여 활동하는 비영리법인 및 비영리민간단체에 대하여 그 활동에 필요한 행정적 지원 및 필요한 경비의 일부를 보조할 수 있다.

제6장 보칙

제52조(권한의 위임 · 위탁)

① 이 법에 따른 여성가족부장관의 권한은 대통령령으로 정하는 바에 따라 그 일부를 시 · 도지사에게 위임할 수 있다.

② 여성가족부장관은 이 법에 따른 업무의 일부를 대통령령으로 정하는 바에 따라 양성평등정책 관련 전문기관이나 법인 또는 단체에 위탁할 수 있다.

제53조(국회 보고)

① 여성가족부장관은 기본계획, 해당 연도 시행계획, 전년도 추진실적을 확정한 후 국회에 제출하여야 한다.

② 정부는 매년 주요 양성평등정책에 관한 연차보고서를 작성하여 정기국회 개회 전까지 국회에 제출하여야 한다.

부칙 <법률 제12698호, 2014. 5. 28.>

제1조(시행일)

이 법은 2015년 7월 1일부터 시행한다.

제2조(위원회 위촉직 위원 성별 할당에 관한 특례)

국가와 지방자치단체는 제21조제2항 본문의 개정규정에도 불구하고 2017년 12월 31일까지는 위촉직 위원의 특정 성별이 위촉직 위원수의 10분의 6을 초과하지 아니하도록 단계적으로 시행한다.

제3조(양성평등정책 기본계획에 관한 경과조치)

이 법 시행 당시 종전의 「여성발전기본법」 제7조에 따른 여성정책 기본계획은

제7조의 개정규정에 따른 양성평등정책 기본계획으로 본다.

제4조(양성평등정책책임관에 관한 경과조치)

이 법 시행 당시 종전의 「여성발전기본법」 제12조에 따라 지정된 여성정책책임관은 제13조의 개정규정에 따라 지정된 양성평등정책책임관으로 본다.

제5조(여성발전기금에 관한 경과조치)

이 법 시행 당시 종전의 「여성발전기본법」 제29조에 따라 설치된 여성발전기금은 제42조의 개정규정에 따른 양성평등기금으로 본다.

제6조(한국양성평등교육진흥원에 관한 경과조치)

이 법 시행 당시 종전의 「여성발전기본법」 제21조의4에 따른 한국양성평등교육진흥원은 제46조의 개정규정에 따른 한국양성평등교육진흥원으로 본다.

제7조(여성인력개발센터에 관한 경과조치)

이 법 시행 당시 종전의 「여성발전기본법」 제33조 제3항에 따라 지정을 받은 여성인력개발센터는 제47조제2항의 개정규정에 따라 지정을 받은 여성인력개발센터로 본다.

제8조(일반적 경과조치)

이 법 시행 당시 종전의 「여성발전기본법」에 따른 처분 · 절차와 그 밖의 행위로서 이 법에 그에 해당하는 규정이 있는 경우에는 이 법에 따라 한 것으로 본다.

제9조(다른 법률의 개정)

① 가정폭력방지 및 피해자보호 등에 관한 법률 일부를 다음과 같이 개정한다. 제4조의3 제2항 중 「여성발전기본법」 제17조의2를 「양성평등기본법」 제31조로 한다.

② 경력단절여성등의 경제활동 촉진법 일부를 다음과 같이 개정한다. 제4조 제3항 중 「여성발전기본법」 제11조에 따른 여성정책조정회의(이하 "여성정책조정회의"라 한다)를 「양성평등기본법」 제11조에 따른 양성평등위원회로 한다.

③ 국가재정법 일부를 다음과 같이 개정한다. 별표 2 중 제36호를 다음과 같이

한다.

36. 「양성평등기본법」

④ 법률 제12550호 성매매방지 및 피해자보호 등에 관한 법률 전부개정법률 일부를 다음과 같이 개정한다.

제5조제2항 중 「여성발전기본법」 제17조의2를 「양성평등기본법」 제31조로 한다.

⑤ 법률 12328호 성폭력방지 및 피해자보호 등에 관한 법률 일부개정법률 일부를 다음과 같이 개정한다.

제5조제2항 중 「여성발전기본법」 제17조의2를 「양성평등기본법」 제31조로 한다.

제10조(다른 법령과의 관계)

이 법 시행 당시 다른 법령에서 종전의 「여성발전기본법」 또는 그 규정을 인용한 경우에 이 법 중 그에 해당하는 규정이 있을 때에는 종전의 「여성발전기본법」 또는 그 규정을 갈음하여 이 법 또는 이 법의 해당 규정을 인용한 것으로 본다.

부칙 <법률 제12844호, 2014. 11. 19.>

제1조(시행일)

이 법은 공포한 날부터 시행한다. 다만, 부칙 제6조에 따라 개정되는 법률 중 이 법 시행 전에 공포되었으나 시행일이 도래하지 아니한 법률을 개정한 부분은 각각 해당 법률의 시행일부터 시행한다.

제2조부터 제5조까지 생략

제6조(다른 법률의 개정)

①부터 〈207〉까지 생략

〈208〉 법률 제12698호 양성평등기본법 일부를 다음과 같이 개정한다.

제16조제2항 중 "안전행정부장관"을 "행정자치부장관"으로 한다.

〈209〉부터 〈258〉까지 생략

제7조 생략

부칙 <법률 제13369호, 2015. 6. 22.>

이 법은 공포 후 6개월이 경과한 날부터 시행한다.

부칙 <법률 제14444호, 2016. 12. 20.>

이 법은 공포한 날부터 시행한다.

부칙 <법률 제14839호, 2017. 7. 26.>

제1조(시행일)

① 이 법은 공포한 날부터 시행한다. 다만, 부칙 제5조에 따라 개정되는 법률 중 이 법 시행 전에 공포되었으나 시행일이 도래하지 아니한 법률을 개정한 부분은 각각 해당 법률의 시행일부터 시행한다.

제2조부터 제4조까지 생략

제5조(다른 법률의 개정) ①부터 〈203〉까지 생략

〈204〉 양성평등기본법 일부를 다음과 같이 개정한다.

제16조제2항 전단 중 "행정자치부장관"을 "행정안전부장관"으로 한다.

제28조제2항 후단 중 "안전행정부장관"을 "인사혁신처장"으로 한다.

〈205〉부터 〈382〉까지 생략

제6조 생략

부칙<법률 제15206호, 2017. 12. 12.>

이 법은 공포 후 3개월이 경과한 날부터 시행한다.

부칙<법률 제15420호, 2018. 3. 2.>

이 법은 공포한 날부터 시행한다.

부칙 <법률 제15545호, 2018. 3. 27.>

제1조(시행일) 이 법은 공포 후 6개월이 경과한 날부터 시행한다.

제2조(다른 법률의 개정) 양성평등기본법 일부를 다음과 같이 개정한다.

제15조의 제목 “성별영향분석평가”를 “성별영향평가”로 하고, 같은 조 제1항 중 “분석 · 평가”를 “평가”로, “성별영향분석평가”를 “성별영향평가”로 하며, 같은 조 제2항 중 “성별영향분석평가”를 “성별영향평가”로 한다.

제3조 생략

부칙 <법률 제15985호, 2018. 12. 18.>

제1조(시행일) 이 법은 공포 후 6개월이 경과한 날부터 시행한다. 다만, 제46조의2의 개정규정은 공포 후 1년이 경과한 날부터 시행한다.

제2조(재단법인 한국여성인권진흥원에 관한 경과조치)

① 이 법 시행 당시 「민법」 제32조에 따라 여성가족부장관의 허가를 받아 설립된 재단법인 한국여성인권진흥원(이하 “법인”이라 한다)은 이사회의 의결에 따라 그 모든 권리와 의무를 제46조의2의 개정규정에 따라 설립되는 한국여성인권진흥원이 승계할 수 있도록 여성가족부장관에게 승인을 신청할 수 있다.

② 제1항의 신청에 따라 여성가족부장관의 승인을 받은 법인은 이 법에 따른 한국여성인권진흥원의 설립과 동시에 「민법」 중 법인의 해산 및 청산에 관한 규정에도 불구하고 해산된 것으로 보며, 법인에 속하였던 모든 재산 · 권리와 의무는 이 법에 따른 한국여성인권진흥원이 승계한다. 이 경우 재산 · 권리와 의무에 대한 등기부 및 그 밖에 공부상의 법인의 명의는 이 법에 따른 한국여성인권진흥원의 명의로 본다.

③ 이 법 시행 당시 법인의 임원 및 직원은 이 법에 따른 한국여성인권진흥원의 임원 및 직원으로 본다.

부칙<법률 제16623호, 2019. 11. 26.>

이 법은 공포한 날부터 시행한다.

부칙<법률 제17284호, 2020. 5. 19.>

이 법은 공포 후 6개월이 경과한 날부터 시행한다.

참고문헌

강복정(2012). “한국의 다문화가족정책 및 서비스의 현황분석”. 『다문화사회연구』 제5권 1호 143-184.

건강가정시민연대(2004). 건강가정시민연대 발족선언문.

경향신문. 2010. 3. 22일자.

공미혜(2006). “지체장애여성의 성적 장애요인과 성교육”. 『여성연구논집』 17.

공미혜·성정현·이진숙·한정원(2015). 『여성복지론』. 신정.

권선진(2006). 『장애인복지론』. 청록출판사.

권중돈(1995). 『한국 치매가족연구－부양부담 사정도구 및 결정모형 개발』. 홍익제.

권희경·남희은·이미란이현정(2015) 여성복지론. 정민사

김미원(1995). “복지국가의 가부장적 특성에 대한 비판적 고찰”. 『한국사회복지학』 26. 한국사회복지학회.

김범수·서은주·손병돈·정재훈·조석연·최현미·신승연·최승희(2008). 『다문화사회복지론』. 양서원.

김범수 외(2007). 『다문화사회복지론』. 양서원.

김성천(1989). “한국 여성복지의 문제점과 개선방향에 관한 연구”. 1989년 전북부녀복지세미나자료집.

______(1991). “한국여성복지정책의 유형 분석에 관한 연구”. 『여성연구』. 한국여성개발원.

______(1992). 한국에서 성차별적 가족문제에 대한 페미니스트 가족치료의 수용가능성에 관한 연구. 중앙대학교 대학원 박사학위청구논문.

김성회(1990). 비주장행동 원인별 주장훈련방법이 주장행동에 미치는 효과 비교. 계명대학교 대학원 박사학위청구논문.

김수연(2003). 『성의 평등교육』. 문교사.

김수완(2002). “공적연금에서 파생적 수급권의 의미와 형태에 관한 연구”. 『사회복지연구』 20.

김영화·조희금·명선명·권신영·공정원(2002, 2007). 『현대사회와 여성복지』. 양서원.

김윤정(1993). 치매노인의 장애기간과 부양자의 대처 자원이 부양자의 부담 및 부양만족감에 미치는 영향. 이화여자대학교 대학원 석사학위청구논문.

김윤정·노병일·남미애·이윤화 외(2001). 『여성복지론』. 대학출판사.

김윤정 외(2001). 『여성복지론』. 대학출판사.

김인숙(2000). “여성주의 사회복지실천의 정립을 위한 고찰”. 『한국사회복지학』 41.

김인숙 외(2000). 『여성복지론』. 나남출판사.

________(2008). 『여성복지 실천과 정책』. 나남.

김태진(2002). 『여성복지론』. 대구대학교출판부.

김향선 · 황희숙 · 이금숙 · 조미영(2019). 초고령화 사회를 대비한 경기북부지역 노인공동주택 모델 개발. 경기도의회 보고서

김현우(2004). "여성주의 생애접근법에 관한 연구". 『여성연구논집』 15. 신라대학교 여성문제연구소.

남미애 외(2001). 『여성복지론』. 대학출판사.

남정림(1992). "여성노인의 빈곤화 원인과 정책에 관한 여권론적 접근법". 『여성연구』 10(4), 98. 한국여성개발원.

노동부(2008). 여성과 취업.

노병일(2001). 『사회보장론』. 대학출판사.

도미향 · 이기숙 · 홍계옥 · 주정 · 최순옥 · 문순영(2009). 『건강가정론』. 신정.

도미향 · 채경선(2006). 『여성학의 이해』. 현학사.

__________(2008). 『여성학의 이해』. 양서원.

동덕여자대학교 한국여성연구소(2004). 『성과 사랑의 시대』. 학지사.

류터 저 · 안상림 역. 1983. 『성차별과 신학』. 대한기독교출판사. pp. 51-52.

박광준 외(1999). 『고령화사회와 노인복지』. 세종출판사.

박능후(2000). 21세기 기초보장 발전방안. 2000년도 한국사회보장학회 춘계학술발표회. 한국사회보장학회.

박시종(2001). "사회복지실천에서 권력 주체화 이론의 방법론적 통합 가능성에 관한 연구". 『한국가족복지학』, 제7호.

박영란(1998). 저소득모자가정의 자립방안 연구. 한국여성개발원.

박영란 외(2000). 여성에 대한 폭력 관련 서비스 연계방안. 한국여성개발원.

________(2001). 외국의 여성복지서비스에 관한 연구. 2000 연구보고서. 한국여성개발원.

________(2002). 여성의 빈곤 실태와 국민기초생활보장제도의 효과성에 대한 연구. 한국여성개발원.

박재간(1989). 노인소득보장을 위한 중단기 대책. 노인문제 종합 방안 수립을 위한 연구. 정무장관실.

박옥임 · 김경신 · 이주희 · 최은정 · 박준섭 · 이경희 · 유숙영 · 이옥금 · 김진희(2015). 『여성복지학』. 공동체.

백선희(2000). "성주류화의 관점에서 본 저소득 실업자에 대한 분석과 자활사업 정착을 위한 정책제안". 『한국사회복지학』 43. 한국사회복지학회.

법무부(2007). 결혼이민자 국적별 체류 현황.

변화순(1998). 경제위기와 변화하는 가족. 경제위기가 가족에 미치는 영향과 대책. 사단법인 한국여성민우회.

_____(1992). "국가정책과 여성". 『여성연구』 9(3).

보건복지부(1998). 여성복지사업지침.

__________(2002). 영아보육 활성화 방안. 한국보건사회연구원 정책보고서, 2002-53. 보건복지부.
__________(2004). 보건복지부 통계연보.
__________(2004). 2003 국민기초생활수급자 현황.
__________(2005a). 전국인공임신중절실태조사.
__________(2005b). 여성결혼이민자 생활실태 조사결과 및 보건복지부 대책방안.
__________(2006a). 2006년도 국민기초생활보장사업 안내.
__________(2006b). 2006 전국 노인학대상담사업 현황보고서.
__________(2008). 다문화가족지원법.
__________(2008). 2008년 가족 통계 현황.
__________(2009). 가족사업 안내.
__________(2009). 한부모가족지원사업 안내.
__________(2009). 2009년도 국민기초생활보장사업 안내.
__________(2017)장애인실태조사
보건복지포럼(2018.9). 여성장애인의 실태와 정책과제.
볼코스트와심(1989). 『여성과 선진복지국가 : 새로운 가부장적 권력관계』. 여성과 국가.
부산여성사회교육원(2014) 『여성학 : 행복한 시작』. 신정.
송다영・김미주・최희경・장수정(2015). 『새로 쓰는 여성복지론, 쟁점과 실천』. 양서원.
사쑨 앤(1989). 『여성의 새로운 사회적 역할 : 복지국가의 모순』. 여성과 국가.
서울시정개발연구원(2002). 『서울시 여성장애인 실태조사』. 서울시.
석재은(2004). 『연금의 성별격차와 여성의 연금보장 방안』. 한국보건사회연구원.
신혜섭(2001). "여성복지적 관점에서의 탈상품화에 대한 대안적 개념의 고찰 및 함의". 『한국가족복지학 8』
안미영(2007). 성매매특별법 시행 3주년－법무부의 성과 및 평가, 그리고 향후과제. 성매매특별법 시행 3주년 그 성과와 과제. 성매매방지기획단.
앨리슨 재거 저, 이경아・김정란 역(2003). 『매매춘에 대한 서구 여성주의 시각들』.
엄규숙(2002). "여성과 국민연금". 『한국의 여성정책』. 한국여성정책연구회(편).
여성가족부(2007a). 전국가정폭력실태조사.
여성가족부(2017a). '「일・가정 양립」가족행복의 첫 걸음입니다' 보도자료.
__________(2007b). 여성폭력관련시설 운영실적.
__________(2007c). 제2차 여성정책 기본계획－2006년 시행실적 및 2007년 시행계획. 중앙행정기관.
__________(2017b). 다문화가족지원사업안내.
__________(2012). 다문화가족지원 사업안내.
__________(2010). 다문화가족지원 사업안내.

________(2016). 2016년 가정폭력 실태조사.

________(2015a). 2015년 전국다문화가족 실태조사.

________(2015b). 2015년 가족실태조사.

________(2013). 가정폭력피해여성 유형별 치료・회복 프로그램 개발.

여성단체연합(2002). 빈곤여성실태.

여성부(1996). 여성통계연보.

_____(1998). 여성장애인의 사회적 지위와 직업재활을 위한 정책적 제언. 『장애인고용』 29.

_____(2001). 한국 여성의 삶과 일에 대한 국민 체감의식 조사.

_____(2002). 남녀평등의식교육.

_____(2002). 성인지적 정책형성을 위한 길라잡이.

_____(2003). 성매매실태 및 경제규모에 관한 조사.

_____(2003a). 젠더에 대한 한국인간 개발보고서.

_____(2003b). 여성백서.

_____(2004). 여성폭력 관련시설 평가지표 개발 및 평가.

_____(2004a). 국민소득 2만불 시대 여성경제활동 참가변화 추이와 정책적 함의.

_____(2004b). 통계로 보는 여성의 삶.

_____(2005). 미혼모부자종합대책에 관한 연구.

_____(2006). 가정폭력관련시설 운영실적.

_____(2007). 저소득 한부모가족 실태조사.

_____(2007). 전국 가정폭력실태조사.

_____(2007b). 여성폭력관련시설 운영실적.

_____(2008). 가정폭력・성폭력 근절을 위한 중장기 방안 연구.

_____(2009). 제3차 여성정책 기본계획 수정(판).

_____(2009). 여성정책연차보고서.

_____(2009). 2009년 상반기 여성고용현황.

오혜경(2002). 한국여성장애인의 실태 및 복지대책 문제점. 충남 여성장애인의 삶의 질 향상방안 모색 토론회 발표자료. 충청남도여성정책개발원 정책개발부.

오혜경・김정애(2000). 『여성장애인과 이중차별』. 학지사.

원미혜(1999). 『우리는 왜 성매매에 반대해야 하는가? 섹슈얼러티 강의』. 동녘.

유희정(2002). 보육발전 기본계획 시안 개발. 한국여성개발원.

윤선오・김우호(2015). 『장애인복지론』. 양서원.

윤종주(1998). "우리나라 노년인구의 성장추이 및 현황". 『한국노년학』 18.

이기량・주정(2007). "여성장애인 삶의 질 향상을 위한 방안 연구". 『사회복지실천연구』 4(2).

이미정・윤덕경・이현혜(2013). “아동・청소년・장애인 성폭력피해자 지원 현황 및 정책 개선 방안”. 한국여성정책연구원.
이선우(2004). “장애인복지정책에 나타난 성차별”. 『사회복지정책』 18.
이소희 외(2001). 『여성복지』. 형설출판사.
이영실・이윤로・유영달(2011). 『정신건강론』. 창지사.
이영자(1991). “자본주의와 성”. 『여성연구』 9(2). 한국여성개발원.
이영주・김향선(2008). 『여성복지론』. 양서원.
이원숙(1995). 『성폭력과 사회복지』. 강남대학교출판부.
______(2002). 청소년성보호와 사회복지의 과제, 한국사회복지의 개혁과제와 전망. 2002년 한국사회복지학회 춘계학술대회.
이윤정(1994). 성인자녀의 노부모 부양분담정도와 부양에 따른 부담감. 숙명여자대학교 대학원 석사학위청구논문.
이윤화 외(2001). 『여성복지론』. 대학출판사.
이은숙(1996). 주장훈련 프로그램이 초등학생의 불안감소 및 자기표현력 확장에 미치는 효과. 대구효성가톨릭대학교 대학원 석사학위청구논문.
이현아(2005). “여성과 권한부여 사회복지실천 모델”. 『교수논집』, 17, 490-523.
이형하(2010). 농촌지역 다문화가정 결혼이주여성의 지역사회참여 연구.
이혜경(1990). 사회복지 관련법과 – 사회보험과 공적부조를 중심으로. 한국여성학. 한국여성학회.
______(1998). 빈곤의 여성화 : 한국여성빈곤의 원인과 결과. 빈곤퇴치 – 한국의 경험과 교훈. UNDP한국대표부.
______(1999). 보건복지 여성정책의 성주류화, 보건복지담당 공무원의 성인지력 향상을 위한 교육 프로그램. 보건복지부・여성정책담당관실.
이혜경 외(1999). 보건복지여성정책의 중장기발전계획수립. 보건복지부 여성정책담당관실.
이혜영(1996). “새로운 복지문제로서의 노인학대에 대한 고찰”. 『노인복지정책 연구』 3.
이혜원(1987). 『노인복지론』. 유풍출판사.
이화여대 한국여성연구원(2001). 성매매방지를 위한 국외 대안 사례 연구. 여성부.
이효재(1998). 한국여성운동 100년의 발자취. 여성운동 100주년 특강.
이희숙(2012). “성폭력 피해자의 치유상담”. 청소년상담센터.
임정원(2016). 『정신건강론』. 신정.
장상희(1997). 성과 가족제도, 여성과 남성을 위한 여성학. 부산대학교 여성연구소.
장인협・최성재(1988). 『노인복지학』. 서울대학교출판부.
장필화(1989). 성(sexuality)에 관련한 여성해방론의 이해와 문제. 여성학회 춘계학술발표회.
전길량(1993). 노모와 성인 딸 간의 상호작용과 부양 기대감 – 부양기대 요인을 중심으로. 성신여자대학교 대학원 박사학위청구논문.
전길량・송현애(1997). 노인 학대에 관한 연구 : 학대와 방임에 대한 인식 및 경험을 중심으로. 한국가족 상담 교육단체협의회 학술대회 자료.
정경희(1997). "여성노인의 삶의 질 현황과 정책과제". 『보건복지포럼』 13, 45-50. 한국보건사회연구원.
정미숙(2001). "여성가구주, 성별화된 빈곤 그리고 일 : 어머니냐 노동자냐". 『경제와 사회』 2001년 가을호. 한국산업사회학회.
정은・은선경(2006). 『여성복지론』. 창지사.
정은・은선경・박효진(2018). 『여성복지론』. 창지사.
정진영(1993). "한국의 부녀복지정책의 발전과정과 과제". 『사회복지』 봄호. 한국사회복지협의회.
정현숙(1993). "이혼과 자녀들의 적응에 관한 실증적 연구". 『이혼과 가족문제』. 하우.
조경자・한동희・조은희(1996). "노부모와 기혼 자녀의 동거관계에서 발생하는 갈등과 대처 행동에 관한 연구". 『대한가정학회지』 34(6), 261-273.
조병은(1996). "한국여성노인문제에 대한 이론적 고찰". 『여성인구』. 한국여성개발원.
조용원(2001). 『미혼모의 과거. 현재 그리고 미래』. 기독교사상.
조흥식・김혜련・신혜섭・김혜란(2007) 여성복지학. 학지사
주 정(2015). "가족서비스 전달체계의 효율적인 개선방안에 관한 연구-건강가정지원센터와 다문화가족지원센터의 통합개편에 관해서-" 『젠더와 문화』 7권 2호.
중앙보육정보센터(2001). 홈페이지.
중앙인사위원회(2003). 여성정무위원 현황.
____________(2004). 채용 목표제.
초의수(1995). 부산지역 성별 노동시장구조와 여성노동의 특징. 부산여대 여성문제연구소.
최덕경・박주현・노정자(2015) 『여성・젠더와 사회』. 창지사.
최선화・주정・이영주・김향선(2011, 2017). 『여성복지론』. 양서원.
최선화(1985). "여성복지의 발전 방향에 관한 일고". 『한국사회복지학』 통권 25호. 한국사회복지학회.
______(1999). "생애주기에 따른 여성노인의 빈곤 원인". 『한국가족복지학』. 한국가족복지학회.
______(2003). "임파워먼트를 통한 노인상담". 『노인복지연구』 20. 한국노인복지학회.
______(2004). "여성노인과 삶". 『여성연구논집』. 신라대학교 여성문제연구소.
______(2005). 『여성복지론』. 학현사.
최선화・공미혜・한동희(1998). "학대받는 여성노인의 상황에 관한 연구". 『한국사회복지학』 34. 한국사회복지학회.
최성재(1995). 한국의 노령화와 사회정책. 서울대학교 사회발전연구소 주최 국제학술대회.
최숙희(1992). "여성의 취업구조와 국민연금제도". 『여성연구』 10(1). 한국여성개발원.
______(1997). 경제활동인구연보.

최협 외 엮음(2005). 『한국의 소수자. 실태와 전망』. 한울아카데미.
통계청(1971~2004). 경제활동인구연보
______(1976~2001). 인구주택총조사보고서.
______(1996~2003). 인구동태통계연보(총괄, 출생, 사망편).
______(1998~2003). 사업체기초통계조사보고서.
______(2000). 경제활동인구연보.
______(2001~2004). 경제활동인구월보.
______(2003). 2002 사회통계조사보고서.
______(2004). 통계로 보는 여성의 삶.
______(2005). 혼인·이혼통계 결과.
______(2006a). 혼인·이혼통계 결과.
______(2006b). 장래인구추계.
______(2006c). 2005년 생명표.
______(2007). 2006년 이혼통계 결과.
______(2007). 인구동태(혼인).
______(2008a). 2007년 이혼통계 결과.
______(2008b). 가족정책관련통계.
______(2009). 세계 및 한국의 인구현황.
______(2009). 통계로 보는 여성의 삶.
______(2009). 2008년 이혼통계 결과.
______각 연도. 경제활동인구조사보고서
______각 연도. 인구동태통계연보
______(2015). 2015년 경제활동인구조사.
한겨레. 2015. 5. 6일자.
한국보건사회연구원(1998). 여성실업자 및 실직자 가정의 생활실태와 복지욕구.
________________(2000). 65세 이상 노인 의료이용 실태 분석 결과.
________________(2000). 2000년도 장애인 실태조사.
________________(2006). 2005년도 장애인 실태조사.
________________(2008). 다문화시대를 대비한 복지정책방안 연구 : 다문화가족을 중심으로. 한국보건사회연구원 연구보고서.
한국성폭력상담소 (2016). 한국성폭력상담소 상담통계.
한국양성평등교육진흥원(2009). 성희롱예방교육 전문강사 재위촉 보수과정자료(미간행).
한국여성개발원(1985). 『여성상담의 실제』. 한국여성개발원.

____________(1988). 『여성상담 기법에 관한 세미나 자료집－여성상담과 여성개발』, 한국여성개발원.
____________(1989). 여성노인의 복지지원을 위한 기초 실태조사.
____________(1990). 『여성상담 사례 연구집』. 한국여성개발원.
____________(1990). 여성복지관계법제에 관한 연구.
____________(1991). 『여성연구』. 제9권 제2호.
____________(1996). 여성재취업구조와 고용정책과제.
____________(1997). 여성의 취업실태조사.
____________(1997). 1997년 여성통계연보.
____________(2000). 외국의 여성복지서비스에 관한 연구.
____________(2001). 21세기 성주류화를 위한 국민여론 및 전문가 의견 조사.
____________(2002a). 여성취업실태조사.
____________(2002b). 영유아 보육서비스 다양화 및 보육인프라 확충 방안 연구.
____________(2002). 남녀평등의식교육
____________(2003). 『여성연구』 1.
____________(2004). 여성취업실태조사.
한국여성사회연구회(1991). 『여성학강의』. 동녘.
한국여성연구소(1999). 『새 여성학 강의』. 동녘.
한국여성장애인연합(2002). 여성장애인 성폭력상담소 개소 1주년 기념 토론회.
________________(2003). 여성장애인 고용실태에 관한 연구.
________________(2004). 한국장애인복지 50주년기념 국제학술대회 자료집.
________________(2007). 여성인권보장 및 차별해소를 위한 관련법제 정비연구(1)－성폭력, 가정폭력, 성매매 관련법제정비 방안.
한국여성정책연구원(2016). 2016년 가정폭력 실태조사 연구.
한국일보. 2007. 8. 20일자.
행정자치부. 2015년 주민등록 인구통계.
한국장애인개발원(2016). 여성장애인 모성권 증진을 위한 임신 출산 지원 정책 연구.
한국장애인고용공단(2018) 한눈에 보는 2018년 장애인 통계.
한국형사정책연구원(1998). 성폭력의 실태와 원인에 관한 연구.
헤르네스, 헬가(1989). 여성과 복지국가 : 사적의존에서 공적의존으로의 변화. 여성과 국가. 한국여성개발원.
홍성재(2004). 『여성이여 깨어나라』. 경향미디어.
홍승아(1998). "복지국가의 가부장적 특성에 대한 연구". 『한국사회복지학』 35.
홍혜경(2003). 한국 미혼모 복지제도에 관한 연구. 단국대학교 행정법무 대학원 석사학위논문.

황성철(2002). “임파워먼트 모델과 사회복지조직관리”. 『한국사회복지행정학』, 6호.

Bell, Shannon(1994). *Reading, Writing and Rewriting the Prostitute Body.* Bloomington and Indianapolis : Indiana University Press.

Davis, A. Y.(1990). *Women, culture and politics.* NY : Vintage.

GlenMaye, L.(1998). “Empowerment of Women” In Gutierrez, L., Parsons, R. J., & Cox, E. O.(1998). *Empowerment in Social Work Practice*. Brooks/Cole. pp.29-51.

Greenspan, M.(1983). *A new apporach to women and therapy*. New York : McGraw-Hill.

____________(1995). “On being a feminist and a psychotherapist”. *Women and Therapy*, 17(1/2).

Gutierrez, L. M.(1990). Working with “Women of Color : An Empowerment Perspective”. *Social Work*, 35(2, Mar).

Hanmer, J. & Stathan, D.(1989). *Women and Social Work*. Chicago : Lyceun Books.

Hooyman(2002). *Social Gerontology*(6th ed). Allyn and Bacon.

Marshall, T. H.(1964). *Citizenship and Social Class in Class, Citizenship and Social Development.* Westport, Connecticut : Greenwood Press Publishers.

Miley, O'melia & Dubois(1995). *Generalist Social Work Practice : An Empowerment Approach.* Needham Heights, MA : Allyn & Bacon.

NASW(1965). *Unmarried Prents*. Encyclopedia of Social Worker.

OECD(2000). Education at a Glance.

______(2001). Employment Outlook.

Oliver, Michael(1990). *The Politics of Disablement.* London : Macmillan

____________(1996). *Understanding Disabilities : From Theory to Practice.* New York : St. Martin's Press.

Oliver, Michael & Colin Barnes(1999). *Disabled People and Social Policy : From Exclusion to Inclusion.* London : Longman.

Orloff(1993). “Gender and the Social Rights of Citizenship : The Comparative Analysis of Gender Relations and Welfare States,” *American Sociological Review*, Vol.58 (3), 303-328.

Robert, L. Schneider et al.(ed)(2000). *Gerontological Social Work*(2nd ed). Brook and Cole.

Rokos, R. F. & Schroeder, H. E.(1980). *Self-directed Assertiveness Training.* New York : Bio Monitoring Applications(BMA).

R. R. Ruther, 안상림 역(1983). 『성차별과 신학』. 대한기독교출판사.

Sainsbury, D.(1994). Women's and Men's Social Rights : Gendering Dimensions of Welfare States. In Sainsbury, D.(ed), *Gendering Welfare States*. London : Sage Publications.

____________(1996). *Gendering Welfare States*, 8-25. London : Sage.

Satz, Debra(1995). "Markets in Women's Sexual Labor". *Ethics*, 106(1). October.

Waleaven, M.(1998). *Making Services Work for Children and Youth at Risk and their Families : Two Ways of Integration*. Children and Families at Risk-New Issues in Integrating Services, OECD.

Warren, K. J.(1990). "The Power and the Promise of Ecological Feminism". *Environmental Ethics* 12, 141-43.

Williams, Phil(1997). "Trafficking in Women and Children : a Market Perspective". *Transnational organized Crime*, 3(4), 145-170.

가정폭력방지본부 http://www.wpmanhotline. or.kr

건강가정시민연대 http://www.koreafamilynet.net

결혼정보회사(가연) http://www.gayeon.com

국민건강보험공단 http://www.nhic.or.kr

국민연금관리공단 http://www.nps.or.kr

국제노동기구 http://www.ilo.org

노동부 http://www.molab.go.kr

다문화가족지원 포털사이트 http://liveinkorea.kr

미국무부 국제인신매매보고서

http://www.state.gov/j/tip/ris/tiprpt/2011/index.htm

보건복지가족부 http://www.mw.go.kr

보건복지부「2017년 장애인실태조사 보고서」

여성부 http://www.moge.go.kr

통계청 http://www.nso.go.kr

한국보건사회연구원 http://www.kihasa.re.kr

한국생명학연구원 http://www.oikozoe.or.kr

한국성폭력상담소 http://www.sisters.or.kr

한국여성개발원 http://www.kwdi.re.kr/index.jsp

한국여성노동연구소 http://kiwlr.org

한국여성민우회 http://www.womenlink.or.kr

한국여성인권진흥원 http://www.womanchild.or.kr

120다산콜센터 http://120dasan.seoul.go.kr

한국여성정책연구소 http://www.feminet.or.kr

한국일보 http://news.hankooki.com

한국한부모가정연구소 http://www.hanbumo.org

행정안전부 http://www.mopas.go.kr

blog.naver.com

http://search.zum.com

네이버 지식백과

위키백과

찾아보기

저자 약력

김향선 신한대학교 사회복지학과 교수
중앙대학교 문학사, 이화여자대학교 문학석사
중부대학교 사회복지학석사, 교육학석사(상담심리전공)
중앙대학교 일반대학원 박사수료.
경희대학교 대학원 졸업(철학박사)
전) 중앙대학교, 이화여자대학교, 경희대학교, 강남대학교 외래교수
전) 의정부시사회복지사협회 4대, 5대 회장
전) 의정부시 장애인복지기금운영위원회 위원
현) 의정부시종합사회복지관 운영위원장
현) 의정부시 노인복지기금운용위원회 위원
현) 병무청 생계곤란심의위원
저서로는 《현대 인간행동과 사회환경》, 《사회복지실천의 이해》(공저), 《자원봉사의 이해》(공저), 《철학의 지혜》, 《철학의 산책》, 《여성복지론》(공저) 등이 있다.

주 정 경민대학교 사회복지과 교수
계명대학교 대학원 사회학과 졸업(복지사회학전공, 사회학 박사)
서울시립대학교 대학원 사회복지학과 박사수료(사회복지전공)
전) 경기도 사회복지위원회 위원
전) 양주시건강가정지원센터 다문화가족지원센터 센터장
전) 경기도 사회복지공동모금회 배분분과실행위원
현) 의정부시 지방보조금 심의위원
현) 경기북부지방경찰청 피해자보호인권위원
저서로는 《인간행동과 사회환경》, 《건강가정론》(공저), 《현대사회복지개론》(공저), 《여성복지론》(공저) 등이 있다.

현대여성복지론

1판 1쇄 발행 2020년 9월 30일
1판 2쇄 발행 2024년 2월 15일

저　　자 | 김향선 주정
발 행 인 | 박철용
발 행 처 | 양서원
주　　소 | 경기도 파주시 직지길 522 파주출판도시
전　　화 | 031-955-8000(代)
팩　　스 | 031-955-8005
홈페이지 | www.yswpub.co.kr
이 메 일 | yswgroup@naver.com
출판등록 | 1987년 11월 24일 제 406-2003-037 호

ISBN 978-89-994-1058-1

정가 18,000원